職業・年齢別
ケースでわかる！

交通事故事件
社会保険の
実務

JN054892

学陽書房

はしがき

　本書では、交通事故事件の被害者から相談を受けた専門家（弁護士、認定司法書士等）を主な読者として想定し、損害賠償請求事件と関連する限度において「社会保険の実務」を解説した。損害賠償責任保険（自賠責保険、任意保険等）の知識はあっても、「社会保険も分かる」かは、また別の話である。弁護士として交通事故事件に関与していると、例えば、通勤中の交通事故について労災保険のことを質問されたとき、いつ、どのように申請するのが良いのか。労災保険からの給付額は、損害賠償請求にどう影響するのか。そもそも労災保険による「補償」と損害賠償は何が違うのだろう。このような疑問について詳細的に検討した文献は見当たらない。学問としては、民法（不法行為に基づく損害賠償法）・保険法（民間の保険契約に関するもの）・社会保障法（社会保険を含むもの）に分かれて研究されている。交通事故事件に関する実務書では、損益相殺的な調整のところで、社会保険に関する判例等を紹介する程度とすることが多い。本書は、交通事故における損害賠償と社会保険の交差するところに集中し、文献を幅広く学際的に参照しつつ、基礎から実務までを丁寧に執筆したことを特色とする。

　第1編では、扉裏に「交通事故と社会保険にまつわる権利の関係図」を示し、社会保険と損害賠償との基礎知識等を50の POINT に分けて説明した。そして、第2編では、扉裏に「職業・年齢別ケースの相関図」を示し、被害者の職業・年齢等に応じた70の CASE に分類し、より具体的に各社会保険のからむ論点を検討している（被害者の属性を10分類として下一桁を同じにしている。例えば、労働者が通勤中であった場合は3、13、23…）。更に巻末では、書式について14の FORMAT を説明した。

　 POINT CASE FORMAT について相互参照のために関連項目を ➡ 00参照 として明示している。二つの「相関図」と合わせて利用し、「今必要な情報」を手早く検索していただけると嬉しい。例えば、労働者が通勤中の交通事故にあい、現在も体調不良が続いているのに後遺障害の事前認定では非該当とされて困っていると相談されたときは、まず第1編の扉裏「交通事故と社会保険にまつわる権利の関係図」において労災保険の対応範囲が広いことを確認し、

→POINT 16 参照 労災保険の意義、**→POINT 39 参照** 労災保険を使うタイミング、**→POINT 50 参照** 労災保険給付と損害賠償の調整を確認しよう。続いて、第2編の扉裏「職業・年齢別ケースの相関図」から **→CASE 23 参照** にいくと、損害賠償額の算定については **→CASE 21 参照**、通勤災害については **→CASE 3 参照**、労災保険の給付については **→CASE 22 参照** が参照される。そして、**→CASE 22 参照** では介護補償給付支給申請書等に関する **→FORMAT 10 参照** が参照される。著者としては、もちろん通読していただいても嬉しいが、忙しい実務家には、このような使い方が現実的だろう、と考える。

　本書の構想は、学陽書房の伊藤真理江様の周到なリサーチによって支えられている。社会保険を使うタイミングを **POINT** で取り上げることも、実務家が使いやすいように **CASE** を時間順に並べていくことも、リサーチの成果である。格段の御配慮により、校正段階で出版された赤い本・青本の最新版にも対応することができた。また、学陽書房の新留美哉子様の丁寧な校正によって、誤字を大幅に減らすことができた。これらのことによって本書の内容は、より充実したものになったと思う。もとより本書に関する責任は私にあるが、ここに名前を掲げきれないほど多くの方々に受けたご指導に、心より感謝している。

　本書が、社会保険の理解を通じて、交通事故事件の予防や早期解決の一助となることを期待しつつ。

令和2（2020）年4月

弁護士　中込一洋

目次

第 2 章　交通事故損害賠償の基礎

1 傷害による損害賠償額

2 後遺障害による損害賠償額

3 死　亡

第3章 社会保険と交通事故の関係

1 交通事故被害者が利用できる社会保険の概要

2 社会保険を使うタイミング

第**1**章 治療期間中における
社会保険の利用

1 治療費等に対応するもの（傷害・積極損害）

2 休業損害に対応するもの（傷害・消極損害）

第**2**章 症状固定後における 社会保険の利用

1 介護費用等に対応するもの（後遺障害・積極損害）

2 後遺障害逸失利益に対応するもの（後遺障害・積極損害）

第3章 死亡したことによる 社会保険の利用

1 葬儀費等に対応するもの（死亡・積極損害）

2 死亡逸失利益に対応するもの（死亡・積極損害）

第**4**章 死亡による受給権の消滅等

凡 例

● 法令等の内容は令和 2 年 2 月 20 日現在公布のものによります。

● 法令・裁判例の引用において、促音に関する一般的な表記を優先し、「よつて」→「よって」、「従つて」→「従って」等と表記したところがあります。

● 本文中、法令・裁判例・資料等を略記している部分があります。以下の略記表を参照してください。

略 記 表

1 法 令

〈略記〉	〈正式〉
介保	介護保険法
健保	健康保険法
厚年	厚生年金保険法
高齢医療	高齢者の医療の確保に関する法律
国保	国民健康保険法
国年	国民年金法
雇保	雇用保険法
自賠	自動車損害賠償保障法
保	保険法
民	民法
労基	労働基準法
労災	労働者災害補償保険法
労保徴	労働保険の保険料の徴収等に関する法律
支給則	労働者災害補償保険特別支給金支給規則
令	その法律の施行令

2 判 例

最判	最高裁判所判決
高判	高等裁判所判決
地判	地方裁判所判決

3 判例集等

交民	交通事故民事裁判例集
自保ジ	自保ジャーナル
判時	判例時報
判タ	判例タイムズ
民集	最高裁判所（大審院）民事判例集

4 引用文献

赤い本	公益財団法人日弁連交通事故相談センター東京支部編『民事交通事故訴訟 損害賠償算定基準』 ※ 現時点では 2020（令和 2）年が最新である。本書では、過去の裁判官講演を引用しているところがあるため、その都度、年を指摘している。また、2005（平成 17）年に分冊となった以降については、上（基準編）と下（講演録編）についても指摘している。
青本	公益財団法人日弁連交通事故相談センター『交通事故損害額算定基準』（27 訂版、令和 2 年）
池田	池田理恵子『小さな会社の社会保険・労働保険の手続きがぜんぶ自分でできる本』ソシム（令和元年）
今泉	今泉純一「重複填補の調整」公益財団法人交通事故紛争処理センター編『交通事故紛争処理の法理 公益財団法人交通事故紛争処理センター創立 40 周年記念論文集』ぎょうせい（平成 26 年）
NHK	NHK 取材班、望月健『ユマニチュード認知症ケア最前線』角川新書（平成 26 年）
笠木外	笠木映里・嵩さやか・中野妙子・渡邊絹子『社会保障法』有斐閣（平成 30 年）
加藤外	加藤智章・菊池馨実・倉田聡・前田雅子『社会保障法』有斐閣アルマ（第 7 版、平成 31 年）
嘉納	加藤新太郎・嘉納英樹編著『法律書では学べない 弁護士が知っておきたい企業人事労務のリアル』第一法規（令和元年）
菊池	菊池馨実『社会保障法』有斐閣（第 2 版、平成 30 年）
佐久間外	佐久間邦夫・八木一洋『リーガル・プログレッシブ・シリーズ交通損害関係訴訟』青林書院（補訂版、平成 25 年）
潮見	潮見佳男『詳解相続法』弘文堂（平成 30 年）
下森	下森定『下森定著作集Ⅲ 民法解釈学の諸問題』信山社（平成 28 年）
ジャン	ジャン・ティロール、村井章子訳『良き社会のための経済学』日本経済新聞出版社（平成 30 年）
田中	田中耕太郎『社会保険のしくみと改革課題』一般社団法人放送大学教育振興会（平成 28 年）
筒井外	筒井健夫・松村秀樹編著『一問一答民法（債権関係）改正』商事法務（平成 30 年）
中込外	中込一洋・遠山聡・原尚美『相続・贈与と生命保険をめぐるトラブル予防・対応の手引』新日本法規（令和元年）
中西	中西茂「損益相殺の諸問題」森冨義明・村主隆行編著『裁判実務シリーズ 9 交通関係訴訟の実務』商事法務（平成 28 年）
長沼	長沼建一郎『図解テキスト 社会保険の基礎』弘文堂（平成 27 年）

西村外	西村健一郎・朝生万里子・金川めぐみ・河野尚子・坂井岳夫『社会保険の考え方 法的理解と実務の論点』ミネルヴァ書房（平成30年）
日弁連	公益財団法人日弁連交通事故相談センター東京支部民法改正プロジェクトチーム「改正民法と損害賠償実務」公益財団法人日弁連交通事故相談センター編『交通賠償実務の最前線』ぎょうせい（平成29年）
長谷川外	長谷川仁彦・竹山拓・岡田洋介『生命・傷害疾病保険法の基礎知識』保険毎日新聞社（平成30年）
古市	古市文孝「いわゆる損益相殺と過失相殺の先後（過失相殺がされる場合における社会保険給付と損害賠償請求権の調整）」不法行為法研究会編『交通事故損害賠償の軌跡と展開 交通事故民事裁判例集創刊50周年記念出版』ぎょうせい（令和元年）
別冊判タ38号	東京地裁民事交通訴訟研究会編『民事交通訴訟における過失相殺率の認定基準』別冊判例タイムズ38号（全訂5版、平成26年）
星野	星野英一「日本民法典（3）民法講義−総論第6回」法学教室1981年3月号19頁（昭和56年）
堀	堀勝洋『年金保険法 基本理論と解釈・判例』法律文化社（第4版、平成29年）
水町	水町勇一郎『詳解 労働法』東京大学出版会（令和元年）
椋野外	椋野美智子・田中耕太郎『はじめての社会保障 福祉を学ぶ人へ』有斐閣（第16版、平成31年）
山下	山下友信『保険法（上）』有斐閣（平成30年）
横田	横田道明「労災保険における障害認定実務と第三者行為災害」（赤い本2019下85頁）

第1編

総論—交通事故で社会保険を使うための基礎知識

【一覧表1　交通事故と社会保険にまつわる権利の相関図】

第1編では、交通事故にまつわる各種社会保険の知識と相互における調整関係について解説し
この表は、本書で解説する社会保険の種類と請求できる給付等の種類をまとめたものである。
本書を読み進める際の知識の整理に役立ててほしい。

損害の種類　　　　　保険給付等の種類	傷　　害	
	積極損害	消極損害
損害賠償請求	治療費等	休業損害
医　療　保　険	療養の給付等	傷病手当金
労災（業務災害）	療養補償給付	休業補償給付、傷病補償年金、休業特別支給金
労災（通勤災害）	療養給付	休業給付、傷病年金、休業特別支給金
雇　用　保　険		基本手当等
介　護　保　険		
厚生年金保険		
国　民　年　金		

後　遺　障　害		死　亡	
積極損害	消極損害	積極損害	消極損害
介護費等	逸失利益	葬儀費等	逸失利益
		埋葬料	
介護補償給付	障害補償年金、障害補償一時金等、障害特別支給金等	葬祭料	遺族補償年金、遺族補償一時金等、遺族特別支給金等
介護給付	障害年金、障害一時金等、障害特別支給金等	葬祭給付	遺族年金、遺族一時金等、遺族特別支給金等
介護給付			
	障害厚生年金		遺族厚生年金
	障害基礎年金		遺族基礎年金

第**1**章

社会保険の基礎

1 保険とは

POINT 1 保険の定義

　保険は、基本的には、リスクを分散するために、対価（保険料）を納めて、将来一定の偶然の事実（保険事故）が発生したときは、それに応じた給付（保険給付）を受け取る仕組みである。ここでは、①同じような危険を抱えている人たちが集団を構成し、全員が運営主体に対して保険料を支払うこと、②運営主体から現実に保険給付を受けられるのは集団構成員のうち一部の人に限られること（保険料を払ったことの対価は、現実に保険給付を受けることではないこと）、③現実に保険給付を受けられるか否かは、保険事故が発生するか否かという偶然の事情によって決められることが重要である。

　しかし、学問的に厳密に詰めようとすると、保険の定義は一致しない。このことは、「『保険』とは厳密にどのように定義されるかということになると百家争鳴の論争の歴史があり、今日に至るも保険の定義として普遍的に承認されているものはない」（山下３頁）、「学問的には、保険は明確に定義されているとはいい難い」（堀20頁）と指摘されている。

POINT 2 　大 数 の 法 則

1▶ 保険の仕組みは「偶然性」がポイント

　保険は、将来一定の偶然の事実（保険事故）が発生したときに備えるものであり、「保険制度は、支払の予想される保険金など保険給付の総額及び諸費用の合計額と徴収する保険料の合計額とが均等を保つような仕組みで運用される極めて技術的な制度」（中込外12頁）である。

　保険事故とは、「保険者に課せられた保険金支払の義務を具体化させる偶然の事故」（長谷川外22頁）である。この偶然性は、他の金融商品と保険を区別する重要なポイントである。例えば、預貯金は、法的には消費寄託契約であり、そこでは預けた金銭と同額の金銭の返還を請求できるのは当然である。利息が生じるか否かはともかく、元本の返還を請求できるという点については、偶然性の入る余地がない。

　保険においては偶然性が重要なポイントになるため、その成立には、保険事故の発生確率を事前に予測できることが必要である。そして、保険事故の発生確率の事前予測には、統計学における大数の法則（law of large numbers）が用いられている。

2▶　「大数の法則」とは何か

　「大数の法則」とは、「大まかにいうと、母集団が大きくなればリスクの発生確率が予測できるという法則」（堀32）である。個々人のリスクの発生確率を予測することはできないが、母集団が十分に大きくなれば、統計データに基づいて母集団内での保険事故の発生確率を予測することはできる。

　母集団の十分な大きさについて、「私たちは、ランダムな事象の分布が『すぐさま』理論上の確率分布に収束すると考えがちだ（統計学を学んだ人なら、非常に多くの回数の試行を重ねない限り、事象の出現回数が理論上の値に近づかないことを知っている。これを大数の法則という）。コイン投げをしたら、表と裏の出る確率が半々であることは誰でも知っている。とはいえ表の出た回

数と裏の出た回数が半々に近づくのは、何百回もコイン投げをしたときである」（ジャン148頁）と指摘されている。

3▶ 「大数の法則」の前提条件

　大数の法則によって保険事故の発生確率を予測するためには、①一定の偶然の事実（例えば、傷病、障害、死亡等）の発生に関する統計データが整備されていること、及び②母集団が一定規模以上であることという二つの条件が必要である。

　判例（最大判昭34・7・8民集13巻7号911頁）は、「保険契約関係は、同一の危険の下に立つ多数人が団体を構成し、その構成員の何人かにつき危険の発生した場合、その損失を構成員が共同してこれを充足するといういわゆる危険団体的性質を有するものであり、従って保険契約関係は、これを構成する多数の契約関係を個々独立的に観察するのみでは足らず、多数の契約関係が、前記危険充足の関係においては互に関連性を有するいわゆる危険団体的性質を有するものであることを前提としてその法律的性質を考えなければならない」と判示した。ここにいう「多数人が団体を構成」し、「多数の契約関係が…危険充足の関係においては互に関連性を有するいわゆる危険団体的性質」という指摘は、大数の法則を意味するものと理解できる。

POINT 3　保険の要素

　保険の要素についてはイメージが共有されており、以下のとおり整理されている（山下7〜8頁）。ただし、以下の要素をすべて満たすのは私保険（民間の団体が運営する保険）だけであり、社会保険（国等の社会保障政策の手段として行われる保険）は以下の要素をすべて満たすわけではない。それにもかかわらず、社会保険もまた保険であるという理解が、「保険」を厳密に定義できない理由の一つとなっている。

　要素①：一方当事者の金銭の支出（保険料）

　要素②：他方当事者の偶然の事実の発生による経済的損失を補てんする給付

（保険給付）

要素③：保険料（要素①）と保険給付（要素②）が対立関係にあること（保険料と保険給付の対立関係）

要素④：保険料（要素①）の拠出総額と保険給付（要素②）の総額が等しくなるように事前に設定をすること（収支相等原則）

要素⑤：保険契約者が保険料（要素①）の拠出をする場合に拠出の額は個々の当事者の偶然の事実の発生の確率に応じて設定されること（給付反対給付均等原則）

2　私保険とは

POINT 4　私保険の定義

私保険とは、株式会社・相互会社・共済組合等の民間の団体が運営する保険である。これは、「私人間における私的自治の原則に基づいて運営されるのであり、経営主体も保険会社その他の私法人等であって、保険を運営するための法律関係も私法に基づく」（山下 5 頁）。

私法とは、基本的に私人と私人との関係を扱う法律であり、民法・商法・保険法等がこれに属する。私法のもっとも基礎的なルールを定める法律（一般法）は民法であり、民法の三大原則として、①権利能力平等の原則（すべての自然人は、国籍・階級・職業・年齢・性別等によって差別されることなく、等しく権利能力を有すること）、②所有権絶対の原則（所有権は何らの拘束も受けず、誰に対しても主張できる物に対する支配権であること）、③私的自治の原則がある。

私的自治の原則とは、私法の分野においては、個人が自由意思に基づいて自己の法律関係を形成することができるという原則である。これは、主に債権に関する。債権とは、特定の人（債権者）が特定の人（債務者）に対して、一定

の行為（給付）を請求できる権利である。

　私的自治の原則から派生するものとして、以下の二つの原則がある。

1 ▶ 契約自由の原則

　契約自由の原則は、契約に関しては、当事者の合意に基づいて、自由に法律関係を形成することができるという原則である。

　平成29年成立の債権法改正後民法521条（令和2年4月1日施行）は、1項で「何人も、法令に特別の定めがある場合を除き、契約をするかどうかを自由に決定することができる」、2項で「契約の当事者は、法令の制限内において、契約の内容を自由に決定することができる」と規定し、契約自由の原則を明文化している。

2 ▶ 過失責任の原則

　過失責任の原則は、自由な活動の結果、過失によって他人に損害を与えた場合には、その賠償をしなければならないという原則である。

　民法709条は、「故意又は過失によって他人の権利又は法律上保護される利益を侵害した者は、これによって生じた損害を賠償する責任を負う」と規定し、過失責任の原則を明文化している。

POINT 5 　私保険における保険の要素

　私保険においては、保険の要素①（保険料）、要素②（保険給付）、要素③（保険料と保険給付の対立関係）、要素④（収支相等原則）及び要素⑤（給付反対給付均等原則）のすべてが必要とされている。

　平成20年成立の保険法（平成22年4月1日施行）2条1号は、「保険契約」を「保険契約、共済契約その他いかなる名称であるかを問わず、当事者の一方が一定の事由が生じたことを条件として財産上の給付…を行うことを約し、相手方がこれに対して当該一定の事由の発生の可能性に応じたものとして保険料…を支払うことを約する契約」と定義している。この条文の文言には、要素④

（収支相等原則）が含まれていない。

　しかし、このことは、要素④が明文化されていないということにすぎず、従前の解釈を変更したものではない。このことは、「従前の議論では、不文の構成要素であった要素④と要素⑤のうちの要素⑤だけを明文化したのであるから、反対解釈として要素④の収支相等原則は保険法では保険契約の要素ではなくなったかのように見える。いうまでもなく、そのような理解をすべきものではなく…保険法の下においても、要素④…は、不文の要素であって、理論ないし解釈上認められる要素である。そもそも収支相等原則が要素でない保険契約を保険法が認めているということはありえない」（山下10頁）と指摘されている。

1▶ 保 険 契 約

①実質に着目した定義

　保険契約は、「保険契約、共済契約その他いかなる名称であるかを問わず、当事者の一方が一定の事由が生じたことを条件として財産上の給付（生命保険契約及び傷害疾病定額保険契約にあっては、金銭の支払に限る。以下『保険給付』という。）を行うことを約し、相手方がこれに対して当該一定の事由の発生の可能性に応じたものとして保険料（共済掛金を含む。以下同じ。）を支払うことを約する契約」（保2条1号）と定義されている。ここでは、保険契約という名称が基準とされず、共済契約その他も対象とされていることに注意を要する。

　これは、実質に着目した定義であり、「共済契約は、一定の地域又は職域でつながる者が団体を構成し、将来発生するおそれのある一定の偶然の災害や疾病による一定の事由が生じたときに備えて共同の準備金を形成し、現実的に発生する場合に、一定の給付金を行うものと解され、有償・双務契約性を備えていることから保険と共済とは、特定多数、不特定多数を相手方とする違いがあるにしても、実質的に同一である」（長谷川外3頁）と説明されている。

②保険契約の類型

　保険会社等は、損害保険会社と生命保険会社に大別される。しかし、学問的に、損害保険と対比されるのは、生命保険ではなく、定額保険である。損害保険とは「保険給付が損害てん補である保険」であり、定額保険とは「保険給付が定額の保険金給付である保険」である。この区別は、「定額保険は例外であり、

…人保険においてのみ認められ、それ以外の物や財産に関する保険は損害保険でなければならないという考え方」（山下45頁）を前提としている。人保険とは「人が保険の対象となる保険」である（山下46頁）。生命保険は、人保険であり、定額保険の主要なものである。

　保険法は、保険契約の類型を、①損害保険契約（第2章）、②生命保険契約（第3章）、及び③傷害疾病定額保険契約（第4章）の三つに大別した。これは、損害保険と定額保険という類型化を基本としつつ、定額保険を更に生命保険と傷害疾病定額保険に区別したものである。なお、傷害疾病損害保険については、損害保険そのものであるため独立の章とはされず、損害保険契約の下位類型とされている（第2章第3節）。

2 ▶ 保 険 者

　保険者は、「保険契約の当事者のうち、保険給付を行う義務を負う者」（保2条2号）と定義されている。

　保険の要素②（保険給付）に対応する義務を負う者であり、保険会社等がこれに該当する。保険制度は社会経済上重要な機能を果たしているため、保険者は、保険業法に基づいて監督等を受けている。

3 ▶ 保 険 契 約 者

　保険契約者は、「保険契約の当事者のうち、保険料を支払う義務を負う者」（保2条3号）と定義されている。

　保険の要素①（保険料）に対応する義務を負う者であり、保険に加入した人（保険会社等ではない一般の個人又は法人）がこれに該当する。

4 ▶ 損害保険契約の被保険者

　被保険者の定義は、保険契約の種類によって異なる。

　「保険契約のうち、保険者が一定の偶然の事故によって生ずることのある損害をてん補することを約するもの」（保2条6号）である損害保険契約の被保険者は、「損害保険契約によりてん補することとされる損害を受ける者」（保2条4号イ）と定義されている。

　これは、損害保険契約における被保険者は、被保険利益の帰属主体であると

同時に保険給付請求権の帰属主体であることを意味する。その理由は、損害保険契約においては、利得禁止原則が妥当することにある。利得禁止原則によって、損害保険契約が有効に成立するためには、保険事故の発生について経済的な利害関係（被保険利益）の存在することが必要とされており、その帰属主体が被保険者とされたのである。そして、利得禁止原則から、保険給付は保険事故発生により経済的損失を被った者に対して、被っただけの損害をてん補するものでなければならないことが導かれるところ、保険事故の発生について被保険利益を有するのは被保険者であるから、その者が、保険給付請求権の帰属主体を兼ねることになる。

5 ▶ 生命保険契約の被保険者

「保険契約のうち、保険者が人の生存又は死亡に関し一定の保険給付を行うことを約するもの（傷害疾病定額保険契約に該当するものを除く。）」（保2条8号）である生命保険契約の被保険者は、「その者の生存又は死亡に関し保険者が保険給付を行うこととなる者」（保2条4号ロ）と定義されている。

　生命保険は定額保険であるため、利得禁止原則は妥当せず、被保険利益を基準とすることはできない。生命保険契約においては、被保険者という概念は、保険事故の発生する客体としての意味を有する。上記の定義は、生命保険契約における保険事故は「生存又は死亡」であるという区別である。そのため、生命保険契約における被保険者は、保険給付請求権の帰属主体とは必ずしも一致しない。このことは「この意味での被保険者は、保険給付請求権の帰属主体とは無関係である。もっとも、被保険者である者が同時に保険給付請求権の帰属主体となることはありうるが、これは、被保険者が…保険金受取人の地位を兼ねることによるもので、保険給付請求権の帰属主体となるのは保険金受取人としての地位に基づく」（山下90頁）と説明されている。

6 ▶ 傷害疾病定額保険契約の被保険者

「保険契約のうち、保険者が人の傷害疾病に基づき一定の保険給付を行うことを約するもの」（保2条9号）である傷害疾病定額保険契約の被保険者は、「その者の傷害又は疾病（以下「傷害疾病」という。）に基づき保険者が保険給付を行うこととなる者」（保2条4号ハ）と定義されている。

傷害疾病定額保険契約も定額保険であるため、被保険者という概念は、保険事故の発生する客体としての意味を有する。上記の定義は、傷害疾病定額保険契約における保険事故は「傷害疾病」であるという区別であり、保険事故の発生する客体という点では生命保険契約と共通している。

7▶ 保険金受取人

保険金受取人は、「保険給付を受ける者として生命保険契約又は傷害疾病定額保険契約で定めるもの」（保2条5号）と定義されている。

生命保険契約に基づく保険給付のうち一定の時点における人の「死亡」に関する死亡保険金については、その保険金請求権発生時には被保険者が死亡しているため、保険金受取人として被保険者の家族を指定することが多い。この点については、「保険実務上は、指定された保険金受取人が債権者や2親等内の親族以外の場合については、合理的理由がない限り契約の引受けを拒否している」（長谷川外49頁）と指摘されている。

POINT 6 保険契約の種類

私保険（保険契約）は、保険給付の種類によって、①損害保険契約、②傷害疾病損害保険契約、③生命保険契約、及び④傷害疾病定額保険契約に分類することができる。

1▶ 損害保険契約

損害保険契約は、「保険契約のうち、保険者が一定の偶然の事故によって生ずることのある損害をてん補することを約するもの」（保2条6号）と定義されている。交通事故においては、損害保険契約を使うことが多い。

自動車事故に関する損害保険（自動車保険）には、加入が強制されている自賠責保険と、加入が任意となっている任意保険がある。

①自賠責保険

自動車損害賠償保障法5条は、責任保険又は責任共済の契約の締結強制につ

いて、「自動車は、これについてこの法律で定める自動車損害賠償責任保険（以下『責任保険』という。）又は自動車損害賠償責任共済（以下『責任共済』という。）の契約が締結されているものでなければ、運行の用に供してはならない」と規定している。

　自賠責保険の法的性質について、「保険会社の保険業または協同組合等の共済事業等の一環として行われており、私保険であることは間違いないが、自動車保有者に加入強制があること（自賠5条。保険会社等も原則として契約の締結を拒否できない。自賠24条）、ノーロス・ノープロフィット原則に基づいて運用されること（自賠25条）、保険給付に際して被害者救済の観点から損害賠償の一般原則とは異なる損害査定が行われていることなどからみて、実質的には公保険としての性格を強く帯びているということができる」（山下6頁）と指摘されている。

　自賠責保険は基本的な保障を提供するものであり、その保険金額は「政令で定める」と規定されている（自賠13条1項）。現時点における保険金額（保険給付）は、①傷害120万円、②後遺障害4000万円、③死亡3000万円であり、実際の損害額には足りないことが多い。

②任意保険

　自動車を運転する人は、自賠責保険で不足する額を補うために、任意自動車保険にも加入するのが通例である。パッケージ化されている任意自動車保険の内容には、①加害者となって損害賠償責任を負う場合に備えるもの（対人賠償保険・対物賠償保険等）と、②自分が被害者となった場合の損害に備えるもの（人身傷害保険・車両保険等）がある。

2 ▶ 傷害疾病損害保険契約

　傷害疾病損害保険契約は、「保険契約のうち、保険者が人の傷害疾病によって生ずることのある損害（当該傷害疾病が生じた者が受けるものに限る。）をてん補することを約するもの」（保2条7号）と定義されている。

3 ▶ 生命保険契約

　生命保険契約は、「保険契約のうち、保険者が人の生存又は死亡に関し一定の保険給付を行うことを約するもの（傷害疾病定額保険契約に該当するものを

除く。)」（保2条8号）と定義されている。

　生命保険契約に基づく保険給付には、一定の時点における被保険者の「生存」に関するもの（満期保険金）と、被保険者の「死亡」に関するもの（死亡保険金）がある。

　保険契約者が被保険者となる場合を「自己の生命の保険契約」といい、保険契約者以外の者を被保険者とする場合を「他人の生命の保険契約」という（保38条により、生命保険契約の当事者以外の者を被保険者とする死亡保険契約は、当該被保険者の同意がなければ、その効力を生じない）。

4▶ 傷害疾病定額保険契約

　傷害疾病定額保険契約は、「保険契約のうち、保険者が人の傷害疾病に基づき一定の保険給付を行うことを約するもの」（保2条9号）と定義されている。

3 社会保険とは

POINT 7 社会保険の定義

1▶ 社会保障政策の手段としての保険

　社会保険とは、「国等の社会保障政策の手段として行われる保険」（山下4頁）であり、公保険の一つである。

　公保険は、国等の政策目的達成の手段として運営される保険であり、産業保険と社会保険に分類される。産業保険が国等の産業・経済政策の手段として行われるのに対し、社会保険は、国等の社会保障政策の手段として行われる。これらの公保険は、私的自治の原則に基づく私保険とは異質なものである。

　このことは、「社会保険は、保険の技術を労働者あるいは国民の生活事故に対する生活保障のために用いるものであり、『保険』に固有の原理と『社会性』

（扶養性）原理の 2 つの相異なった考え方を結びつけるところにその特徴がある。したがって、私保険とは、共通性をもちながらも、多くの点で異なっている」（西村外 6 頁）と指摘されている。

2 ▶ 社会保障の意義

　憲法25条は、1 項で「すべて国民は、健康で文化的な最低限度の生活を営む権利を有する」、2 項で「国は、すべての生活部面について、社会福祉、社会保障及び公衆衛生の向上及び増進に努めなければならない」と規定している。社会保障とは、生活上の様々な困難に直面した国民に対し、その生活を健やかで安心できるものとするため、国等が憲法に由来する公的責任として、生活保障の給付等を行うことである。

　社会保障法や労働法は、社会法と呼ばれることがある。「社会法」とは、「自由主義的資本主義のもとではその生存をおびやかされる社会的・経済的弱者階層の生存の維持・福祉の向上をはかろうとする目的をもつ法」（星野20頁）と定義されている。この概念が用いられる背景には、「自由主義的資本主義のもとでは財力が不平等の原因となるため、それが生まれたときの親の貧富や金もうけの能力で決まる弊があるし、とにかく、下におちる者が悲惨な非人間的な状態に陥ることとなる。これらの者は、自由とはいうものの、例えば相手方の提出した一定の条件をのんで雇われるほかないということになる。…その結果、強い者の自由、弱い者の不自由となり、不平等が、非人間的にまで著しくなるという結果に至る。社会法とは、このような実質的に不自由・不平等・非人間的な地位に立たされている人間を前提とし…その実質的な自由・平等を確保し、人間らしい生活を確保することを目的とするものである」（星野20頁）という認識がある。

　ただし、社会保障の直接的な目的が国民（特に社会的・経済的弱者階層）の生活保障にあるとしても、それは自由主義を否定するものではない。憲法13条は「すべて国民は、個人として尊重される。生命、自由及び幸福追求に対する国民の権利については、公共の福祉に反しない限り、立法その他の国政の上で、最大の尊重を必要とする」と規定しており、自由主義こそが基本である。この見地からは、「より根源的には、個人の自律の支援が社会保障の目的と捉えられる。すなわち、個人が自らの生を主体的に追求できること、それ自体に

価値があり、そのための条件整備を図ることが、社会保障の究極的な目的である」（菊池10頁）という指摘が重要である。

3 ▶ 社会保険の制度的特徴

　社会保険は、国等の社会保障政策の手段として行われる保険である。その「制度的特徴として一般的に挙げられてきたのは、①給付要件及び給付内容の定型性、②資産・所得調査がないこと、③所得の減少ないし貧困に対し事前予防的であること、④保険料を財源（の少なくとも一部）とすること、などである。こうした特徴は、とりわけ年金保険を念頭においた場合、そして…公的扶助との対比において典型的に妥当する。このほか、所得再分配機能が組み込まれていることや、逆選択（保険事故の発生確率が高くなってから保険加入すること）の防止との関連で、社会保険は基本的に強制加入をその特徴としている」（菊池26頁）と説明されている。

　社会保険が強制加入をその特徴としていることによって、「社会保険の保険関係は、所定の事由が生じることで自動的に（当事者の意思に関係なく）成立する。すなわち、法所定の要件が備われば、労働者・住民には、一方で保険料の納付・負担義務が生じ、他方、保険事故が発生した場合には、所定の要件が満たされていることを前提に保険給付の請求権が発生することになる」（西村外7頁）。その意味で、社会保険においては、法令における「所定の要件」を理解することが重要である。

　社会保険は、保険給付の種類によって、①医療保険（健康保険・国民健康保険・後期高齢者医療保険等）、②介護保険、③年金保険（厚生年金保険・国民年金）、④労災保険、⑤雇用保険の5つに大きく分類することができる。

POINT
8
社会保険における保険の要素

1 ▶ 社会保険の法的性質

　社会保険の法的性質について、「社会保障（法）学においては、一般に公的

保険（社会保険）も保険であるとしている。また、公的保険は保険ではないとする裁判例は見当たらない。保険（法）学の通説も、保険に公保険と私保険があるとし、保険に公保険（≒公的保険）も含めている」（堀22頁）。しかし、このことは、社会保険が **POINT 3** の保険の要素、すなわち、要素①（保険料）、要素②（保険給付）、要素③（保険料と保険給付の対立関係）、要素④（収支相等原則）及び要素⑤（給付反対給付均等原則）のすべてを満たすことを意味しない。

　社会保険も保険である以上、保険の要素を満たす部分が多い。しかし、「国等の社会保障政策の手段」である社会保険では、保険原理だけではなく、扶助原理にも基づかざるを得ない。裁判例（名古屋地判平成17・1・27判タ1199号200頁）は、「国民年金制度は単純な保険原理に立脚しているのではなく、日本国憲法の定める生存権原理に立脚しており、私保険と異なって拠出と給付とが対価関係に立っているものでもない」と判示している。この点については、「社会保険において、保険原理を優先すると私保険に近くなり、扶助原理を優先すると社会扶助に近くなる」（堀61頁）と指摘されている。

2 ▶ 収支均等原則と社会保険の関係

　社会保険と **POINT 3** にいう保険の要素④（収支相等原則）との関係については、「本来の保険と異なり公費負担を含めた上で守られていると言い得る。社会保険は、こうした社会政策目的の下で加入強制に基づく法関係である場合が多く、保険者—加入者間における等価交換を前提とする債権債務関係は典型的には認め難い。こうした社会保険の捉え方は、換言すれば…保険原理（保険がよって立つ考え方）を、国民の生活保障という社会政策目的に沿った扶助原理（扶養原理とも言われる）によって修正したものということができる」（菊池24頁）と説明されている。この点では、「保険の成立のための最低限の要件は…収支相等原則を適用するということであり、個々の保険契約者が拠出する保険料について当該保険契約者のリスクの程度に応じて保険料を決定することまでは必要ない。これは、社会保険も保険であるという前提に立てば、社会保険では保険加入者の拠出する保険料はリスクに応じて決定されるのではなく、所得などリスクの大小とは無関係な要素により決定されることを考えれば明らかである」（山下68頁）という指摘も重要である。

3 ▶ 給付反対給付均等原則と社会保険

　社会保険と POINT3 にいう保険の要素⑤（給付反対給付均等原則）との関係については、「社会保険とは…保険の基本原則を、国民の生活保障の目的達成の見地から、平均保険料方式・応能保険料負担・事業主負担・公費負担などの手法を用いて修正したものである。したがって、ここではもはや給付反対給付均等の原則は成立しない」（菊池24頁）と指摘されている。

POINT 9 　社会保険の特色

1 ▶ 強　制　加　入

　社会保険においては、国民は、原則として、法律上当然に被保険者となる。このことは、社会保険に加入するか否かを選ぶ自由はないのが原則であるという意味で、「強制加入」という。このことは、「保険の相互扶助機能を国民に強制するものであり、社会連帯・国民連帯を国民に強制するものととらえることができる」（堀96頁）と説明されている。

　社会保険が、 POINT3 にいう保険の要素⑤（給付反対給付均等原則）を満たさないにもかかわらず運営できているのは、強制加入としているためである。逆にいうと、強制加入をさせることができない私保険では、保険の要素⑤（給付反対給付均等原則）を欠くことはできない。この点については、「私保険においては、保険料はリスクの程度に応じて決定するという給付反対給付均等原則に従うのが普遍的な現象となっている。その理由としては、素朴な公平感ということもあるであろう。しかし、それ以上に、リスクの程度を問わずに保険料が決定されるシステムでは、リスクの低い保険加入者にしてみればリスクの高い保険契約者に対して所得を移転する立場に立つから、当然そのような保険への加入をやめることになり、それによりリスクの高い、いわば質の悪いリスクのみが集積されることになり、ひいては保険そのものの成立基盤を破壊することになるということに実質的な理由が求められる（これを逆選択…という）。

これを防止するには社会保険のように加入を強制することが必要となるが、私保険では加入を強制することはできないので、給付反対給付均等原則による保険を運営することは必然的な要請となる」（山下68〜69頁）と指摘されている。

2▶ 労働者保護が基本

　社会保険は、基本的には、労働者を保護するものとして構想された。このことは、「失業するのは労働者だけであり、自分で商売をしている人（自営業者）は、仕事を自分でたたむことはあっても、それは失業とは少し違う。また労災保険…は、事業主の補償責任を保険化したものなので、事業主がいない、雇われていない人には基本的に適用されない。それに対して傷病や老齢は、雇われている人に限らず、誰でもが抱えているリスクなので、全ての人が対象となる。しかし歴史的な経緯からすると、社会保険は、賃金労働を念頭に置いて組み立てられているという側面が強い。つまり自分では生産手段を持たず、賃金によって生活するしかない人たち…の保険という意味であり、もともとは労働保険ということである。…それをある意味では無理して労働者以外にまで適用対象を広げたのが、日本の公的年金や医療保険だといえるかもしれない」（長沼102頁）と指摘されている。

3▶ 社会保険の財源

①保険料＋国庫負担

　私保険が保険契約者の支出する保険料のみを財源とするのと異なり、社会保険では、保険料が財源の相当部分を占めてはいるものの、財源はそれに限らず、国庫補助等もされている。そのため、「公的保険（社会保険）においても、制度全体としては『危険の測定やそれに応じた保険料を算定』している。ただし、個々人については『危険の測定やそれに応じた保険料を算定』をしているとはいえない」（堀27〜28頁）ことになる。

　保険料のみを財源としないことは、「社会保険においては、国民の生活を保障することが目的であるため、保険料は応能負担（保険原理）で、給付は必要原則（扶助原理）に基づく給付設計も許される。許されるというよりも、むしろ、社会保険においては、『能力に応じて負担し、必要に応じて給付を受ける』という原則に従うのが望ましいとされる」（堀62頁）と説明されている。

②保険料負担者としての事業主

　自営業者等を対象とする国民健康保険・国民年金では被保険者のみが保険料を負担する。これに対して、労働者（事業主に雇用される者。被用者）を対象とする健康保険・厚生年金・雇用保険では、労働者（被保険者）と事業主がともに保険料を負担する。そして、労災保険の保険料は、全額、事業主が負担する（労保徴31条参照）。

　事業主の保険料負担の根拠としては、「①保険事故の発生が事業主の責任に帰せられるべき側面がある（原因者負担。典型的には労災、失業、傷病など）、②社会保険の存在が事業主に利益をもたらす（受益者負担。医療保険、雇用保険、年金保険など）、③被保険者の負担能力の不足を補うため、といった理由」（菊池36頁）が指摘されている。そして、労災保険の保険料について事業主のみが負担義務を負うことは、「元来労災保険が使用者の労基法上の災害補償責任に代わるものであったとの沿革に由来する」（菊池254頁）。労災事故が発生した場合、事業主が保険料を納付していたか否かにかかわらず、労働災害に係る保険給付がされる。そして、事業主が一般保険料（労保徴10条2項1号）を納付しない期間（労保徴27条2項の督促状に指定する期限後の期間に限る）中の事故等について保険給付を行ったとき、政府は、保険給付に要した費用に相当する額の全部又は一部を事業主から徴収することができる（労災31条1項）。事業主の義務については、「事業主が労災隠しをしようとすることがあるが、これは犯罪である。すなわち、事業者は労働者が労働災害等により負傷、死亡、休業した場合には労働基準監督署に『労働者死傷病報告』を提出しなければならない（労安衛法100条1項、労安衛則97条）が、これを提出しないまたは虚偽を報告をした場合には50万円以下の罰金に処せられるものとされている（労安衛法120条5号、122条）」（水町782頁）という指摘もある。

③国庫補助

　社会保険における国庫補助は、社会保険が、国等の社会保障政策の手段であることに基づいている。このことは、「公費負担がなされる根拠としては、①強制加入させる見返り、②制度内の低所得者の負担能力の補完、③制度毎の財政力格差の調整（国保・協会健保など）、④国民の生活保障に対する公的責任の遂行、といった理由が挙げられている」（菊池35頁）と指摘されている。

POINT
10　**健康保険の意義**

　健康保険法1条は、「この法律は、労働者又はその被扶養者の業務災害（労働者災害補償保険法7条1項1号に規定する業務災害をいう。）以外の疾病、負傷若しくは死亡又は出産に関して保険給付を行い、もって国民の生活の安定と福祉の向上に寄与することを目的とする」と規定している。

　健康保険は、労働者（民間被用者）とその被扶養者を対象とする医療保険である。医療保険は、「傷病という『誰でも、いつでも可能性のあるリスク』を相手にしている」（長沼71頁）ものである。医療保険は、「長い歴史の中で、職場を中心に徐々にグループごとに保険集団が形成されるというプロセス」（田中84頁）を経ており、「皆保険は、国民すべてを同じ制度に加入させて実現したのではなく、それまでにすでに存在していた既存の医療保険制度の加入者は除外する形で、それ以外の人たちをすべて住所地の市町村の国民健康保険に加入させること」（田中30～31頁）によって実現された。

　医療保険の給付は、原則として、金銭ではなく、「現物」すなわち医療サービスとして提供される。すなわち、実際に提供されるのは検査・診断・処置・手術・投薬等という医療サービスであり、「法律的にも、原則として『療養の給付』となっていて、現物の給付である（たとえば健康保険法52、63条）」（長沼26頁）。そのため、金銭給付の形式をとる年金等と異なることとして、①「傷病の治療にとどまらない、予防―治療―リハビリテーションという一連のプロセスを包括的に捉える視点」、②「社会的事故としての傷病の発生に際しての費用の保障にとどまらない、医療サービス供給主体の規制を含めて包括的に捉える視点」（菊池337頁）がある。

　健康保険では、治療費等の損害に対応する療養の給付等だけではなく、休業損害に対応する傷病手当金の給付も行う（療養の給付等 ➡ CASE 1 参照 、傷病手当金 ➡ CASE 11 参照 ）。

国民健康保険の意義

国民健康保険法1条は、「この法律は、国民健康保険事業の健全な運営を確保し、もつて社会保障及び国民保健の向上に寄与することを目的とする」と規定している。

国民健康保険は、地域保険としての性格を有する医療保険であり、被用者ではない者（自営業者等）が加入している。医療保険としての機能は、基本的には、健康保険と同様である。→ POINT 10 参照

ただし、国民健康保険では、治療費等の損害に対応する療養の給付等だけを給付することが多く、休業損害に対応する傷病手当金の給付は殆ど行われていない（療養の給付等 → CASE 5 参照 、傷病手当金 → CASE 15 参照 ）。

後期高齢者医療保険の意義

高齢者の医療の確保に関する法律1条は、「この法律は、国民の高齢期における適切な医療の確保を図るため、医療費の適正化を推進するための計画の作成及び保険者による健康診査等の実施に関する措置を講ずるとともに、高齢者の医療について、国民の共同連帯の理念等に基づき、前期高齢者に係る保険者間の費用負担の調整、後期高齢者に対する適切な医療の給付等を行うために必要な制度を設け、もって国民保健の向上及び高齢者の福祉の増進を図ることを目的とする」と規定している。

高齢者の医療の確保に関する法律は、平成20年4月に施行され、後期高齢者医療制度が導入された。これは、①医療費の抑制（適正化）のための措置を講じるとともに、②65歳から74歳までの前期高齢者に係る保険者間の費用負担の調整、③75歳以上の後期高齢者を対象とする制度の創設を行うものである（高齢医療1条）。高齢者の医療については、「後期高齢者となれば、病気にかかる比率が増加」し、「厚生労働省がまとめたデータによれば、一人当たり

の生涯医療費2400万円の内、70歳以上で全体の49％を使い、そのピークは75歳から79歳であること」（NHK160頁）が指摘されている。

　後期高齢者医療制度の創設によって、「75歳になると全員がそれまで加入していた被用者保険や国民健康保険から外れ、個人単位で、新しくできた後期高齢者医療の被保険者とされる」（田中65頁）。これは、「従来、各医療保険制度の被保険者若しくは被扶養者であった後期高齢者を独立した制度の下でカバーすることとした点で、日本の医療保険の枠組みを大きく変更」（菊池410頁）したものである。療養の給付に係る一部負担金の割合は、原則として１割であるが（高齢医療67条１項１号）、「所得の額が政令で定める額以上である場合」（現役並みの所得がある場合）は３割となる（高齢医療67条１項２号）。

　後期高齢者医療制度における保険給付の種類は、「被用者保険及び国保と基本的に共通」（菊池414頁）である。 ➔ POINT 10 参照

　ただし、後期高齢者医療保険では、治療費等の損害に対応する療養の給付等だけが給付され ➔ CASE 10 参照 、休業損害に対応する傷病手当金の給付は行われていない（療養の給付等、傷病手当金 ➔ CASE 20 参照 ）。

POINT 13　介護保険の意義

1▶ 医療保険との関係

　介護保険には、高齢者医療において問題となっていた社会的入院に対応したという側面がある。社会的入院とは、身体上または精神上の障害が残ったまま症状が固定し、症状の回復が望めない状態にあるため医学上は入院治療の必要性がないにもかかわらず、介護施設・事業が整備されていないため、高齢者が自宅に戻ることができないという社会的な事情によって入院状態が継続することである。「社会的入院は、本来ならば社会福祉が負担すべき要介護に関する費用を、医療保険財政で負担することを意味する」（加藤外191頁）。平成９年に成立した介護保険法は、「社会的入院という形で提供されていた高齢者の長期ケアや老人保健施設における各種のケアも、すべて介護サービスという概念

に包摂することで、これらのサービス給付費を医療保険財政から介護保険財政に転嫁させている」（加藤外191〜192頁）と説明されている。

　介護保険によって、「介護が必要な高齢者には介護サービスをきちんと提供し、生活の質を改善する。また、社会保険という仕組みにより財源を確保し、民間事業者の参入を促して、施設や在宅の介護サービス量を増やす。財源として、今現在は介護サービスを利用していない人たちにも介護保険料の支払いを求めるが、その代わり、必要が生じたら1割の負担で介護サービスを利用することができるという安心感が得られる。また、社会的入院が減少することにより医療サービスが効率化され、社会保障全体の効率化が図られる」（椋野外3頁）。介護保険は、高齢者に対するサービスの提供について、症状の回復が望めない状態にある場合に対応するものとして、症状の回復が望める状態に対応する医療保険と役割を分担している。

　介護保険は、介護サービス給付を行う。これは、後遺障害がある場合の介護費用等に対応する。 **→ CASE 21 参照**

2 ▶ 高齢者のための介護保険

　介護保険法1条は、「この法律は、加齢に伴って生ずる心身の変化に起因する疾病等により要介護状態となり、入浴、排せつ、食事等の介護、機能訓練並びに看護及び療養上の管理その他の医療を要する者等について、これらの者が尊厳を保持し、その有する能力に応じ自立した日常生活を営むことができるよう、必要な保健医療サービス及び福祉サービスに係る給付を行うため、国民の共同連帯の理念に基づき介護保険制度を設け、その行う保険給付等に関して必要な事項を定め、もって国民の保健医療の向上及び福祉の増進を図ることを目的とする」と規定している。

　介護保険法は、「加齢に伴って生ずる心身の変化に起因する疾病等により要介護状態となり、入浴、排せつ、食事等の介護、機能訓練並びに看護及び診療上の管理その他の医療を要する者等」（介保1条）を対象としており、「加齢に伴う疾病等による要介護状態が対象となる点で、基本的に『高齢者』介護保険としての性格を有する」（菊池462頁）。高齢者は働いていない場合が多いこともあって、介護保険は、労働者（被用者）であるか否かによって区別されていない。この点でも、労働者であるか否かによって適用が異なる医療保険・年金

保険とは異なっている。

3 ▶ 要介護状態となるリスク

　介護保険が対象とするのは、障害によって日常生活動作を自分だけでは適切に行えないために介護を要する状態（要介護状態）となるリスクである。要介護状態とは、「病気や障害の結果、24時間365日私たちが生きていくために不可欠な日常生活動作（ADL：Activities of Daily Living）が自分では十分にできず、他人の支援が必要な状態」（田中78頁）である。

　要介護状態だと認定される割合は、「75歳から急上昇して、85〜89歳では50％に達しています」（NHK160頁）と指摘される。要介護となるリスクは「主として高齢期になってから、認知症や寝たきりになった場合が対象である。その意味では年金のように、老齢という『先のこと』に備えるという面が大きいともいえる。ただ公的年金でも障害年金があるように（若年でも障害者になることがある）、介護保険でも初老期認知症も対象としている。より一般的に、たとえば交通事故により若年でも寝たきりになって要介護状態になることがあるが、そこは法律で『加齢により』という制限をつけている（介護保険法1条）。つまり介護保険が対象とするのは、あくまで加齢に伴う要介護リスクであり、それは高齢期では『とても多い』が、中年期でも『少しある』ということになる」（長沼71頁）。そのため、交通事故によって介護を要する場合であっても若年者については介護保険は使えない。被害者が高齢である場合には、損害賠償請求だけではなく、介護保険を使うことも検討することが有意義である。

→ CASE 30 参照

POINT
14
厚生年金保険の意義

1 ▶ 国民年金との関係

　公的年金は2階建ての体系となっている。これは、20歳以上60歳未満の国民がすべて国民年金（基礎年金）という1階部分に加入したうえで、労働者（民

間被用者・公務員等）が報酬比例部分である厚生年金という２階部分にも加入するという体制である。これは、「2012（平成24）年被用者年金制度一元化法（法63）により、2015（平成27）年10月から厚生年金に公務員及び私学教職員も加入することとし、２階部分の年金は厚生年金に統一された」（菊池141頁）結果である。この年金制度の「抜本的な再編成は国民年金を被用者を含めて国民全体で支え直すために行われたものなので、従来の制度毎の実質的な負担と給付の関係を変えない、という前提で行われた」（田中118頁）。「基礎年金は旧厚年法の老齢年金等の定額部分が振り替えられたものであり、厚生年金は旧厚生年金の老齢年金等の報酬比例部分が振り替えられたものである」（堀305頁）と説明されている。

2 ▶ 年金保険の特色

　年金保険は、年金及び一時金の給付を行う。「年金」は、長期間にわたって定期的に支払われる金銭給付であり、「本来的には年ごとに支払われる金銭を意味する」（堀7頁）。もっとも、実際には、「公的年金の額は年額で示されるが、各月分の年金の２か月分が偶数月に支払われている。我が国では月給により月単位で生計を営むのが一般的であり、かつ、年金額が高くなった現在においては、月ごとに支払うようにするのが望ましい」（堀8頁）という指摘もある。

　「年金は長期的な制度設計を必要とし、社会保障法のなかでも専門技術的な制度部門である。条文を一瞥すればわかるように、多くの法改正を経て、膨大な経過措置や特則が置かれており、その複雑な条文構造を理解するのは容易でない」（菊池135）。超高齢社会や少子化の影響があり、年金制度の維持・運営は難しい局面を迎えており、法改正が続く可能性が高い。例えば、「支給開始年齢のさらなる引上げは現実的な選択肢であり、早晩検討の対象となろう」（田中227頁）という指摘がある。

3 ▶ 労働者のための厚生年金保険

　厚生年金保険法１条は、「この法律は、労働者の老齢、障害又は死亡について保険給付を行い、労働者及びその遺族の生活の安定と福祉の向上に寄与することを目的とする」と規定している。

　厚生年金保険における基本的な「保険事故」は、老齢である（厚年１条）。

これは、「大部分の者が高齢者になるのに対し、障害者や若年で遺族になる者が少ないからである」（堀12頁）。「ここでは単に老齢ということではなく、それに伴って『所得を稼ぐ力が失われる』ないしは『稼ぐ力が低下する』ことを、リスクの内実と考えるのが、一応標準的な説明である。これを『稼得能力の喪失（低下）リスク』と呼ぶ。公的年金は、このリスクに対応しているものである。…もちろん所得を稼ぐ力は、年齢によって一律に失われるものではないが、個々に『稼げるかどうか』を判定するのも難しいので、近似値的に、たとえば65歳で一律に『稼ぐ力が失われた』とみなしているわけである」（長沼142頁）と説明されている。

　しかし、厚生年金保険における「保険事故」には、被保険者の障害や死亡も含まれている。稼得能力の喪失（低下）リスクは、交通事故による障害や死亡によって働けなくなった場合にも発生する。「公的年金は、障害者や遺族にとっても極めて重要である。年金が高齢者、障害者及び遺族に支給されるのは、これらの者は所得が減少したり又は喪失したりすることが多いからである。しかも、長期にわたって所得が減少・喪失するため、長期給付である年金の対象とするのに適している。このように年金は所得が減少・喪失した者に支払われるため、年金は稼得能力の低下・喪失に対するものだと説明されることが多い」（堀12頁）。「年金は、いわば長期的・永続的な収入の途絶を対象にしたもの」（長沼143頁）であるから、治療継続中の収入減少（休業損害）には対応せず、症状固定後・死亡後の収入減少に対応する（後遺障害逸失利益に対応する障害厚生年金 CASE 31 参照、死亡逸失利益に対応する遺族厚生年金 CASE 51 参照）。なお、被用者の休業損害については、短期保険である健康保険が対応している。
POINT 10 参照

4▶ 死亡による年金受給権の消滅

　公的年金は、原則として受給権者が死亡するまで支払われる。「これは、年金の支給事由となる老齢、障害及び死亡による所得の減少又は喪失が、一般に永続するからである。ただし、公的年金には『終身年金』ではなく『有期年金』もある。例えば国年法の寡婦年金は、65歳に達したときに失権するので、有期年金である。また、終身年金であっても、障害年金については障害の程度が軽減した場合は支給停止されることがあり、遺族年金については再婚した場合

はその受給権が消滅する」（堀８頁）と説明されている。

　交通事故で死亡した被害者が、年金受給権を有していたときには、年金の逸失利益性を検討する必要がある。**⊙ CASE 62 参照**

POINT 15　国民年金の意義

　国民年金法１条は、「国民年金制度は、日本国憲法25条２項に規定する理念に基き、老齢、障害又は死亡によつて国民生活の安定がそこなわれることを国民の共同連帯によつて防止し、もつて健全な国民生活の維持及び向上に寄与することを目的とする」と規定している。

　この法律名に「保険」が含まれない（国民年金保険法ではない）のは、20歳未満の時に初診日がある傷病による（保険料を納付していない）障害者に対しても（無拠出制の）障害基礎年金を給付するため（国年30条の４）、保険の要素を欠くものも対象としていることと整合している。

　国民年金は、地域保険としての性格を有する年金保険であり、被用者ではない者（自営業者等）は１階部分である国民年金のみに加入している。

　国民年金における給付内容は、大枠としては、厚生年金保険と同様である。
⊙ POINT 14 参照

POINT 16　労災保険の意義

1 ▶ 労働基準法との関係

　事業主（使用者）の災害補償（労基第８章）は、労働災害について、労働者の立証責任を軽減し、使用者の故意・過失の立証を不要として、業務によって被災した場合、当然に、使用者から被害の程度・内容に応じた一定の補償を受けられるようにしたものである。これは、「無過失責任としての災害補償責任

を使用者に課すことで、被災労働者の救済を図るものであり、労働災害の場面では過失責任の原則に大幅な修正が加えられたことを意味している。使用者に、このような無過失責任を課すことが許容されたのには、報償責任主義（使用者は労働者を働かせることによって利益を得ているのであるから、仮に労働災害という不利益が生じた場合には、利益を得ている使用者がその責任を負うことが公平である）や危険責任主義（企業活動の過程では事故が発生する危険が常に内在しているのであるから、その危険が現実化した場合には、使用者は当然その危険を負担すべきである）の考え方が大きな影響を及ぼしている」（笠木外369頁）と指摘されている。この意味において、労災保険は、事業主の補償責任をカバーするための保険（責任保険）という側面を有しており、医療保険や年金保険とは性質が異なる。

　労災保険は年金及び一時金の給付を行うところ、その給付事由は、①業務災害によるもの、及び②通勤災害によるものに限られる。このことは、「労災保険法に基づく保険給付は、それが行われた場合使用者の労基法上の災害補償義務が免責されること（労基法84条1項）とあいまって実際上労基法上の災害補償にとって代わる機能を営んでいること、および、『業務災害』などの基本概念について労基法上と同一の概念を用いていること（労災保険法12条の8第2項等）からすると、その実質としては、使用者の労基法上の災害補償に代わる保険給付との性格をもつものと位置づけることができる」（水町777頁）。もっとも、労災保険法上の保険給付は拡大してきており、現在では、「労基法上の災害補償に代わるという面は、その多様な性格の一部を表したものにすぎない」（水町777頁）と理解されている。

2▶ 労働者保護のための労災保険

　労働者災害補償保険法1条は、「労働者災害補償保険は、業務上の事由又は通勤による労働者の負傷、疾病、障害、死亡等に対して迅速かつ公正な保護をするため、必要な保険給付を行い、あわせて、業務上の事由又は通勤により負傷し、又は疾病にかかつた労働者の社会復帰の促進、当該労働者及びその遺族の援護、労働者の安全及び衛生の確保等を図り、もつて労働者の福祉の増進に寄与することを目的とする」と規定している。

　労災保険の目的は、2つある。まず、①「業務上の事由又は通勤による労働

者の負傷、疾病、障害、死亡等に対して迅速かつ公正な保護をするため、必要な保険給付」を行うという目的を達成するため、業務災害又は通勤災害に対する保険給付に加えて、「二次健康診断等給付」（労災7条1項3号）を行っている。また、②「業務上の事由又は通勤により負傷し、又は疾病にかかった労働者の社会復帰の促進、当該労働者及びその遺族の援護、労働者の安全又は衛生の確保等を図り、もって労働者の福祉の増進に寄与すること」という目的を達成するため、「社会復帰促進等事業」が設けられている（労災2条の2）。

労災保険の給付内容は豊富であり、慰謝料には対応していないものの、財産的損害（積極損害・消極損害）の項目すべてに対応している（業務災害について、療養補償給付 ➔ CASE 2 参照、休業補償給付等 ➔ CASE 12 参照、介護補償給付 ➔ CASE 22 参照、障害補償年金等 ➔ CASE 32 参照、葬祭料 ➔ CASE 42 参照、遺族補償年金等 ➔ CASE 52 参照。通勤災害について、療養給付 ➔ CASE 3 参照、休業給付等 ➔ CASE 13 参照、介護給付 ➔ CASE 23 参照、障害年金等 ➔ CASE 33 参照、葬祭料 ➔ CASE 43 参照、遺族年金等 ➔ CASE 53 参照）。

POINT 17 雇用保険の意義

1▶ 労災保険との関係

労災保険と雇用保険は、労働者のみを対象とするため「労働保険」と総称されることがある。

労働者は、契約に基づいて労務を提供し、その対価として収入を得ている人であるから、失業すると収入がなくなる。「失業して収入の途を失った勤め人に所得を保障してくれるのが、雇用保険」であり、自営業者は対象とされていない。その理由は、「自営業の人はクビになることもないし、仕事の内容を自分で変えられる。通常、経営のために何らかの資産ももっている」と説明されている」（椋野外196頁）。

雇用保険は、「ごく大雑把にイメージすれば、労働者が失業した場合に、金銭を支給する仕組み」である（長沼95頁）。「雇用保険は、単に失業して収入を

失うリスクというよりは、離職した上で次の職が見つからないというリスクに備える、さらにいえば、失業したために日々の生活が回らなくなり、再び職を得るための活動や努力もできないという事態を回避するための仕組みということもできるだろう。だから生活の保障という意味では年金とも似ているが、期限付きであり、次の職が見つけられるまでの間の支給であるし、次の職がみつからなくても最長でも1年という短期的な給付である」（長沼96〜97頁）と指摘されている。

2▶ 失業リスク等への対応

　雇用保険法1条は、「雇用保険は、労働者が失業した場合及び労働者について雇用の継続が困難となる事由が生じた場合に必要な給付を行うほか、労働者が自ら職業に関する教育訓練を受けた場合に必要な給付を行うことにより、労働者の生活及び雇用の安定を図るとともに、求職活動を容易にする等その就職を促進し、あわせて、労働者の職業の安定に資するため、失業の予防、雇用状態の是正及び雇用機会の増大、労働者の能力の開発及び向上その他労働者の福祉の増進を図ることを目的とする」と規定している。

　雇用保険の目的には、①「失業した場合」への対応だけではなく、②「雇用の継続が困難となる事由の発生」や、③「労働者が自ら職業に関する教育訓練を受けた場合」への対応も含まれている（雇保1条）。そのため、雇用保険は、失業給付に加えて、育児休業給付などの雇用継続給付や雇用安定事業等を行っている。「その意味では、単に失業の発生を保険事故とする失業保険の範疇に収まり切らない広がりを有している。また法目的としても、『労働者の生活及び雇用の安定』のほか、『失業の予防、雇用状態の是正及び雇用機会の増大、労働者の能力の開発及び向上その他労働者の福祉の増進を図ること』（雇保1条）を掲げるに至っており、広く労働市場政策一般との関わりをもつ」（菊池267頁）と指摘されている。

　労働者が交通事故にあい、解雇されたり、退職をした場合等には、雇用保険についても検討する必要がある。**➲ CASE 11 参照**

第**2**章

交通事故損害賠償の基礎

1 傷害による損害賠償額

治療費等（積極損害）

1▶ 治 療 費

　事故によって負傷した場合、病院等によって治療をするために、治療費・通院交通費等が必要になる。このように、支出を余儀なくされる損害を、「積極損害」という。交通事故に関する損害賠償の実務では、事故発生日から症状固定日までを、治療が必要であった期間（治療期間）としている。

　症状固定とは、①傷病に対して行われる医学上一般に承認された治療方法（以下「療養」という）をもってしてもその効果が期待し得ない状態（療養の終了）で、②残存する症状が自然経過によって到達すると認められる最終の状態（症状の固定）に達したときである。これは医学的な概念ではなく、損害賠償等を行うために、その時点における身体の状況を評価するための概念である。事故受傷に対する治療費は、原則として症状固定までの期間についてのものが損害とされ、それ以降に支出された治療費は後遺障害に関する損害に含まれて評価されるか、事故と相当因果関係がないものとして損害と認められな

い。症状固定した以上、治療をしても改善されないという意味において無駄な
支出であるため、加害者に負担させる理由がないためである。

　治療費のうち、損害と認められるのは、必要かつ相当な実費全額である。鍼
灸・マッサージ費用・器具薬品代等は、症状により有効かつ相当な場合、こと
に医師の指示がある場合などは認められる傾向にある。

2▶ 通 院 交 通 費

　通院交通費のうち、損害と認められるのは、症状などによってタクシー利用
が相当とされる場合以外は、電車・バスの料金である。自家用車を利用した場
合は、ガソリン代等実費相当額が認められる。

3▶ 入 院 雑 費

　入院雑費について、東京地裁民事交通訴訟研究会は「審理簡素化のため１日
当たりの定額（おおむね１日当たり1500円）でこれを認めている」（別冊判タ
38号12～13頁）としている。

4▶ 付 添 費

　付添費については、医師の指示または受傷の程度、被害者の年齢等により必
要があれば認められる。東京地裁民事交通訴訟研究会は、「職業付添人の場合
は必要かつ相当な実費全額。近親者付添人の場合は相当額で、近時はおおむね
１日当たり、入院付添費6500円程度、通院付添費3300円程度」（別冊判タ38
号12頁）としている。

5▶ 介 護 費

　東京地裁民事交通訴訟研究会は、「介護費（自宅付添費）は、原則として、
職業付添人の場合は必要かつ相当な実費全額を、近親者付添人の場合は相当額
を認めている。ただし、具体的介護の状況により増減することがある」（別冊
判タ38号12頁）としている。

休業損害（消極損害）

1▶ 逸失利益との区別

　事故前の収入を基礎として、負傷により休業したことによる現実の収入減を認めるのが原則である。有給休暇を使用した場合も認められる。家事従事者の場合、平均賃金を基礎として、負傷により家事労働ができなかった期間について認める。事故によって負傷したことによって仕事を休んだことによって収入が減少するというのが休業損害の典型的場面であり、このように加害行為がなければ被害者が得たであろう経済的利益を失ったことによる損害を、「消極損害」という。積極損害も消極損害も、もともと金銭に換算できる性質のものであるから、これを「財産的損害」という（これに対して、慰謝料は「非財産的損害」である）。

　消極損害は、症状固定日を境として区別され、それより前の消極損害を「休業損害」といい、それより後の消極損害を「逸失利益」という。休業損害とは、事故による受傷の治療期間中、受傷およびその治療のため被害者が休業し、あるいは十分な稼働ができなかったために、症状固定日または死亡日までに生じた得べかりし利益のことである。

2▶ 基　礎　収　入

　休業損害は、事故前の収入を基礎として、負傷により休業したことによる現実の収入減を認めるのが原則であるが、有給休暇を使用した場合も認められる。これは、自由に使用できる有給休暇が減少したことを損害と評価したものである。➡ CASE 11 参照

　家事従事者の場合、現実の収入を基礎とすることができないため、女性労働者・学歴計・全年齢の平均賃金を基礎として認めることが多い。➡ CASE 17 参照

POINT 20 傷害慰謝料

1▶ 慰謝料の意義

　慰謝料とは、不法行為の被害者が被った精神的・肉体的苦痛による損害（非財産的損害）に対する賠償（損害をてん補するもの）である。痛みなどに対する償いは、本来、金銭に換算できる性質のものではないから、非財産的損害である）。民法710条は「他人の身体、自由若しくは名誉を侵害した場合又は他人の財産権を侵害した場合のいずれであるかを問わず、前条の規定により損害賠償の責任を負う者は、財産以外の損害に対しても、その賠償をしなければならない」と規定し、財産以外の損害（非財産的損害）についても賠償責任を認めている。

　損害賠償の本質は、被害者の受けた損害の回復にある。そのため、慰謝料の本質も「損害のてん補」、すなわち「精神的苦痛に対して金銭によって満足を与えるもの」と理解されている。ただし、財産的損害が否定される場合や、財産的損害の金額を認定することが困難な場合に、その事情を考慮して慰謝料額が認定されることもある（慰謝料の補完的機能）。

2▶ 慰謝料の基準化

　慰謝料は「精神的苦痛」という損害を金銭によって塡補することを目的としているから、被害者の「精神的苦痛」を金銭に評価することが必要である。ところが、その性質上、治療費等のように現実に支出される金銭はなく、休業損害や逸失利益のように事故前の現実収入など損害認定の手がかりとするものもない。そこで、交通事故損害賠償の実務では、紛争当事者に判決になった場合の予測可能性を与えて紛争の早期解決を目指すとともに、同種・同程度の被害を受けた被害者間の公平を実現する目的で、慰謝料基準を含む「損害賠償額の算定基準」が公表されており、現在は、弁護士会などが作成する損害賠償額算定基準（赤い本、青本など）が、紛争解決に広く用いられている。

　河邉義則「最高裁民事破棄判決の実情（中）」は、判例（最判平成10・12・

18平7（オ）2238）について、頭蓋骨骨折等のため68日間の入院に加え423日の実治療日数の通院を要し、後遺障害等級9級10号に該当する事案において「慰謝料額を150万円としたのは、同種事案における実務上の取扱いに比して低きに失し、著しく不相当である」として原判決を破棄したと説明している（判時1680号12頁）。

3 ▶ 慰謝料基準の概要

東京地裁民事交通訴訟研究会は、「傷害の場合は傷害及び後遺障害の内容及び程度、治療経過等を…考慮して慰謝料額を認定している。具体的な認定にあたっては、上記各事情に加え、事故の態様等諸般の事情を綜合勘案して、当該事案に相応した慰謝料額を認定することになる」（別冊判夕38号16頁）としている。

症状固定後の損害（後遺障害・死亡）は別の基準があるから、傷害慰謝料は事故日から症状固定までの期間に被害者が受けた精神的・肉体的苦痛を対象とする。傷害慰謝料基準は、通院慰謝料の基準と入院慰謝料の基準とで構成されており、入院と通院が両方とも行われた場合には2つの基準を組み合わせて治療期間全体としての慰謝料を算定している。

赤い本2020上192頁には、以下のとおり記載されている。

・「原則として入通院期間を基礎として別表Ｉ（193頁）を使用する。通院が長期にわたる場合は、症状、治療内容、通院頻度をふまえ実通院日数の3.5倍程度を慰謝料算定のための通院期間の目安とすることもある」

・「傷害の部位、程度によっては、別表Ｉの金額を20％～30％程度増額する」

・「むち打ち症で他覚症状がない場合等（注）は入通院期間を基礎として別表Ⅱ（194頁）を使用する。通院が長期にわたる場合は、症状、治療内容、通院頻度をふまえ実通院日数の3倍程度を慰謝料算定のための通院期間の目安とすることもある」、「（注）『等』は軽い打撲・軽い挫創（傷）を意味する」

2　後遺障害による損害賠償額

POINT 21　介護費等（積極損害）

　将来介護費は、医師の指示または症状の程度により必要があれば認められる。赤い本2020上24頁によれば、「職業付添人は実費全額、近親者付添人は1日につき8000円。但し、具体的看護の状況により増減することがある」とされている。なお、事案によっては、家屋・自動車改造費等が認められる場合もある。 **→ CASE 21 参照**

POINT 22　後遺障害逸失利益（消極損害）

　後遺障害による逸失利益は、症状固定日の翌日以降の得べかりし利益であり、基礎収入額×労働能力喪失率×労働能力喪失期間対応ライプニッツ係数として計算される。掛け算によるため、それぞれの要素が変わることによって、結論（金額）が大きく変動することに注意すべきである。

1 ▶ 基 礎 収 入 額

　被害者の現実収入によることが原則である。ただし、平均賃金を得られる蓋然性があるときなどは例外が認められる。

　また、家事従事者の場合、女性労働者・学歴計・全年齢の平均賃金を基礎として認めることが多い。 **→ CASE 37 参照**

2 ▶ 労働能力喪失率

　後遺障害別等級表による以下の喪失率を参考としながら、後遺障害の部位・

程度や、被害者の職業・年齢・性別・稼働状況等を評価する。

・1級	100%		・8級	45%
・2級	100%		・9級	35%
・3級	100%		・10級	27%
・4級	92%		・11級	20%
・5級	79%		・12級	14%
・6級	67%		・13級	9%
・7級	56%		・14級	5%

　後遺障害があるために被害者の将来の収入がどれだけ減少するかということは、簡単には分からない。そのため、何らかの基準がなければ現実の事件を解決することができなくなるおそれがある。そこで、現在の実務では、上記の喪失率表を参考とし、後遺障害等級表に応じた労働能力喪失率を認めている。ただし、これは機械的に判断しているわけではない。

　東京地裁民事交通訴訟研究会は、「後遺障害が残存していても実際に減収が生じていない場合には、逸失利益が認められないことになろう。しかし、後遺障害の程度からみて、通常であれば、収入への影響が予想され、減収が生じていないのは被害者本人の努力による結果であるとみられるようなときには、後遺障害による損害が、ある程度認められる余地はあろう」（別冊判タ38号15頁）としている。

3 ▶ 労働能力喪失期間対応ライプニッツ係数

①現在（債権法改正施行前）の実務

　労働能力喪失期間は67歳までが原則とされている。「むち打ち症の場合は、12級で10年程度、14級で5年程度に制限する例が多く見られるが、後遺障害の具体的症状に応じて適宜判断すべきである」（赤い本2020上99頁）という指摘もある。

　逸失利益は、将来長期間にわたって取得するはずであった利益を現在の一時金で支給するため、中間利息を控除して算定する。「中間利息の控除」を行う理由は、長期間にわたって発生する損害を、各時期に発生したと仮定する損害額の名目額を合算してただちに一時払いをさせたのでは、被害者が本来は得ら

れない多くの金額を一時に利用できるようになり、不公平な結果となるため、本来損害が現実化するまでの期間に得られるであろう運用利益分を控除する点にある。中間利息控除の方法として代表的なものに、「複利計算して控除する方法＝ライプニッツ方式」がある。

②債権法改正の内容

　労働能力喪失期間に対応するライプニッツ係数については、債権法改正が影響する。すなわち、令和2年4月1日施行の債権法改正後民法417条の2第1項は、「将来において取得すべき利益についての損害賠償の額を定める場合において、その利益を取得すべき時までの利息相当額を控除するときは、その損害賠償の請求権が生じた時点における法定利率により、これをする」と規定している。これは、債務不履行（契約違反等）に関する条文であるが、同法722条1項により、不法行為による損害賠償について準用されているため、交通事故の場合も、この規定が適用される。

　債権法改正後民法417条の2第1項は、逸失利益を計算する際の中間利息控除については、①法定利率によること、②その法定利率は「損害賠償の請求権が生じた時点」のものであることを明確にしている。

　法定利率について、債権法改正前民法404条は年5％としていたが、債権法改正後民法404条は緩やかな変動制を採用し、施行当初の利率は年3％とされている。これは、「約120年もの間、見直しがされていないため、昨今の超低金利の情勢の下では法定利率が市中金利を大きく上回る状態が続いていた。法定金利が市中金利を大きく上回っていると、債務者が支払う遅延損害金等の額が不当に多額なものとなる一方で、将来の逸失利益に係る損害賠償額を算定する際の中間利息控除の場面では不当に賠償額が抑えられる結果となり、当事者間の公平を害する結果を招く。そこで、現在の市中金利の水準に合わせて法定利率を引き下げる必要がある」（筒井外79頁）ためである。このように変動制が採用されたため、法定利率を決めるための基準時が必要となる。

　中間利息控除に用いる法定利率について損害賠償の請求権が生じた時を基準とする理由は、「逸失利益の額の算定は、実務上、その後遺障害の症状が固定した時点を基準時として労働能力喪失期間等を確定するが、他方で、このように算定する逸失利益を含めて不法行為時から損賠償請求権は発生し、直ちに履行遅滞による遅延損害金が発生すると解されている。したがって、後遺症によ

る逸失利益部分を含め、その請求権の発生時点は、不法行為時であり、その時点における法定利率によって中間利息控除を行うことになる」（筒井外89頁）と説明された。

③債権法改正の影響

　上記②の改正法は、「施行日前に生じた将来において取得すべき利益又は負担すべき費用についての損害賠償請求権」については適用されない（同法附則17条２項）。その趣旨は、施行日前に生じた将来において取得すべき利益又は負担すべき費用についての損害賠償請求権について改正民法を適用すると、当事者（債権者及び債務者）の予測可能性を害する結果となるという点にある。そのため、債権法改正後の民法が適用されるのは、令和２年４月１日以後に発生した交通事故である。

　現在の実務では、中間利息控除を年５％で計算したライプニッツ係数によることが一般的であり、これを年３％で計算するときには損害賠償額が大きくなることになる。この点については、「『中間利息控除の利率を現実の市中金利に近づけたのであれば、それ以外の算定要素も、より現実に近づけることが公平な損害賠償額の算定ではないか』という意見が説得力を増す面があることも否定できない。逸失利益は、もとより虚構（フィクション）性の大きな損害項目であり、『被害者の救済』と『損害の公平な分担』という、時に相反する二つの要請を調和させることが必要な損害項目である。その中で、いわば微妙なさじ加減により実務運用されてきたもののうち、中間利息控除の利率のみが変更されたことが、他の算定要素、具体的には基礎収入額の認定や、中間利息の控除に当たっての基準時の議論を再検討する“呼び水”となることもあり得よう。改正後の裁判例の動向に注意する必要があり、また、このような問題をはらんでいることを紛争解決に関与する者として意識することが求められる」（日弁連461頁）という指摘もある。

POINT 23 後遺障害慰謝料

1 ▶ 後遺障害慰謝料の意義

　後遺障害慰謝料は、被害者に後遺障害が残った場合に、それによる精神的・肉体的苦痛を慰謝するために認められる。後遺障害が残ったことによる財産的損害（逸失利益や将来治療費など）は別に損害算定されるから、後遺障害慰謝料はそれ以外の非財産的損害のてん補を目的とするものになる。ただし、後遺障害が残存したことによる財産的損害としては算定できないが、何らかの被害（損害）は発生していると認められる場合に、財産的損害が別途算定されないことを考慮して後遺障害慰謝料が基準額より増額されることもある（補完的機能）。

2 ▶ 後遺障害慰謝料の基準

　後遺障害慰謝料の基準は、後遺障害等級ごとに示されている。複数の後遺障害が認定された場合の後遺障害慰謝料は、最終的に認定される等級（併合等級）による。赤い本2020上196頁によれば、各等級に応じた慰謝料の標準額は以下のとおりである。

・1級	2800万円	・8級	830万円
・2級	2370万円	・9級	690万円
・3級	1990万円	・10級	550万円
・4級	1670万円	・11級	420万円
・5級	1400万円	・12級	290万円
・6級	1180万円	・13級	180万円
・7級	1000万円	・14級	110万円

　自賠責後遺障害等級に該当しない場合であっても部位・程度によっては後遺障害慰謝料が認められることがある。例えば、12級には該当しないが顔面醜状が残った場合や、等級のつかない2歯に歯科補綴が加えられたような場合で

ある。赤い本の基準では「無等級X」と示されている。

判例（最判昭和33・8・5民集12巻12号1901頁）は、民法711条は被害者の死亡した場合の近親者固有慰謝料について規定していることを参考に、近親者が被害者の「死亡にも比肩し得べき精神的苦痛」を受けた場合にも近親者固有の慰謝料請求権を認めている。

後遺障害慰謝料基準は、死亡慰謝料基準とは異なり、近親者固有慰謝料が基準額に含まれることを示していない。被害者本人の後遺障害慰謝料とは別に（本人に基準額どおりの慰謝料を認めたほかに）、親族固有の慰謝料を認めるのが裁判例の一般的な傾向と思われる。

3 死 亡

POINT 24 葬儀費等（積極損害）

東京地裁民事交通訴訟研究会は、「葬儀費（仏壇、仏具購入及び墓碑建立費等を含む。）については、社会通念上相当と認められる限度において」認めており、「原則としておおむね150万円を上限としてこれを認めることとし…葬儀を主催し、現実に支出したことの立証を求めている。なお…現実にこれを上回る費用を支出した場合であっても、原則として、150万円を超えて容認することはしていない」（別冊判タ38号13頁）としている。

POINT 25 死亡逸失利益（消極損害）

死亡による逸失利益は、死亡日の翌日以降の得べかりし利益であり、基礎収入額×（1－生活費控除率）×労働能力喪失期間対応ライプニッツ係数として

計算される。掛け算によるため、それぞれの要素が変わることによって、結論（金額）が大きく変動することに注意すべきである。

1▶ 基 礎 収 入 額

被害者の現実収入によることが原則である。ただし、平均賃金を得られる蓋然性があるときなどは例外を認める。

また、家事従事者の場合には、女性労働者・学歴計・全年齢の平均賃金を基礎として認めることが多い。 ➡ CASE 57 参照

更に、高齢者である被害者が死亡した場合等には、年金の逸失利益性も問題になる。 ➡ CASE 62 参照

2▶ 生活費控除率

赤い本2020上177 〜 179頁は、一家の支柱については被扶養者１人40％、同２人以上は30％、女子（主婦・独身・幼児を含む）30％、男子50％としたうえで、「兄弟姉妹のみが相続人のときは別途考慮する」「年金部分についての生活費控除率は通常より高くする例が多い」としている。

3▶ 労働能力喪失期間対応ライプニッツ係数

労働能力喪失期間は67歳までが原則とされている。ただし、高齢者については平均余命の２分の１とすることが多い。

また、年金の逸失利益を計算する場合は、平均余命までの期間による。

POINT 26 死 亡 慰 謝 料

1▶ 被害者本人の死亡慰謝料

死亡慰謝料は、被害者が死亡した場合に、その精神的・肉体的苦痛を慰謝するために認められる。即死の場合であっても被害者自身に慰謝料請求権が発生し、それが遺族に相続されるとするのが判例（最大判昭和42・11・１判時497

号13頁）である。

　赤い本2020上185頁には「一応の目安」として以下の金額が示され、具体的な斟酌事由により増減されるべきとされている。これは死亡慰謝料の総額であるため、下記2の近親者固有の慰謝料分も含まれている。

　　　・一家の支柱　　　　　　　　　　　　2800万円
　　　・母親、配偶者　　　　　　　　　　　2500万円
　　　・その他（独身の男女、子供、幼児等）　2000万円〜2500万円

　「一家の支柱」とは、「当該被害者の世帯が、主として被害者の収入によって生計を維持している場合」をいう。基準額が一番高くされているのは、慰謝料の生活維持機能が考慮されているためである。

　「母親・配偶者」は、遺族への影響の大きさを考慮した区分である。ここでは、例えば、養育を必要とする子を持つ母親、家事の中心をなす主婦等が想定されている。

　「その他」は、子供、高齢者、及び単身者で他の属性に該当しない場合である。基準額に幅がもたされているのは、個々の事情を考慮して判断するという趣旨であるが、子供の場合は基準額の上限に近い額を認定する傾向にあると思われる。

2▶ 近親者固有の慰謝料

　死亡した被害者の「父母、配偶者及び子」に対しては、近親者固有の慰謝料請求権が認められる（民711条）。そして、判例（最判昭和49・12・17民集28巻10号2040頁）は、被害者の夫の妹について、身体障害者であるため長年にわたり被害者と同居してその庇護の下に生活を維持し、将来もその継続を期待していた事情がある事案において、民法711条の類推適用による保護を認めた。

　固有の慰謝料請求権を有する近親者が相続人でもある場合は、被害者本人の慰謝料として相続した額と、近親者固有慰謝料の額とを別々に算定し請求するのが一般的である。ただし、全額を本人分慰謝料として算定し、各相続分に応じて遺族が取得したとして請求することもある。

　東京地裁民事交通訴訟研究会は、「死亡の場合は、被害者の家庭における地位（一家の支柱であるか、母親・配偶者であるか、その他であるか等）、年齢、

原告との身分関係等を…考慮して慰謝料額を認定している。具体的な認定にあたっては、上記各事情に加え、事故の態様等諸般の事情を綜合勘案して、当該事案に相応した慰謝料額を認定することになる」、「相続人以外の者が原告として加わっている事案（被害者の配偶者、子とともに親が原告となっている場合など）でも、そのことを理由に慰謝料の総額を増やすことはしていない」（別冊判タ38号16頁）としている。

第**3**章

社会保険と交通事故の関係

1 交通事故被害者が利用できる社会保険の概要

POINT **27** 社会保険の利用とその限界

　社会保険にもとづく給付は、違法行為を前提としていない点において、不法行為に基づく損害賠償請求とは異質である。そのため、慰謝料に対応する社会保険はない。このことは、「精神的損害（慰謝料）をカバーするものではないため、労災保険給付が行われても…精神的損害の賠償責任を免れることはできない」（水町810頁）と指摘されている。

　労災保険は、事業主の従業員に対する災害の補償責任を基礎としているため、他の社会保険と異なり、責任保険という側面がある ➡ **POINT 16** 参照 。しかし、「これは、事業主が必ずしも『悪い』という意味ではない。たとえば鉱山が崩れて炭鉱労働者が事故に遭ったという場合、それは自然状態にも関わり、事業主としても防ぎようがない事故だったかもしれない。それでもそのような労働者のおかげで会社は成り立っているわけだし、また法的な過失は証明できないまでも、事故対策や健康管理など何か対応が取れるとしたら、それは事業主側であったといえる。そこで、これを事業主側の補償責任と構成して、保険でカバーするという方法が考えられるわけである」（長沼123頁）。ここでは、

「『賠償』というと、行為者に法的責任があるニュアンスになるが、労災保険で『補償』と称しているのは…行為者側は必ずしも悪くないとしても、被害が生じている以上、それを埋め合わせるというイメージである。憲法29条3項の『損失補償』がその典型例である（たとえばダム建設のための土地収用の際の補償。収容する側が、別に『悪い』わけではない）」（長沼125頁）という指摘が重要である。

POINT 28　健康保険の利用

1▶ 保 険 者

健康保険は、労働者（民間被用者）及びその被扶養者を適用対象としている医療保険である。健康保険の保険者には、①健康保険組合（健保組合）と②全国健康保険協会（協会けんぽ）の2つがある。健保組合は、その組合員たる被保険者の保険を管掌し（健保6条）、協会けんぽは、健保組合の組合員ではない被保険者の保険を管掌する（健保5条）。「健保組合は、主として大企業被用者を対象とし、適用事業所の事業主、その事業に使用される被保険者および任意継続被保険者…によって組織される公法人である。一方、協会けんぽは、日雇特例被保険者を除いて、主に中小企業被用者を適用対象としている」（西村外47頁）。

このことは、「基本的な考え方として、働いている現役世代を中心に形成されてきた医療保険などは職域を基本として保険者が構成され」（田中18頁）ていることを意味する。

2▶ 被 保 険 者

健康保険の被保険者とは、適用事業所に使用される者及び任意継続被保険者をいう（健保3条1項本文）。つまり、「適用事業所に使用される者は、強制的に被保険者となる」（西村外48頁）。適用事業所とは、健康保険法3条3項1号に掲げる事業の事業所であって、常時5人以上の従業員を使用するもの、その

他、国、地方公共団体又は法人の事業所であって、常時従業員を使用するものである（健保3条2項）。

　ここでは、常用的な使用関係が前提とされており、船員保険の被保険者や日雇労働者（2か月以内の期間を定めて使用される者）等について、適用を除外している（健保3条1項各号）。もっとも、適用事業所に使用される日雇労働者については、健康保険による給付等が必要とされる場合があるため、原則、日雇特例被保険者に該当し、適用対象となる（健保3条2項）。

3 ▶ 受 給 権 者

　健康保険の場合、基本的に被保険者資格があれば直接給付を受け得る地位にある。「主たる給付である現物給付としての『療養の給付』（健保63条1項…）は、保険医療機関への被保険者証の提示によりなされ、基本的に行政庁による認定などの行為は必要とされない」、「このことは、医療の場合、給付の可否・内容などに係る判断に当たり、医学の専門性に裏打ちされた医師（保険医）の裁量に委ねられる余地が大きい…ことに由来する部分が大きい」（菊池78頁）と説明されている。

POINT 29　国民健康保険の利用

1 ▶ 保 険 者

　国民健康保険の保険者は、市町村及び特別区（国保旧3条1項）、国民健康保険組合（同条2項）であった。これは、市町村が、地域住民と身近な関係であることから、保険事業の運営を行っていたものである。しかし、平成27年改正（持続可能な医療保険制度を構築するための国民健康保険法の一部を改正する法律）に伴い、平成30年4月1日からは、保険者として、都道府県が当該都道府県内の市町村とともに保険を行っている（国保3条1項）。

　これは、「サービス給付を中心とする医療保険や介護保険などはそのサービス基盤の性格や広がりに応じて比較的身近な地域に基礎を置く」（田中18頁）

ことによる。

2 ▶ 被 保 険 者

　国民健康保険は、労働者（民間被用者）及びその被扶養者以外の国民を適用対象とする地域保険としての医療保険である。これによって「国民皆保険を実現させている」（西村外45頁）。

　国民健康保険の保険者は市町村（特別区を含む）とされ、市町村の区域内に住所を有する者は、当該市町村が行う国民健康保険の被保険者とされていた。しかし、上記1の法改正により、「都道府県の区域内に住所を有する者」が、当該都道府県が当該都道府県内の市町村とともに行う国民健康保険の被保険者となった（国保5条）。国民健康保険においては、「健康保険・船員保険・各共済組合などの被保険者及び被扶養者、高齢者医療確保法上の被保険者、生活保護を受けている世帯に属する者、国民健康保険組合の被保険者などは適用除外とされる（同6条1号〜11号）。その意味で、他の公的医療制度等によってカバーされない住民が自動的に、都道府県が財政運営責任を負う国民健康保険の適用を受ける仕組みとなっている」（菊池368頁）と説明されている。

3 ▶ 受 給 権 者

　国民健康保険においても、基本的に被保険者資格があれば直接給付を受け得る地位にある。　⊙ POINT 28 参照

POINT 30 後期高齢者医療保険の利用

1 ▶ 保 険 者

　後期高齢者の疾病、負傷または死亡に関する必要な給付については、都道府県の区域ごとの当該区域内のすべての市町村が加入する広域連合（後期高齢者医療広域連合）が運営を行う（高齢医療48条）。

2 ▶ 被 保 険 者

後期高齢者は、75歳以上の者である。 **➡ POINT 12 参照**

3 ▶ 受 給 権 者

後期高齢者医療保険においても、基本的に被保険者資格があれば直接給付を受け得る地位にある。 **➡ POINT 28 参照**

POINT 31

介護保険の利用

1 ▶ 保 険 者

介護保険の保険者は、市町村及び特別区である（介保3条）。

このことは、「介護保険はごく最近になって一挙に創設された制度であり、医療保険のように…職場を中心に徐々に…保険集団が形成されるというプロセスを辿らなかったため、制度は1つで、保険者も単一である。また、主な対象者が高齢者であり、すでに退職している人たちがほとんどであるため、職場単位でカバーするのに適さず、地域単位で構成するのが適当である。このような理由から、保険者は地域で住民にもっとも身近な基礎自治体である市町村とされた」（田中84頁）と説明されている。

2 ▶ 被 保 険 者

介護保険の被保険者は、①第1号被保険者（市町村の区域内に住所を有する65歳以上の者。介保9条1号）、及び②第2号被保険者（市町村の区域内に住所を有する40歳以上65歳未満の医療保険加入者。介保9条2号）である。介護保険は、「加齢に伴って生ずる心身の変化に寄進する疾病等」に関して保険給付を行うものであり（介保1条）、40歳未満の者は被保険者になり得ない。その理由は、①「制度発足当時の解決が急がれた課題が、高齢者をめぐる医療と福祉の領域にわたる矛盾やミスマッチの解消だったため」（田中218頁）であるが、②「介

護という高齢期、とりわけ後期高齢期に集中して生じるリスクについて、若い人に制度に加入して備える必要性について実感を持ってもらうことが難しく、事業主も負担増に慎重だったこと」（田中218～219頁）も影響している。

　また、第2号被保険者について保険給付の対象となるのは、要介護状態もしくは要支援状態の原因である身体上又は精神上の障害が加齢に伴って生ずる心身の変化に起因する疾病であって政令で定めるもの（特定疾病）によって生じたものに限られる（要介護者について介保7条3項2号、要支援者について介保7条4項2号）。具体的には、「①がん（医師が回復の見込みがないと判断したものに限る）、②関節リウマチ、③筋萎縮性側索硬化症（ALS）、④後縦靱帯骨化症、⑤骨折を伴う骨粗鬆症、⑥初老期における認知症、⑦進行性核上性麻痺、大脳皮質基底核変性症およびパーキンソン病、⑧脊髄小脳変性症、⑨脊柱管狭窄症、⑩早老症、⑪多系統萎縮症、⑫糖尿病性神経障害、糖尿病性腎症および糖尿病性網膜症、⑬脳血管疾患、⑭閉塞性動脈硬化症、⑮慢性閉塞性肺疾患（COPD）、⑯両側の膝関節または股関節に著しい変形を伴う変形性関節症」（田中83頁）の疾患が対象となる。

3▶ 受 給 権 者

①市町村による認定

　介護保険の給付を受けるには、市町村の要介護認定を受けなければならない。これが、医療保険とは異なるところである。「医療保険では保険証1枚を持って医療機関に行けば医療サービスを受けられたが、介護保険ではまず要介護認定を受けないと、サービスは受けられない」（椋野外130頁）。「行政処分である要介護認定を前提とし、原則として介護支援事業者による介護サービス計画の作成を要するなど、医療保険と異なる部分が少なくない…ことは、医療の場合、給付の可否・内容などに係る判断に当たり、医学の専門性に裏打ちされた医師（保険医）の裁量に委ねられる余地が大きいのに対し、福祉・介護サービスについてはこうした意味での専門性が低い（したがって、保険者自身が判定せざるを得ない）ことに由来する部分が大きい」（菊池78頁）ためである。

　介護保険法2条は、1項で「介護保険は、被保険者の要介護状態又は要支援状態（以下「要介護状態等」という。）に関し、必要な保険給付を行うものとする」、2項で「前項の保険給付は、要介護状態等の軽減又は悪化の防止に資

するよう行われるとともに、医療との連携に十分配慮して行われなければならない」、3項で「1項の保険給付は、被保険者の心身の状況、その置かれている環境等に応じて、被保険者の選択に基づき、適切な保健医療サービス及び福祉サービスが、多様な事業者又は施設から、総合的かつ効率的に提供されるよう配慮して行われなければならない」、4項で「1項の保険給付の内容及び水準は、被保険者が要介護状態となった場合においても、可能な限り、その居宅において、その有する能力に応じ自立した日常生活を営むことができるように配慮されなければならない」と規定している。

②保険給付の方法

　介護保険の給付は、「法律上、すべて『サービス費』の支給となっており、『療養の給付』という現物給付が原則である医療保険と異なっている。この点は、介護保険給付に上乗せして追加的なサービスを私費で購入すること（いわゆる混合介護）を可能にするためであるとされる」（菊池468～469頁）。しかし、現実には、「指定サービス事業者・指定施設からの居宅介護サービス・介護予防サービス、地域密着型介護サービス・地域密着型介護予防サービス、施設介護サービス、特定入所者介護サービス・特定入所者介護予防サービス、居宅介護サービス・介護予防支援を受ける場合、市町村がサービスを利用した被保険者に代わり、事業者等に利用した費用を支払うこととし、事実上現物給付化されている（代理受領方式。介保41条6項・7項、42条の2第6項・7項、46条4項・5項、48条4項・5項、51条の3第4項・5項、53条4項・5項、54条の2第6項・7項、58条4項・5項、61条の3第4項・5項）」（菊池469頁）と指摘されている。

POINT 32　厚生年金保険の利用

1▶ 保　険　者

　厚生年金の保険者は、政府である（厚年2条）。「年金保険に関する事務のうち厚生労働大臣が行うものを法律に基づいて委任または委託される法人が、日

本年金機構である」（西村外129頁）。その理由は、「年金保険のような金銭給付
を行う長期保険…は制度の安定性などを重視して国が保険者となって広域的に
運営する」（田中19頁）ことが適切という点にある。

2 ▶ 被 保 険 者

　厚生年金については、「適用事業所に使用される70歳未満の者」（厚年9条）
が被保険者となる。そして、適用事業所以外の事業所に使用される70歳未満
の者については、厚生労働大臣の認可を受けて被保険者となることができる
（厚年10条、11条）。「ここにいう『使用される者』すなわち『使用関係』の存
在が被保険者性判断のメルクマールである（このメルクマールは、同じく被用
者保険である健康保険でも共通である〔健保3条1項〕）」（菊池144頁）とされ
る。

　厚生年金と国民年金の関係は、健康保険と国民健康保険の関係に似ている
が、異なっている。以前は、労働者については厚生年金・健康保険、自営業者
等には国民年金・国民健康保険という形で整理されていた。ところが、年金に
ついては、「厚生年金の方が水準は高かったのだが、そのうち共通の水準の部
分（1階部分）をいわば括りだして国民共通の基礎年金に改編したという経緯」
（長沼150頁）がある。

　厚生年金と国民年金の給付水準が違う理由については、「働き方の違いに由
来するというべきだろう。つまり自営で働いている人たちは、お店なり、農地
なり、船なり、自らの生産手段を持っていて、また定年というものもない。老
後保障を公的、一律に行う必要性ないしその程度は、全般的に見れば、勤め人
世帯より低いということになろう。これに対して勤め人の場合は、仕事をやめ
てしまえば、一挙に『何もなくなる』のである」（長沼150頁）という指摘もあ
る。

3 ▶ 受 給 権 者

　老齢厚生年金は、「基本的に一定年齢における生存リスクの発生を保険事故
とする保険の給付」（堀27頁）である。「老齢年金が対応するリスクは、正確に
いうと老齢年金の支給開始年齢以後も生存することである。老齢年金は生存保
険であり、支給開始年齢に達せず死亡した者には支給されない」（堀38頁）。交

通事故が原因となって老齢厚生年金が支給されることはないが、交通事故によって死亡すると老齢厚生年金が支給されなくなるため、逸失利益性が問題となる。 ➡ CASE62 参照

障害厚生年金は、「障害リスクの発生を保険事故とする保険の給付」（堀27頁）であるから、交通事故によって後遺障害が生じた場合にも問題となる。 ➡ CASE31 参照

そして、遺族厚生年金は、「被保険者の死亡リスクの発生を保険事故とする保険の給付」（堀27頁）であるから、交通事故によって死亡した場合にも問題となる。 ➡ CASE51 参照

これらの年金は、「法律の定める支給要件が充足されると、年金給付の受給権が、当然に発生する。この意味での受給権とは、所定の条件（年金額、支給開始時期など）によって年金給付を受ける権利であり、基本受給権ともいわれる」（西村外130頁）と説明されている。

POINT 33 国民年金の利用

1 ▶ 保 険 者

国民年金の保険者は、政府である（国保3条1項、厚年2条）。「年金保険に関する事務のうち厚生労働大臣が行うものを法律に基づいて委任または委託される法人が、日本年金機構である」（西村外129頁）。その理由は、「年金保険のような金銭給付を行う長期保険…は制度の安定性などを重視して国が保険者となって広域的に運営する」（田中19頁）ことが適切という点にある。

2 ▶ 被 保 険 者

国民年金の被保険者は、3つの類型に分かれている（国年7条1項各号）。すなわち、①第1号被保険者（日本国内に住所を有する20歳以上60歳未満の者であって第2号及び第3号のいずれにも該当しない者〔ただし、日本国内に住所を有する60歳以上65歳未満の者など一定の場合に任意加入が可能。国年附

則3条、5条1項各号〕）、②第2号被保険者（厚生年金保険の被保険者）、及び③第3号被保険者（第2号被保険者の被扶養配偶者〔主として第2号被保険者の収入により生計を維持する配偶者。令和2年4月1日施行の改正後国民年金法7条1項3号は「日本国内に住所を有する者又は外国において留学する学生その他の日本国内に住所を有しないが渡航目的その他の事情を考慮して日本国内に生活の基礎があると認められる者として厚生労働省令で定める者に限る」と規定している。〕のうち20歳以上60歳未満の者）である。「第3号被保険者とされる被扶養配偶者となるためには、原則として年間収入が130万円未満であり、かつ第2号被保険者の年間収入の2分の1未満であることを要する」（菊池144頁）ところであり、これを超える収入があるときは、第2号被保険者になる。

　このように20歳以上60歳未満の者は、基本的に上記①ないし③のいずれかの被保険者類型に属することになることを「国民皆年金」という。

3 ▶ 受 給 権 者

　老齢基礎年金は、「基本的に一定年齢における生存リスクの発生を保険事故とする保険の給付」（堀27頁）である。「老齢年金が対応するリスクは、正確にいうと老齢年金の支給開始年齢以後も生存することである。老齢年金は生存保険であり、支給開始年齢に達せず死亡した者には支給されない」（堀38頁）。交通事故が原因となって老齢基礎年金が支給されることはないが、交通事故によって死亡すると老齢基礎年金が支給されなくなるため、逸失利益性が問題となる。 ⊃ CASE 62 参照

　障害基礎年金は、「障害リスクの発生を保険事故とする保険の給付」（堀27頁）であるから、交通事故によって後遺障害が生じた場合にも問題となる。 ⊃ CASE 35 参照

　そして、遺族基礎年金は、「被保険者の死亡リスクの発生を保険事故とする保険の給付」（堀27頁）であるから、交通事故によって死亡した場合にも問題となる。 ⊃ CASE 55 参照

　これらの年金は、「法律の定める支給要件が充足されると、年金給付の受給権が、当然に発生する。この意味での受給権とは、所定の条件（年金額、支給開始時期など）によって年金給付を受ける権利であり、基本受給権ともいわれ

る」（西村外130頁）。判例（最判平成7・11・7民集49巻9号2829頁）は、受給権の法的性質について、「国民年金法…16条は、給付を受ける権利は、受給権者の請求に基づき社会保険庁長官が裁定するものとしているが、これは、画一公平な処理により無用の紛争を防止し、給付の法的確実性を担保するため、その権利の発生要件の存否や金額等につき同長官が公権的に確認するのが相当であるとの見地から、基本権たる受給権について、同長官による裁定を受けて初めて年金の支給が可能となる旨を明らかにした」と判示している。

POINT 34 労災保険の利用

1▶ 保 険 者

　労災保険は、政府がこれを管掌する（労災2条）。これは、「使用者を加入者とし、政府を保険者とする強制保険制度」（西村外175頁）である。

　このことは、「労災保険の業務は、労働災害の防止と密接な関係がある。どんなに労災保険で手厚く給付するよりも、まず何より労災を未然に防止し、そのための安全対策や安全教育などを事業主がしっかりと実施するよう指導監督することが必要だ。さらに、いったん事故が起きたときに、それが労働災害かどうか、事故原因の調査を行って、業務上・業務外の認定を行うのも重要な業務となる。このような労災保険の性格から、保険者は国で、その実際の業務は都道府県労働局、さらにはその実施機関である労働基準監督署が担当している」（田中170〜171頁）と説明されている。

2▶ 被 保 険 者

　労災保険には、被保険者という概念がない。このことは、「労災保険の保険加入者は、事業主であり、保険料は事業主だけが負担する。したがって、労災保険には『被保険者』という概念がない。他の社会保険は被保険者（個人）単位での保険加入を行うが、労災保険は事業単位で行う。また、費用は事業主が負担するが、給付は被災者になされる。つまり、保険加入者と保険給付の受給

者が同一人でない点が労災保険の特徴でもある」（西村外179頁）と説明されている。

3▶ 受 給 権 者

　労災保険の受給権者は、基本的に労働者であるが、労働者が死亡したときは、労働者の遺族である。

①業 務 災 害

　労働者が業務中の交通事故で負傷した場合、「業務災害」として保険給付がされる。これは、昭和22年に労働基準法75条以下における使用者の災害補償責任（無過失責任）の履行確保を目的として労働者災害補償保険法が制定されたことによる。

　業務災害に対する保険給付については、①療養補償給付、②休業補償給付、③障害補償給付、④遺族補償給付、⑤葬祭料、⑥傷病補償年金、⑦介護補償給付の7種類がある（労災12条の8第1項）。このことは、「所得の保障のみならず、医療・介護といったサービスの保障も単一の法律の下で包括的に図られている点が、業務外災害に対する保障との比較において特徴的である」（菊池246〜247頁）と説明されている。

②通 勤 災 害

　労働者が通勤中の交通事故で負傷した場合、労災においては「通勤災害」として、業務災害とほぼ同様の保険給付が支給される。これは、通勤の長時間化や交通事故の多発といった事情が社会問題視されたことを受けて、昭和48年に通勤災害制度が創設されたことによる。「ただし、通勤災害は業務外の災害であることに変わりはないため、使用者の労働基準法上の災害補償責任は存在しないことに注意が必要である（通勤災害に関する各種保険給付の名称からは『補償』という表現が削除され、このことが端的に示されている）」（笠木外391頁）と説明されている。

　通勤災害に対する保険給付としては、①療養給付（労災22条、同13条）、②休業給付（労災22条の2、同14条・14条の2）、③障害給付（労災22条の3、同15条2項・15条の2）、④遺族給付（労災22条の4、同16条の2〜16条の9）、⑤葬祭給付（労災22条の5、同17条）、⑥傷病年金（労災23条、同18条・18条の2）、⑦介護給付（労災24条、同19条の2）がある。いずれも業務災害に関

する規定が準用されており、基本的には業務災害に関する給付と共通した内容である。ただし療養給付については、いわゆる第三者行為災害などの場合を除き（労災則44条の2第1項）、200円を超えない範囲で一部負担金が課され得る（労災31条2項）。「休業給付に係る休業開始後3日間の待期期間については、休業補償給付の受給者のように使用者の休業補償（労基76条）の対象とならない」（菊池250頁）ことに注意を要する。

判例（最判昭和29・11・26民集8巻11号2075頁）は、受給権の法的性質について、「労働者災害補償保険法による保険給付は、同法所定の手続により行政機関が保険給付の決定をすることによって給付の内容が具体的に定まり、受給者は、これによって、始めて政府に対し、その保険給付を請求する具体的権利を取得するのであり、従って、それ以前においては、具体的な、一定の保険金給付請求権を有しない」と判示している。

POINT 35　雇用保険の利用

1▶ 保 険 者

雇用保険は政府が管掌する（雇保2条1項）。雇用保険の事務の一部は、政令で定めるところにより、都道府県知事が行うこととすることができる（雇保2条2項）。

このことは、「雇用保険は職場ごとや地域ごとではなく、できるだけ大きい単位でないと財政が安定しない。それで、雇用保険は全国を単位として国が保険者になっている」（椋野外197頁）と説明されている。

2▶ 被 保 険 者

雇用保険の被保険者は、適用事業に雇用される労働者であって、雇用保険法6条各号の適用除外者以外のものである（雇保4条1項）。

これは、その就労の実態に応じて、①一般被保険者（②ないし④の被保険者以外の者）、②高年齢被保険者（雇保37条の2第1項）、③短期雇用特例被保険

者（雇保38条1項）、及び④日雇労働被保険者（雇保42条）に区別される。

3▶ 受 給 権 者

　雇用保険法15条1項は、「基本手当は、受給資格を有する者…が失業している日（失業していることについての認定を受けた日に限る…）について支給する」と規定している。そのため、基本手当の「給付を受けるには、住んでいるところを所管する公共職業安定所に行く。国の機関だが、全国に436ヵ所ある。ハローワークという愛称で呼ばれて、雇用保険の給付手続きと職業紹介の仕事をしている所。ここで、求職の申込みをして、失業の認定を受け、給付を受ける」（椋野外197頁）ことが必要である。

　雇用保険法において、「離職」とは「被保険者について、事業主との雇用関係が終了すること」（雇保4条2項）であり、「失業」とは、「被保険者が離職し、労働の意思及び能力を有するにもかかわらず、職業に就くことができない状態にあること」（雇保4条3項）である。

　失業の認定について、雇用保険法15条は、2項で「失業していることについての認定…を受けようとする受給資格者は、離職後、厚生労働省令で定めるところにより、公共職業安定所に出頭し、求職の申込みをしなければならない」、3項で「失業の認定は、求職の申込みを受けた公共職業安定所において、受給資格者が離職後最初に出頭した日から起算して4週間に1回ずつ直前の28日の各日について行うものとする。ただし、厚生労働大臣は、公共職業安定所長の指示した公共職業訓練等…を受ける受給資格者その他厚生労働省令で定める受給資格者に係る失業の認定について別段の定めをすることができる」、4項で「受給資格者は、次の各号のいずれかに該当するときは、前2項の規定にかかわらず、厚生労働省令で定めるところにより、公共職業安定所に出頭することができなかつた理由を記載した証明書を提出することによつて、失業の認定を受けることができる。(1)疾病又は負傷のために公共職業安定所に出頭することができなかつた場合において、その期間が継続して15日未満であるとき。(2)公共職業安定所の紹介に応じて求人者に面接するために公共職業安定所に出頭することができなかつたとき。(3)公共職業安定所長の指示した公共職業訓練等を受けるために公共職業安定所に出頭することができなかつたとき。(4)天災その他やむを得ない理由のために公共職業安定所に出頭することができな

かつたとき」、5項で、「失業の認定は、厚生労働省令で定めるところにより、受給資格者が求人者に面接したこと、公共職業安定所その他の職業安定機関若しくは職業紹介事業者等から職業を紹介され、又は職業指導を受けたことその他求職活動を行つたことを確認して行うものとする」と規定している。

2 社会保険を使うタイミング

医療保険を使うタイミング

1▶ 医療保険は使わないのが原則

　交通事故による受傷については、自由診療によることが多い。これは、「交通事故の場合、被害者側にとっては、治療費用は損害賠償（積極損害）の範囲に含まれるので、過失相殺があり得るとはいえ基本的には自由診療による不都合は生じないからである。加害者にとっても、損害が自賠責保険や任意保険でカバーされている限り、追加的な出費は生じない。他方、医療機関にとっては、救急医療体制を確保するための人的・物的コストを維持するためには1点＝10円で計算される医療保険の診療報酬単価では不十分であるという事情がある」（菊池398頁）ためである。

　一般的な事例では、加害者側の任意保険会社が病院等に治療費等を支払うことが多いので、医療保険を使う必要はない。

2▶ 医療保険を使う場合

　交通事故による受傷の治療であっても、医療保険を利用して診療を受けることは可能である。すなわち、「医療保険は、故意の犯罪行為、泥酔や著しい不行跡を理由とする傷病を除けば、傷病の原因を問わずに保険給付を行う」（健保116条・117条、国保60条・61条）。それゆえ、傷病の原因が交通事故による

ものであっても、そのことを理由に保険診療の給付対象から除外されることは許されない（大阪地判昭60・6・28交民18巻3号927頁）。東京地裁民事交通訴訟研究会は、「厚生労働省も、国民健康保険課長通知によって、交通事故の場合でも健保による診療を行うことができることを繰り返し公表している」ことや、治療費を高額にしないためにも「健保診療による診療を十分に活用すべきであろう」（別冊判タ38号4頁）としている。交通事故において医療保険を使うためには、第三者行為による事故届等を提出する必要がある（第三者行為による事故届 ➡ FORMAT 1 参照 、負傷原因報告書 ➡ FORMAT 2 参照 、事故発生状況報告書 ➡ FORMAT 3 参照 、 同意書 ➡ FORMAT 4 参照 、 損害賠償金納付確約書・念書 ➡ FORMAT 5 参照 ）。

　交通事故において医療保険を使う必要があるのは、加害者の任意保険会社が対応してくれない場合である。例えば、事故状況について見解が大きく対立しているため損害賠償責任の有無が判断できないときや、被害者に過失が極めて大きいときには、加害者の任意保険会社が病院等に治療費等を支払わないため医療保険を使うことを検討する。

　医療保険を利用することによって診療単価が低くなり治療費の総額を抑えることができるので、自賠責保険の限度額（傷害について120万円）内で受けられる治療回数が多くなる。それによって、治療費以外の損害費目（休業損害や慰謝料など）について自賠責保険からの受領金額が増えることを期待できる。そのため、加害者が任意保険未加入であり支払能力に不安がある場合や、事故態様について被害者の過失が大きい場合は、医療保険を利用することに大きな実益がある。

　医療保険は、療養の給付等を内容とするものであるから、それを使うタイミングは、治療が必要な期間中になる。また、症状固定の有無の判断は必ずしも容易ではないため、加害者側の任意保険会社から治療の中止（打ち切り）の意向を示されたときに、被害者としては治療の継続が必要であると考えるときには、医療保険を使うことになる。治療は適切な時期に行う必要がある（時の経過によって治療できなくなる場合がある）ことに留意し、見解が対立していても、治療を継続することが重要な意義をもつことは少なくない。

3 ▶ 医療保険を使う際の注意点

しかし、交通事故による傷病については、「交通事故医療の特殊性を理由に保険診療とは異なる診療報酬を得ようとする医療機関と、保険診療の利用によって損害額を抑えようとする加害者（その賠償責任を引き受ける損害保険会社）の利害が対立する」（加藤外179頁）。医療機関側には、緊急性と受傷の複雑さから高度の治療行為を必要とする交通事故について社会保険診療はなじまないとする意見もある。

交通事故の被害者が医療保険を使って治療するか否かを検討する際には、自賠責保険の書式による診断書作成に医療機関側が応じない可能性があることに注意する必要性が高い。このことは、「健康保険制度を利用する…場合には、自賠責の定型用紙による診断書、診療報酬明細書、後遺障害診断書を書いて貰えないことがあるので、事前に病院と相談されたい」（赤い本2020上１頁）と指摘されている。被害者が通院してきた病院と相談し、自賠責保険の書式による診断書作成に医療機関側が応じることを拒否された場合には、他の病院に通院することも含め、どうすれば自賠責に対応できる治療を継続できるかを検討する必要がある。

また、医療保険から給付を受けた後に損害賠償を請求する場合には、請求額算定において医療保険との調整を意識する必要がある。 **➔ POINT 47 参照**

POINT 37 介護保険を使うタイミング

介護保険を使うことによって、被害者が不利になることはない。そのため、要介護状態になったタイミングで介護保険を使うことが適切である。ただし、介護保険から給付を受けた後に損害賠償を請求する場合には、請求額算定において介護保険との調整を意識する必要がある。 **➔ POINT 48 参照**

もっとも、一般的な事例では、加害者側の任意保険会社が後遺障害の事前認定を受けて損害賠償額を提示する。その場合、将来介護費等については、一定の資料に基づいて算定し、中間利息を控除した額を一括で支払うという内容で

あることが多い。このような場合には、その後に介護保険を使うか否かは損害賠償に影響しない。また、介護保険は、高齢者のみを被保険者としているため、被害者の年齢によっては適用されない。そのため、損害賠償請求の場面において、介護保険を使うことを意識する事例は多くはない。

POINT 38　年金保険を使うタイミング

年金保険を使うことによって、被害者が不利になることはない。そのため、受給資格を得たタイミングで年金保険を使うことが適切である。ただし、年金保険から給付を受けた後に損害賠償を請求する場合には、請求額算定において年金保険との調整を意識する必要がある。 POINT49参照

もっとも、後遺障害の一般的な事例では、加害者側の任意保険会社が後遺障害の事前認定を受けて損害賠償額を提示しており、その内容は、後遺障害逸失利益を一定の資料に基づいて算定して中間利息を控除した額を一括で支払うという内容であることが多い CASE31参照 。また、死亡の一般的な事例では、加害者側の任意保険会社が死亡の事実を確認して損害賠償額を提示しており、その内容は、死亡逸失利益を一定の資料に基づいて算定して中間利息を控除した額を一括で支払うという内容であることが多い CASE51参照 。これらのような場合には、その後に年金保険を使うか否かは損害賠償に影響しない。そのため、損害賠償請求の場面において、年金保険を使うことを意識する事例は多くはない。

POINT 39　労災保険を請求するタイミング

1▶ 労災保険は使うのが原則

労災保険を使うことによって、被害者が不利になることはない。そのため、

交通事故が業務災害又は通勤災害である事案においては、事故直後のタイミングで労災保険を使うことが適切である。交通事故において労災保険を使うためには、第三者行為による事故届等を提出する必要がある（第三者行為災害届 ➡FORMAT8 参照、念書兼同意書 ➡FORMAT9 参照）。

ただし、労災保険から給付を受けた後に損害賠償を請求する場合には、請求額算定において労災保険との調整を意識する必要がある。 ➡POINT50 参照

一般的な事例では、加害者側の任意保険会社が病院等に治療費等を支払うことが多いので、治療をうけるために労災保険を使う必要はない。ただし、休業損害との関係では、労災保険を使うことによって、給付基礎日額の60％に相当する休業（補償）給付金に加えて、給付基礎日額の20％に相当する休業特別支給金を受け取ることができる。ここで重要なのは、休業特別支給金は、被災労働者の福祉を増進させるためのものであるため、損害賠償との重複が調整されないことである（業務災害 ➡CASE12 参照、通勤災害 ➡CASE13 参照）。

2 ▶ 後遺障害認定の重要性

労災保険においては後遺障害認定の手続きも異なるため、自賠責保険の事前認定について納得ができない事案においては、労災保険を使うことを積極的に検討することが重要である。

労災保険における後遺障害認定の手続きについては、①「労災保険というのは、請求書を受け付けた時点では、詳細がわかりませんという状態から調査を始めていく。そこからがスタートだ、というところが他の保険制度とは全く違うということ、もともと認定基準というのは、非常に複雑多岐な障害について一つ一つの障害をつぶさに見た上で認定をするという仕組みで成り立っている基準である」（横田88頁）、②「労災保険では必ず請求人から聴取をさせていただきます。聴取の仕方も、対面で面接をして話を聴くことがほとんどですが、局によっては独自に申立書の様式を作って、どこにどういう障害が残っているかということを請求人の方に文書で提出していただくこともやっております」（横田89頁）、③「障害等級認定にぶら下がっている制度はすごくたくさんあります。自賠責も労災準拠だという形でお話しいただくと思います」（横田90頁）、④「障害等級認定基準、障害等級表というのは、1級が一番重くて年金制度ですが313日分、14級が一番下で一時金として56日分をお支払するという14段

階で認定をする制度になっています。…労働能力喪失に応じた保険給付を行うための重要な作業が認定基準の評価である」（横田91頁）、⑤「労災の先行を希望したいということであれば、監督署で請求を受理して、その後、業務（通勤）上外にかかる調査を行います。そして…大体調査が終わった段階で、保険会社に『今どういう状況ですか』と確認をしたり、示談の状況をご本人に確認したりしています。第一当事者（被災労働者）の場合は…『第三者行為災害届』というすごく細かいものですが、こういうものを出していただきます」（横田102頁）という指摘が参考になる。

POINT 40　雇用保険を使うタイミング

　雇用保険法には、損害賠償請求権との調整に関する規定がない。そのため、雇用保険法による保険給付については、損害賠償請求権との調整はされないものと思われる。「失業等給付の基本手当が代表的な給付であり、たしかに稼働利益に対応する利益の給付とも言えないことはないが、休業による損害を塡補するという性質もなく、損害賠償請求の代位規定もないので、損害額から控除するべきではない」（青本194頁）という指摘もある。

　この点に関する裁判例は見当たらないが、基本手当と同種の給付である失業保険金（根拠となる失業保険法は昭和50年4月1日廃止。同日から雇用保険法が施行）について損益相殺として控除しなかった裁判例（東京地判昭和47・8・28判時690号67頁、神戸地判昭和45・11・18交民3巻6号1788頁）や、雇用対策法に基づく職業転換給付金（リハビリテーションの訓練手当金）について損益相殺として控除しなかった裁判例（東京地判昭和63・11・24交民21巻6号1210頁）が参考になる。

3 社会保険給付相互の調整

POINT 41 医療保険と労災保険の調整

　労災保険は、労働者のみを対象とする →POINT16参照。そして、労働者は、健康保険の被保険者であることが多い →POINT28参照。ただし、労働者であっても、適用事業所に使用されていない者や短時間労働者等のように国民健康保険の被保険者であることもある。→POINT29参照

　これらの調整は、労災保険の対象となる業務災害・通勤災害については、医療保険の対象としないことによって行われる。

　健康保険法1条は、「労働者又はその被扶養者の業務災害（労働者災害補償保険法7条1項1号に規定する業務災害をいう。）以外の疾病、負傷若しくは死亡又は出産」に関する保険給付を行うと規定しているから、業務災害については健康保険の給付対象ではない。「もっとも、従来、健保法1条は、被保険者の『業務外の事由による』傷病や死亡についてのみ保険給付を行うことを目的としていた。この背景として、1947（昭和22）年に労災保険法が制定され『業務上の事由』による傷病や死亡に関する保険給付は、労災保険から行われることになり、健保は『業務外の事由による』傷病や死亡に関する保険給付を対象とすることにされたという経緯がある。そのため、『業務外の事由』による傷病や死亡が、『業務上の事由』によらない場合に該当するものと解釈され、その結果、副業として行う請負業務、インターンシップや請負形式のシルバー人材センター業務等、労災保険が給付されない場合に、健康保険についても『業務上』と判断され、給付されないケースがあった。そこで、2013（平成25）年法改正により、このような労災保険の給付が受けられない場合にも、健保の給付を受けることが可能とされるにいたった」（西村外57頁）と説明されている。

　また、通勤災害も労災保険法の保険事故とされるため（労災7条1項2号）、健康保険では、同一の疾病・負傷・死亡について保険給付を行わない。このこ

とは、「被保険者に係る療養の給付又は入院時食事療養費、入院時生活療養費、保険外併用療養費、療養費、訪問看護療養費、移送費、傷病手当金、埋葬料、家族療養費、家族訪問看護療養費、家族移送費若しくは家族埋葬料の支給は、同一の疾病、負傷又は死亡について労働者災害補償保険法…の規定によりこれらに相当する給付を受けることができる場合には、行わない」（健保55条1項）と規定されている。

　また、労働者が国民健康保険の被保険者であるときも、労災保険の対象となる業務災害・通勤災害については、国民健康保険の給付はされない。このことは、「療養の給付又は入院時食事療養費、入院時生活療養費、保険外併用療養費、訪問看護療養費、特別療養費若しくは移送費の支給は、被保険者の当該疾病又は負傷につき、健康保険法…高齢者の医療の確保に関する法律の規定によって、医療に関する給付を受けることができる場合又は介護保険法の規定によって、それぞれの給付に相当する給付を受けることができる場合には、行わない。…労働者災害補償保険法…の規定による療養補償給付若しくは療養給付…を受けることができる…ときも、同様とする」（国保56条1項）と規定されている。

POINT 42　実は労災保険の対象なのに、医療保険を使っていた場合

　医療保険と労災保険の調整は、労災保険の対象となる業務災害・通勤災害については、医療保険の対象としないことによって行われる ➡ POINT 41 参照。そのため、実際は労災保険の要件を充たす場合には、医療保険を使っていたとしても、その要件を欠いていたことになる。

　このような場合に関する文献は見当たらないが、医療保険を使っているにもかかわらず労災保険の要件を充たす可能性があると気づいた場合には、①労災保険の申請をし、実際に要件を充たすのか否かを確認し、②労災保険の対象であることが確認できた場合には、医療保険の保険者に対して、その旨を連絡し、その後の対処方法を相談することが考えられる。医療保険の要件を欠いていたにもかかわらず給付を受けたことの処理については、医療保険の給付を返

還し、あらためて労災保険の給付を受けることとするのが論理的であるが、医療保険・労災保険の担当者と交渉することによって和解することも検討に値する。

43 介護保険と労災保険の調整

　労災保険は、労働者のみを対象とする → POINT 16 参照。これに対して、介護保険は、主に高齢者を対象とする → POINT 30 参照。そのため、給付が重複することはそれほど多くはない。

　介護保険と労災保険の調整は、労災保険の対象となる業務災害・通勤災害については、介護保険の対象としないことによって行われる。このことは、「介護給付又は予防給付（以下「介護給付等」という。）は、当該要介護状態等につき、労働者災害補償保険法の規定による療養補償給付若しくは療養給付その他の法令に基づく給付であって政令で定めるもののうち介護給付等に相当するものを受けることができるときは政令で定める限度において…行わない」（介保20条）と規定されている。

POINT

44 年金保険相互の併給調整

　厚生年金保険及び国民年金の支給事由は老齢・障害・死亡であるところ、その重複を調整する必要が生じることがある。このことは、「例えば同一人に障害事故と配偶者の死亡事故が発生する場合がある。また、同一人に複数の障害事故が発生したり、父も母も死亡した場合のように死亡事故が複数発生したりする場合もある。このような場合は、複数の給付の受給権が発生することがある。また、年金受給権者に他の社会保障給付の受給権が生ずることがある。これらの事故は稼得能力の低下・喪失をもたらすことがあるが、その低下・喪失の程度は必ずしも事故の数に応じて比例的に加重するとは限らない。例えば、

完全に稼得能力がなくなった者に、更に別の事故が発生しても、稼得能力の喪失の程度はそれ以上加重しない。このような場合であって、給付の額が生活を営む上で十分あるときは、別の給付を支給すると過剰給付になる。このため、国年・厚年法は、原則として複数の給付の全部又は一部を併給しないこととしている。これを『併給調整』、『併給制限』又は『併給禁止』という」（堀303頁）と説明されている。

　　ただし、厚生年金保険法の厚生年金と国民年金法の基礎年金は、別個の年金ではあるが、例えば老齢基礎年金と老齢厚生年金のように同一の支給事由に基づく場合には併給される。これは、公的年金は２階建ての体系となっていること、すなわち、20歳以上60歳未満の国民がすべて国民年金（基礎年金）という１階部分に加入したうえで、労働者（民間被用者・公務員等）が報酬比例部分である厚生年金という２階部分にも加入するという体制であるためである ➡ POINT 14 参照。このことは、「被用者には原則として１階の基礎年金と２階の厚生年金が併給される（２階建て年金）。これは、法的には、厚生年金の被保険者は国民年金の第２号被保険者でもあることを根拠としている」（堀305頁）と説明されている。

POINT 45　年金保険と労災保険の調整

　　労災保険は、労働者のみを対象とする ➡ POINT 16 参照。そして、労働者は、厚生年金保険の被保険者であることが多い ➡ POINT 32 参照。ただし、労働者であっても、適用事業所に使用されていない者や短時間労働者等のように国民年金の被保険者であることもある。➡ POINT 33 参照

　　これらの調整は、原則として、厚生年金保険法・国民年金法による年金は全額支給され、労働者災害補償保険法による年金が減額されることによって行われる。併給調整される理由は、「事業主が負担した保険料が重複するのを回避するなどのためである（有泉他・厚年166〜167頁）。国年・厚年法の年金が労災法の年金よりも優先支給される理由としては、厚年法が労働者の生活保障の一般制度であることなどが挙げられている（同146頁）」（堀308頁）と説明

されている。

　年金保険と労災保険の調整の具体的内容については、①「同一の事由によって国年・厚年法の年金と労災法の年金が支給される場合は、原則として、国年・厚年法の年金は全額支給され、労災法の年金は減額される（労災別表第１）。しかし、無拠出制の障害基礎年金は、労災法の年金等を受けることができるときは、原則として支給停止される（国年36条の２第１項１号）」（堀308頁）、②「国民年金、厚生年金保険の各年金給付と同一の事由で支給される労災保険の年金給付が競合する場合には、労災保険の年金額に政令で定められた調整率を乗じて減額した額が支給され（昭和63・３・31基発203号）、国民年金および厚生年金保険は、全額支給される。次に、同一の事由により厚生年金保険の障害手当金と労災保険の障害補償給付が競合する場合には、有利な一時金である労災保険が減額されずに支給され、厚生年金保険の障害手当金は支給されない（厚年56条３号）」（西村外215～216頁）と説明されている。

4　社会保険給付と損害賠償の調整

社会保険給付と損害賠償が重複する場面

1▶ 調整の方法

　交通事故の被害者（及びその遺族）は、加害者に対して損害賠償請求権を取得するため、社会保障給付の受給権を取得する場合には、権利の競合が生じ、その調整が問題となる。その調整の方法としては、①第三者求償と、②給付免責がある。

①第三者求償

　第三者求償は、損害賠償金の支払より先に社会保険が給付された場合の調整方法である。

　社会保険を給付した保険者は、その給付に相当する額の損害賠償請求権を代位取得し、加害者に請求することになる。そのため、第三者求償を、「損害賠償請求権の代位取得」「代位条項」と呼ぶこともある。その「立法趣旨は、受給権者の二重填補による利得の防止と加害者に対する損害賠償請求権の免責の阻止」（今泉522頁）にある。損害賠償金の支払より先に社会保険が給付された場合であるため、社会保険の保険者が代位取得した損害賠償請求権を適切に行使しないと、加害者が利得する結果になる。

　保険者が求償する相手方としての「第三者」は原則として加害者であるが、このほか賠償責任を負う者も含まれる。例えば、加害者を使用する者（民715条等）、自動車運行供用者（自賠3条）、自動車損害賠償責任保険契約を締結した保険会社（自賠16条1項）等である。

②給 付 免 責

　給付免責は、社会保険の給付より先に損害賠償金が支払われた場合の調整方法である。

　その「立法趣旨は、受給権者の二重填補による利得の防止」（今泉522頁）にある。社会保険の給付より先に損害賠償が支払われた場合、被害者は既に損害を回復しており、社会保険を重複して給付する必要がないため、社会保険の保険者は、支払われた損害賠償額の限度で給付を行う責任を免れる。

　保険者が保険給付義務を免れるのは、「同一の事由」についてである（健保57条2項、国保64条2項、介保21条2項、厚年40条2項、国年22条2項、労災12条の4第2項）。このことは、「保険給付の対象となる損害と民法上の損害賠償の対象となる損害が同性質であることを意味する。たとえば、相手方に過失がある交通事故により負傷し休業を余儀なくされた場合、療養の給付と治療費（積極損害）、傷病手当金や障害年金と逸失利益がそれぞれ調整の対象となる。慰謝料については『同一の事由』にあたる給付は存在せず、免責の対象とはならない」（菊池〜88頁）と説明されている。

2 ▶ 損害賠償請求権に対する影響（損益相殺的な調整）

　上記1のうち、②**給付免責**は、社会保険の給付より先に損害賠償金が支払われた場合に関するため、社会保険の保険者の対応によって損害賠償請求権が影響を受けることはない。これに対して、①**第三者求償**は、損害賠償金の支払

より先に社会保険が給付された場合について、社会保険を給付した保険者が、その給付に相当する額の損害賠償請求権を代位取得することを認めるため、損害賠償請求権に影響する。すなわち、社会保険の保険者が代位取得する金額（社会保険の給付に相当する額）については、社会保険の保険者が権利者となるため、被害者は損害賠償請求権を行使できない。

①損益相殺的な調整

問題は、社会保険の保険者が代位取得しない場合において、損害賠償請求に対する影響はどうなるのか、という点にある。

判例（最大判平成5・3・24民集47巻4号3039頁、最判平成16・12・20判時1886号46頁）は、「不法行為によって被害者が死亡し、その損害賠償請求権を取得した相続人が不法行為と同一の原因によって利益を受ける場合には、損害と利益との間に同質性がある限り、公平の見地から、その利益の額を当該相続人が加害者に対して賠償を求め得る損害の額から控除することによって、損益相殺的な調整を図ることが必要である」と判示している。この判例を「控除の根拠を公平の見地に基づく損益相殺的な調整に求めていて、民法上の損益調整だけに求めているものではない」と理解し、「実務を行う者にとっては、この最高裁大法廷判決が言うように、代位条項がある場合も含めて、公平の見地から、損益相殺的に控除の可否及びその範囲を決めれば足りる」（今泉525頁）とする見解がある。社会保険の保険者が損害賠償請求権を代位取得した場合には二重請求を回避するために控除することが必要であるから、公平の見地から控除の要否を判断するのは、①第三者求償の規定がない場合と、②第三者求償の規定はあるが、その要件を未だ満たしていない場合に限られると考えられる。

②過失相殺との先後

損害額からの控除を認めるとしても、被害者の被った損害そのものから控除するのか、加害者が賠償責任を負う損害賠償額から控除するのかによって、被害者が加害者から受け取る損害賠償額は大きく異なる。

被害者に過失がある事案においては、損害賠償請求権からの控除（損益相殺的な調整）の方法について意見が対立している。「1つ目は過失相殺後残額から保険給付の全額を控除すべきとするものである（控除前相殺説、相殺後控除説又は絶対説。以下「絶対説」という。）。これによれば、保険給付が過失相殺後残額のみをてん補したことと同義となる。2つ目は過失相殺後残額から保険

給付のうち加害者の過失割合に相当する部分を控除すべきとするものである（控除後相殺説、相殺前控除説又は相対説。以下「相対説」という。）。これによれば、保険者と被害者等（＝被保険者）が、実損害のうち被害者等の過失割合に相当する部分（以下「被害者等の過失部分」という。）を、（保険給付額）対（実損害から保険給付額を控除した残額）の割合で按分して負担したことと同義となる」（古市113 〜 114頁）と説明されている。

　被害者にとっては、相対説の方が有利である。例えば、損害額100万円、社会保険給付30万円、過失相殺率50％とした場合、①絶対説によると、過失相殺後の残額50万円（100万円÷2）から社会保険給付30万円を控除するため、差引額20万円となるのに対し、②相対説によると、損害額100万円から社会保険給付30万円を控除した残額70万円のみが過失相殺の対象となるため、差引額35万円（70万円÷2）となる。

POINT 47　医療保険給付と損害賠償の調整

1▶ 第三者求償と給付免責

①第三者求償

　被害者が医療保険の給付を先に受けた場合、保険者は、その給付の価額の限度で、受給権者が第三者に対して有する損害賠償請求権を取得する。

　健康保険法57条1項は、「保険者は、給付事由が第三者の行為によって生じた場合において、保険給付を行ったときは、その給付の価額（当該保険給付が療養の給付であるときは、当該療養の給付に要する費用の額から当該療養の給付に関し被保険者が負担しなければならない一部負担金に相当する額を控除した額…）の限度において、保険給付を受ける権利を有する者…が第三者に対して有する損害賠償の請求権を取得する」と規定している。また、国民健康保険法64条1項は、「市町村及び組合は、給付事由が第三者の行為によって生じた場合において、保険給付を行ったときは、その給付の価額（当該保険給付が療養の給付であるときは、当該療養の給付に要する費用の額から当該療養の給付

に関し被保険者が負担しなければならない一部負担金に相当する額を控除した額…）の限度において、被保険者が第三者に対して有する損害賠償の請求権を取得する」と規定している。

　実務的には、被害者の加害者に対する損害賠償請求において、療養の給付等については、損害計算過程から控除し、自己負担金のみを計算に加える例が多い。実務的には、被害者の加害者に対する損害賠償請求において、医療保険から療養の給付等を受けた金額については損害計算過程から控除し、療養の給付に伴う一部負担金のように被害者自身が支出した金額のみを計算に加える例が多い。このことは、①「実務的には、医療費負担に関して給付された分は損害賠償請求から除外する扱いをするので、損益相殺が論じられることはあまり多くはないであろう」（青本183頁）、②「健康保険によって支払われない治療費、つまり自己負担分が損害であると考えた方がよい」（中西353頁）と指摘されている。なお、自動車損害賠償責任法16条1項の規定に基づいてした損害賠償額との関係について、判例（最判平成10・9・10判時1654号49頁）は、「身体障害から生じた損害賠償請求権全体を対象としており、療養に関する損害をも包含するものであって、保険会社が損害賠償額の支払に当たって算定した損害の内訳は支払額を算出するために示した便宜上の計算根拠にすぎないから…その内訳のいかんにかかわらず、支払に応じて消滅し、保険者は、療養の給付の時に残存する額を限度として…損害賠償請求権を代位取得するものと解すべきである」と判示している。

②給付免責

　医療保険の給付より先に損害賠償が支払われた場合、被害者は既に損害を回復しており、医療保険を重複して給付する必要がないため、保険者は、支払われた損害賠償額の限度で給付を行う責任を免れる。

　健康保険法57条2項は、「前項の場合において、保険給付を受ける権利を有する者が第三者から同一の事由について損害賠償を受けたときは、保険者は、その価額の限度において、保険給付を行う責めを免れる」と規定している。また、国民健康保険法64条2項は、「前項の場合において、保険給付を受けるべき者が第三者から同一の事由について損害賠償を受けたときは、市町村及び組合は、その価額の限度において、保険給付を行う責を免かれる」と規定している。

重複を調整するのは「同一の事由」による場合に限られるから、療養の給付等は積極損害（治療費等）と調整し、傷病手当金は消極損害（休業損害）と調整すべきである。このことは、「労災保険給付と同様、損害項目との対応がある範囲で控除される。療養の給付など治療のための給付の場合は、治療費との対応は明らかであるが、傷病手当金は休業損害に対応するものであり、対応する費目の異なるものがあるので注意が必要である」（青本183頁）と説明されている。健康保険による傷病手当金について損益相殺として控除した裁判例（名古屋地判平成15・3・24判時1830号108頁）がある。

2 ▶ 損害賠償請求権からの控除（損益相殺的な調整）

医療保険の保険者が上記1①の第三者求償によって損害賠償請求権を代位取得した場合には、その対象となる額を、被害者の損害賠償請求から控除することが必要である。このことは、医療保険について代位規定（健保57条、国保64条）があることに基づいている。

3 ▶ 過失相殺と損益相殺的な調整の先後

控除と過失相殺の先後については、①「健康保険・国民健康保険給付について、下級審裁判例は…おおむね相対説を採用する」（古市119頁）、②「代位求償の行政実務は、相対説によるとされる」（古市132頁）。このことは、医療保険の給付額を控除した後に過失相殺することを意味する。「健康保険の療養の給付については、最高裁の判例はないが、ほとんどの下級審裁判例は…控除後相殺説で処理されている」（青本201頁）という指摘もある。

なお、判例（最判平成17・6・2判時1900号119頁）は、政府保障事業と国民健康保険の葬祭費の関係について相殺後控除を採用しているが、これは自動車損害賠償保障法72条1項・73条1項の解釈に関するものであるから、政府保障事業に限るものと思われる。

介護保険給付と損害賠償の調整

1▶ 第三者求償と給付免責

①第三者求償

被害者が介護保険の給付を先に受けた場合、保険者は、その給付の価額の限度で、受給権者が第三者に対して有する損害賠償請求権を取得する。

介護保険法21条は、1項で「市町村は、給付事由が第三者の行為によって生じた場合において、保険給付を行ったときは、その給付の価額の限度において、被保険者が第三者に対して有する損害賠償の請求権を取得する」、3項で「市町村は、1項の規定により取得した請求権に係る損害賠償金の徴収又は収納の事務を国民健康保険法45条5項に規定する国民健康保険団体連合会…であって厚生労働省令で定めるものに委託することができる」と規定している。

車椅子や義手・義足、介護のための器具などについて、公的補助がなされる場合、将来分の費用を算定するにあたっては、将来にわたって当該福祉制度が存続するか不明であることなどから、自己負担部分を基に算定することの可否が問題となる。裁判例（名古屋地判平成14・3・25交民35巻2号408頁）には、将来分については受給が不確定であるとして、その給付がなかった場合の金額を基礎に将来費用を算定したものもある。

②給付免責

介護保険の給付より先に損害賠償が支払われた場合、被害者は既に損害を回復しており、介護保険を重複して給付する必要がないため、保険者は、支払われた損害賠償額の限度で給付を行う責任を免れる。

介護保険法21条2項は、「前項に規定する場合において、保険給付を受けるべき者が第三者から同一の事由について損害賠償を受けたときは、市町村は、その価額の限度において、保険給付を行う責めを免れる」と規定している。

2▶ 損害賠償請求権からの控除（損益相殺的な調整）

介護保険の保険者が上記1①の第三者求償によって損害賠償請求権を代位

取得した場合には、その対象となる額を、被害者の損害賠償請求から控除することが必要である。このことは、「介護保険の給付対象は原則として高齢者に限定されているので、論点となることはそれほどない。しかし、健保等と同様に代位規定（介護法21）があるので、給付を受けた分は損害額から控除されることになる。…損害額からの控除対象は、労災保険と同様に、原則的には現実に支払われた金額のみであり、ただ支払を受けることが確定した分は未給付であっても控除できる。…判例は損害項目との対応関係がある範囲で控除すべきものとしている。この種の給付は通常は将来介護費、付添費と対応することになるが、家族改造費に相応する給付などもあるので、対応関係を判断する必要がある」（青本184〜185頁）と説明されている。

3 ▶ 過失相殺と損益相殺的な調整の先後

控除と過失相殺の先後については、①「介護保険給付について、調査した範囲で絶対説を採用したものは見当たらず、相殺説で論拠を明示した主なものとして、東京地判平成26年11月17日交通民集47巻2号1441頁は、『介護保険給付が、損害の賠償を目的とするものではなく、国民の保健医療の向上及び福祉の増進であること（介護保険法1条参照）からすると、参加人が介護保険給付した金額は、過失相殺前に控除するのが相当である。』と判示した」（古市121頁）、②「代位求償の実務は、相対説によるようである」（古市133頁）。このことは、介護保険の給付額を控除した後に過失相殺することを意味する。

POINT 49

年金保険給付と損害賠償の調整

1 ▶ 第三者求償と給付免責

①第三者求償

被害者が年金保険の給付を先に受けた場合、保険者は、その給付の価額の限度で、受給権者が第三者に対して有する損害賠償請求権を取得する。

厚生年金保険法40条1項は、「政府等は、事故が第三者の行為によって生じ

た場合において、保険給付をしたときは、その給付の価額の限度で、受給権者が第三者に対して有する損害賠償請求権を取得する」と規定している。また、国民年金法22条1項は、「政府は、障害若しくは死亡又はこれらの直接の原因となった事故が第三者の行為によって生じた場合において、給付をしたときは、その給付の価額の限度で、受給権者が第三者に対して有する損害賠償請求権を取得する」と規定している。

　このことは、「保険者は加害行為によって受給権が生じた年金を支給しなければならなくなるが、第三者求償を行うことによって年金財政が悪化するのを防ぐことができる」（堀312頁）と説明されている。

②給付免責

　年金保険の給付より先に損害賠償が支払われた場合、被害者は既に損害を回復しており、年金保険を重複して給付する必要がないため、保険者は、支払われた損害賠償額の限度で給付を行う責任を免れる。

　厚生年金保険法40条2項は、「前項の場合において、受給権者が当該第三者から同一の事由について損害賠償を受けたときは、政府等は、その価額の限度で、保険給付をしないことができる」と規定している。また、国民年金法22条2項は、「前項の場合において、受給権者が第三者から同一の事由について損害賠償を受けたときは、政府は、その価額の限度で、給付を行う責を免かれる」と規定している。

　保険者が加害者に求償することができるのは、年金と「同一の事由」の損害賠償の額に限り、かつ、保険者が支払った年金の価額を限度とする。これは、「同一の事故によって生じた損害賠償というだけでなく、年金と同じ性質でかつ相互補完的（以下「同性質・相互補完的」という）な損害賠償に限られる。本来、国年・厚年法の年金は国家による国民の生活保障を目的とする給付であるのに対し、損害賠償は加害者による被害者に対する『賠償』を目的とする給付である。したがって、この面ではこの二つの給付の性質は異なる。しかし、損害賠償は加害行為によって失われた賃金等の所得を填補する面があるので、被害者の生活はその範囲で保障される。この面では、年金と損害賠償は同性質・相互補完的である」（堀313～314頁）と説明されている。

2 ▶ 切替給付における見解の対立

　年金保険の第三者求償については、切替給付における見解の対立がある。切替給付の意義については、「受給者の死亡を支給要件の一つとする遺族補償給付があり、この場合の支給を切替給付と呼ぶことがある。具体的には、老齢基礎年金では遺族基礎年金が、老齢厚生年金と障害厚生年金では遺族厚生年金が…受給者の死亡を要件として遺族に支給される場合がある。なお、障害基礎年金…では、切替給付はない」（今泉546頁）と説明されている。

　切替給付における第三者求償の可否については、①「老齢年金や障害年金から遺族年金への切り替え事案では代位の余地がないとされる」（古市133頁）、②「老齢年金等の受給権者が加害行為によって死亡した場合は、保険者は遺族年金を支給しなければならなくなる半面、老齢年金等を支給する責任を免れるため不利益は被らない。遺族年金額は、一般に老齢年金等の額よりも低いからである。したがって、この場合は、保険者は加害者に遺族年金に相当する額の求償をすることができず…、給付免責することができないと考えられる」（堀312頁）、③「代位（求償）は問題とならないとする考え方が多いが…立法趣旨から見ると、代位は保障実施者の損得とは関係がないから、代位（求償）は可能と考えるべきである」（今泉546頁）という見解の対立があり、注意が必要である。 ◆ CASE 62 参照

3 ▶ 損害賠償請求権からの控除（損益相殺的な調整）

　年金保険の保険者が上記1①の第三者求償によって損害賠償請求権を代位取得した場合には、その対象となる額を、被害者の損害賠償請求から控除することが必要である。このことは、「国民年金法、厚生年金保険法等による公的年金についても代位規定（国民年金22条、厚生年金40条）があり、支給を受けた場合には、損害額から控除されるのが原則である」（青本184頁）と説明されている。

4 ▶ 損益相殺的な調整の対象項目

　損害賠償請求の対象となる損害には様々な性質のものがあり、そのすべてが年金保険と同性質・相互補完的であるというわけではない。

損害には財産的損害（積極的損害・消極的損害）と精神的損害（慰謝料）があるところ、精神的損害（慰謝料）には、同性質・相互補完的な社会保険がない。また、財産的損害のうち積極的損害には治療・介護・葬祭等の費用が含まれるところ、これは医療保険・介護保険と対応しており、年金保険には対応しない。消極的損害のうち、休業損害には医療保険が対応するが、逸失利益については、年金保険と同性質・相互補完的なものがある。そのため「第三者求償は、基本的には各種損害のうち被害者の逸失利益の額を限度として行うことになる。ただし、損害賠償額は、実際には、上記の損害項目別に厳密に算定されるとは限らない。特に自賠法の保険金額は定額で定められ（自賠13条、自賠令2条）、かつ、その内訳は支払額を算出するための便宜上の計算根拠にすぎない。すなわち、年金と同性質・相互補完的な損害賠償の額が不明であるので、保険金全体を対象に求償することができる」（堀314頁）と説明されている。

5 ▶ 損益相殺的な調整の時的範囲

損害賠償請求からの控除（損益相殺的な調整）は、既に支給された年金保険だけではなく、支給を受けることが確定した年金保険との関係でも行われる。これに対して、いまだ支給を受けることが確定していない年金保険との関係では、損益相殺的な調整は行われない。このことは、「控除対象は、労災保険と同様に、原則的には現実に支払われた金額のみであり、ただ支払を受けることが確定した分は未給付であっても控除できる」（青本184頁）と説明されている。

判例（最大判平成5・3・24民集47巻4号3039頁）は、①「退職年金を受給していた者が不法行為によって死亡した場合には、相続人は、加害者に対し、退職年金の受給者が生存していればその平均余命期間に受給することができた退職年金の現在額を同人の損害として、その賠償を求めることができる。この場合において…相続人のうちに、退職年金の受給者の死亡を原因として、遺族年金の受給権を取得した者があるときは、遺族年金の支給を受けるべき者につき、支給を受けることが確定した遺族年金の額の限度で、その者が加害者に対して賠償を求め得る損害額からこれを控除すべきものであるが、いまだ支給を受けることが確定していない遺族年金の額についてまで損害額から控除することを要しないと解するのが相当である」、②「退職年金の受給者の相続人が遺族年金の受給権を取得した場合においても、その者の婚姻あるいは死亡などに

よって遺族年金の受給権の喪失が予定されているのであるから…支給を受けることがいまだ確定していない遺族年金については…その存続が確実であるということはできない」と判示している。

6▶ 損益相殺的な調整の人的範囲

　死亡事故の場合、被害者の損害賠償請求権を取得する相続人と保険給付を受ける遺族が、必ずしも一致しないことがある。この場合、保険給付は全体の損害賠償額から控除されるのではなく、保険給付の受給権者である遺族の損害賠償額からのみ控除される。

　判例（最判平成16・12・20判時1886号46頁）は、「不法行為によって被害者が死亡し、その損害賠償請求権を取得した相続人が不法行為と同一の原因によって利益を受ける場合には、損害と利益との間に同質性がある限り、公平の見地から、その利益の額を当該相続人が加害者に対して賠償を求め得る損害の額から控除することによって、損益相殺的な調整を図ることが必要である（最大判平成5・3・24民集47巻4号3039頁参照）」、②「国民年金法に基づく障害基礎年金及び厚生年金保険法に基づく障害厚生年金の受給権者が不法行為により死亡した場合に、その相続人のうちに被害者の死亡を原因として遺族厚生年金の受給権を取得した者がいるときは、その者が加害者に対して賠償を求め得る被害者の逸失利益（被害者が得べかりし障害基礎年金等）に係る損害の額から、支給を受けることが確定した遺族厚生年金を控除すべきものである（最判平成11・10・22民集53巻7号1211頁参照）」、③「この理は、不法行為により死亡した者が障害基礎年金等の受給権者でなかった場合においても、相続人が被害者の死亡を原因として被害者の逸失利益に係る損害賠償請求権と遺族厚生年金の受給権との双方を取得したときには、同様に妥当するというべきである。そうすると、不法行為により死亡した被害者の相続人が、その死亡を原因として遺族厚生年金の受給権を取得したときは、被害者が支給を受けるべき障害基礎年金等に係る逸失利益だけでなく、給与収入等を含めた逸失利益全般との関係で、支給を受けることが確定した遺族厚生年金を控除すべきものと解するのが相当である」と判示している。

　なお、政府保障事業のてん補額決定においては、判例（最判平成21・12・17民集63巻10号2566頁）が、①「保障事業による損害のてん補を、他法令給付

による損害のてん補に対して補完的、補充的なものと位置付けたものである」、②「他法令給付に当たる年金の将来の給付分に係る…調整規定が設けられていないことを考慮すれば、自賠法73条1項は、被害者が他法令給付に当たる年金の受給権を有する場合には、政府は、当該受給権に基づき被害者が支給を受けることになる将来の給付分も含めて、その給付に相当する金額の限度で保障事業による損害のてん補をしない旨を定めたものと解するのが相当である」、③「被害者が加害者に対して有する損害賠償請求権の額を確定するに当たっては、被害者が不法行為と同一の原因によって債権を取得した場合、当該債権が現実に履行されたとき又はこれと同視し得る程度にその存続及び履行が確実であるときに限り、被害者の被った損害が現実に補てんされたものとしてこれとの損益相殺が認められるが（最大判平成5・3・24民集47巻4号207頁参照）、自賠法73条1項は、被害者が加害者に対して有する損害賠償請求権を前提として、保障事業による損害のてん補と他法令給付による損害のてん補との調整を定めるものであるから、損益相殺の問題ではなく、上記と同列に論ずることはできない」と判示した。

7 ▶ 過失相殺と損益相殺的な調整の先後

　年金保険と過失相殺との先後関係については、見解が分かれている。このことは、①「国民年金・厚生年金保険給付について、下級審裁判例は、絶対説と相対説に分かれている」（古市120頁）、②「年金保険における代位求償の行政実務は定かではない」（古市133頁）、③「国民年金・厚生年金からの給付については、労災保険よりは健保等に性格が近いと思われ、それゆえ…控除後相殺説を採用する裁判例もあるが、遺族年金については、論点とされていない故なのか理由は不明であるが…控除前相殺説による算定をしているものも多い（なお、障害基礎年金・障害厚生年金につき、この考え方を明示した例として、名古屋地判平23.12.9交民44巻6号1549頁）。この種の事案の処理にあたっては、この問題点を意識して判断するべきであろう」（青本201頁）と説明されている。

POINT 50　労災保険給付と損害賠償の調整

1▶ 第三者求償と給付免責

①第 三 者 求 償

　被害者が労災保険の給付を先に受けた場合、保険者は、その給付の価額の限度で、受給権者が第三者に対して有する損害賠償請求権を取得する。

　労働者災害補償保険法12条の４第１項は、「政府は、保険給付の原因である事故が第三者の行為によって生じた場合において、保険給付をしたときは、その給付の価額の限度で、保険給付を受けた者が第三者に対して有する損害賠償の請求権を取得する」と規定している。

　第三者求償の実務については、①「国の求償全体に占める自動車事故の割合は、件数で言うと８割を超えており、求償の調停をかけている、収納している債権の額についても95％ぐらいと非常に大きなウエートを占めています」（横田99頁）、②「求償の支給調整期間についてです。これは労災保険法上、災害発生後３年以内に支給事由が生じたものであって、３年以内に保険給付を実際に行ったものを対象にしている。なぜか。…求償実務の斉一性を図る、あと、業務量を投下することについての費用対効果も加味して３年という期間にしているということです」（横田101頁）、③「支給停止期間が最長７年に変更された（平成25年基発0329第11号）…他方で、政府が取得した損害賠償請求権の行使（求償）については、引き続き、災害発生後３年以内に支給事由の生じた保険給付であって、災害発生後３年以内に支払うべきものを限度としている（平成25年基発0329第11号）」（笠木外413頁）と説明されている。

　判例（最判平成30・９・27民集72巻４号432頁）は、「被害者が労災保険給付を受けてもなお塡補されない損害（以下「未塡補損害」という。）について直接請求権を行使する場合は、他方で労災保険法12条の４第１項により国に移転した直接請求権が行使され、被害者の直接請求権の額と国に移転した直接請求権の額の合計額が自賠責保険金額を超えるときであっても、被害者は、国に優先して自賠責保険の保険会社から自賠責保険金額の限度で自賠法16条１項

に基づき損害賠償額の支払を受けることができるものと解するのが相当である」と判示している。

②給付免責

労災保険の給付より先に損害賠償が支払われた場合、被害者は既に損害を回復しており、労災保険を重複して給付する必要がないため、保険者は、支払われた損害賠償額の限度で給付を行う責任を免れる。

労働者災害補償保険法12条の4第2項は、「前項の場合において、保険給付を受けるべき者が当該第三者から同一の事由について損害賠償を受けたときは、政府は、その価額の限度で保険給付をしないことができる」と規定している。

給付免責の実務については、①「控除する期間は7年になっています。これは平成25年4月からこのような取扱いに変えています」（横田101頁）、②「二重填補の問題に対処しつつ、年金給付を導入した労災保険制度の趣旨を損なわない範囲で控除期間の見直しがなされることとなり、これまで最長3年であった支給停止期間が最長7年に変更された（平成25年基発0329第11号）」（笠木外413頁）と説明されている。

2 ▶ 特別支給金等

労災保険は、通勤災害・業務災害に対して各種保険給付を実施するとともに、社会復帰等促進事業として特別支給金（休業特別支給金、障害特別支給金、遺族特別支給金、傷病特別支給金、障害特別年金、障害特別一時金など）も支給する。社会復帰等促進事業は、「被災労働者」すなわち「業務災害及び通勤災害を被った労働者」の円滑な社会復帰を促進するために必要な事業である（労災29条1項1号）。これに基づく特別支給金等は、損害賠償との調整規定や代位規定がなく、損害をてん補する性質を有するものではないため、損害からの控除が否定されている。

判例（最判平成8・2・23民集50巻2号249頁）は、「政府は、労災保険により、被災労働者に対し、休業特別支給金、障害特別支給金等の特別支給金を支給する（労働者災害補償保険特別支給金支給規則…）が…特別支給金の支給は、労働福祉事業の一環として、被災労働者の療養生活の援護等によりその福祉の増進を図るために行われるものであり（平成7年法律35号による改正前の法23

条1項2号、同規則1条)、使用者又は第三者の損害賠償義務の履行と特別支給金の支給との関係について、保険給付の場合における前記各規定と同趣旨の定めはない。このような保険給付と特別支給金との差異を考慮すると、特別支給金が被災労働者の損害をてん補する性質を有するということはできず、したがって、被災労働者が労災保険から受領した特別支給金をその損害額から控除することはできない」と判示している。

「企業によっては、労働災害が生じた場合に、労災法あるいは労働基準法に定める法定補償額を上回る補償(上積み補償、法定外補償などといわれる)を行うことを規定する労働協約等を有していることがある。その多くは、法定補償が行われる場合に、それに上乗せする(したがって、業務起因性の判断は法的補償の基準でなされる)方法がとられるが、企業独自の基準を設けて補償を行うか否かを判断するものもある。休業補償給付の給付率が特別支給金を含めても80%に留まること等に鑑みれば、このような上積み補償の果たす役割は小さくない。そして、上積み補償は、通常、法定補償の不足を補うものと解されているから、上積み補償の支払いは原則として労災給付等に影響を与えない(支給調整の対象外)と解されている(昭和56年基発696号)」(笠木外415頁)と説明されている。

3 ▶ 損害賠償請求権からの控除(損益相殺的な調整)

労災保険の保険者が上記1①の第三者求償によって損害賠償請求権を代位取得した場合には、その対象となる額を、被害者の損害賠償請求から控除することが必要である。このことは、労災保険について代位規定(労災12条の4)があることに基づいている。

4 ▶ 損益相殺的な調整の対象項目

損害から控除される場合であっても、その給付の性質・目的により、控除すべき損害の項目が限定される。つまり、同一の原因により受けた同質性のある利益であるかどうか、が問題とされる。労災保険の各種給付は人身損害に対する給付であるため、物的損害から控除することはできない。

労災実務では、療養給付と治療費、葬祭料と葬祭費用、休業給付・障害給付・遺族給付・傷病年金と休業損害、逸失利益と調整し、積極損害・消極損害・慰

謝料と大別した損害費目と対応させている。

①積極損害・慰謝料との関係

　労災保険の休業（補償）給付・障害（補償）等給付等は、財産的損害にてん補されるべきもので、慰謝料から控除することができない（最判昭和58・4・19交民16巻6号1779頁）。さらに休業（補償）給付、傷病（補償）年金、厚生年金保険の障害年金などは、消極損害にてん補されるべきものであって、積極損害からもは控除できない。

　判例（最判昭和62・7・10民集41巻5号1202頁）は、①「民事上の損害賠償の対象となる損害のうち、労災保険法による休業補償給付及び傷病補償年金並びに厚生年金保険法による障害年金が対象とする損害と同性質であり、したがつて、その間で…同一の事由の関係にあることを肯定することができるのは、財産的損害のうちの消極損害（いわゆる逸失利益）のみであつて、財産的損害のうちの積極損害（入院雑費、付添看護費はこれに含まれる。）及び精神的損害（慰藉料）は右の保険給付が対象とする損害とは同性質であるとはいえないものというべきである」、②「したがつて…保険給付が現に認定された消極損害の額を上回るとしても、当該超過分を財産的損害のうちの積極損害や精神的損害（慰藉料）を塡補するものとして、右給付額をこれらとの関係で控除することは許されないものというべきである」、③「労災保険法による保険給付を慰藉料から控除することは許されないとする当裁判所の判例（昭和37・4・26民集16巻4号975頁、同58・4・19民集37巻3号321頁。なお、同41・12・1民集20巻10号2017頁参照）は、この趣旨を明らかにするものにほかならない」と判示している。

②遅延損害金との関係

　判例（最判平成22・9・13民集64巻6号1626頁）は、①「社会保険給付は、それぞれの制度の趣旨目的に従い、特定の損害について必要額をてん補するために支給されるものであるから、同給付については、てん補の対象となる特定の損害と同性質であり、かつ、相互補完性を有する損害の元本との間で、損益相殺的な調整を行うべきものと解するのが相当である」、②「療養給付は、治療費等の療養に要する費用をてん補するために、休業給付は、負傷又は疾病により労働することができないために受けることができない賃金をてん補するために、それぞれ支給されるものである。このような…保険給付の趣旨目的に照

らせば…治療費等の療養に要する費用又は休業損害の元本との間で損益相殺的な調整を行うべきであり、これらに対する遅延損害金が発生しているとしてそれとの間で上記の調整を行うことは相当でない」、③「年金給付は、労働者ないし被保険者が、負傷し、又は疾病にかかり、なおったときに障害が残った場合に、労働能力を喪失し、又はこれが制限されることによる逸失利益をてん補するために支給されるものである。このような…年金給付の趣旨目的に照らせば…後遺障害による逸失利益の元本との間で損益相殺的な調整を行うべきであり、これに対する遅延損害金が発生しているとしてそれとの間で上記の調整を行うことは相当でない」、④「不法行為による損害賠償債務は、不法行為の時に発生し、かつ、何らの催告を要することなく遅滞に陥るものと解されるが（最判昭和37・9・4民集16巻9号1834頁参照）…その額の算定に当たっては、一般に、不法行為の時から損害が現実化する時までの間の中間利息が必ずしも厳密に控除されるわけではないこと、上記の場合に支給される労災保険法に基づく各種保険給付や公的年金制度に基づく各種年金給付は…てん補の対象となる損害が現実化する都度ないし現実化するのに対応して定期的に支給されることが予定されていることなどを考慮すると、制度の予定するところと異なってその支給が著しく遅滞するなどの特段の事情のない限り…不法行為の時にてん補されたものと法的に評価して損益相殺的な調整をすることが、公平の見地からみて相当というべきである」、⑤「本件各保険給付及び本件各年金給付は、その制度の予定するところに従って…支給され、又は支給されることが確定したものということができるから…本件事故の日にてん補されたものと法的に評価して損益相殺的な調整をするのが相当である」と判示した。

5▶ 損益相殺的な調整の時的範囲

　判例（最判昭和52・5・27民集31巻3号427頁）は、「厚生年金保険法40条及び労働者災害補償保険法（昭和48年法律85号による改正前のもの。）20条は、事故が第三者の行為によつて生じた場合において、受給権者に対し、政府が先に保険給付又は災害補償をしたときは、受給権者の第三者に対する損害賠償請求権はその価額の限度で当然国に移転し、これに反して第三者が先に損害の賠償をしたときは、政府はその価額の限度で保険給付をしないことができ、又は災害補償の義務を免れるものと定め、受給権者に対する第三者の損害賠償

義務と政府の保険給付又は災害補償の義務とが、相互補完の関係にあり、同一事由による損害の二重填補を認めるものではない趣旨を明らかにしている。そして、右のように政府が保険給付又は災害補償をしたことによって、受給権者の第三者に対する損害賠償請求権が国に移転し、受給権者がこれを失うのは、政府が現実に保険金を給付して損害を填補したときに限られ、いまだ現実の給付がない以上、たとえ将来にわたり継続して給付されることが確定していても、受給権者は第三者に対し損害賠償の請求をするにあたり、このような将来の給付額を損害額から控除することを要しないと解するのが、相当である」と判示していた。

　しかし、年金保険に関する判例（最大判平成5・3・24民集47巻4号3039頁）は、①「支給を受けることが確定した遺族年金の額の限度で、その者が加害者に対して賠償を求め得る損害額からこれを控除すべきものであるが、いまだ支給を受けることが確定していない遺族年金の額についてまで損害額から控除することを要しない」、②「退職年金の受給者の相続人が遺族年金の受給権を取得した場合において…支給を受けることがいまだ確定していない遺族年金については…その存続が確実であるということはできない」と判示している **⬆ POINT49 参照**。この判例について、「労災保険法の解釈にも影響を与えることが考えられる」（水町811頁）という指摘があり、判例が変更される可能性にも注意が必要である。

6 ▶ 損益相殺的な調整の人的範囲

　死亡事故の場合、被害者の損害賠償請求権を取得する相続人と保険給付を受ける遺族が、必ずしも一致しないことがある。この場合、保険給付は全体の損害賠償額から控除されるのではなく、保険給付の受給権者である遺族の損害賠償額からのみ控除される。

　判例（最判昭和50・10・24民集29巻9号1379頁）は、「受給権者でない遺族が事実上受給権者から…給付の利益を享受することがあっても、それは法律上保障された利益ではなく、受給権者でない遺族の損害賠償請求権から…享受利益を控除することはできないから」、控除の対象となるのは遺族給付の受給権者の損害賠償請求権に限ると判示している。このことは、「受給権者以外の受給資格者の損害賠償債権額あるいは保障請求権額からも控除を認める考え方に

…一定の合理性がないわけではない。しかし、遺族給付の利益をうける子の範囲、その割合、期間などの点で不確定な要素があまりにも多く、もし控除を認めるとした場合には、とうてい合理的な基準が立てられそうでなく、不公平をもたらすおそれが大である。この問題は、損害賠償債権の相続構成を扶養構成へきりかえればある程度すっきりする面もでてくるが、それだけで解決できる問題でもない。遺族給付の受給権者に順位がついている以上やはり問題は残るであろう。現行法の下での実際問題の処理としては、判例のように割り切るのが、若干の問題はあるにせよ、一番明確かつ妥当であろう」（下森631頁）と指摘されている。

7 ▶ 過失相殺と損益相殺的な調整の先後

　判例（最判平成元年4・11判時1312号97頁）は、絶対説を採用し、労災保険の給付を過失相殺後の損害賠償額から控除した。これは、①「労働者に過失があるため損害賠償額を定めるにつきこれを一定の割合で斟酌すべきときは、保険給付の原因となつた事由と同一の事由による損害の賠償額を算定するには…損害の額から過失割合による減額をし、その残額から右保険給付の価額を控除する方法によるのが相当である（最判昭和55・12・18民集34巻7号888頁参照）」、②労働者災害補償保険「法12条の4は…同一の事由による損害の二重填補を認めるものではない趣旨を明らかにしているのであって、政府が保険給付をしたときは…損害賠償請求権は…給付の価額の限度において国に移転する結果減縮すると解されるところ（最判昭和52・5・27民集31巻3号427頁、同52・10・25民集31巻6号836頁参照）、損害賠償額を定めるにつき労働者の過失を斟酌すべき場合には、受給権者は…過失を斟酌して定められた額の損害賠償請求権を有するにすぎないので、同条1項により国に移転するとされる損害賠償請求権も過失を斟酌した後のそれを意味すると解するのが、文理上自然であり…規定の趣旨にそうものといえるからである」と判示したものである。

　しかし、この判例には疑問があるとして、「一般に、損益相殺については、『損害』と『利益』との間に『相互補完性』を要すると解されるものの、これを代位法理に援用したとしても、『損害賠償義務』と『利益を基礎付ける請求権』が当然に『相互補完』の関係に立つわけではない。それにもかかわらず、社会保険において両社に相互補完関係が成り立つとすると、第三者行為災害の場合

は、社会保険が責任保険としての性質しか有さなくなるわけであるところ、そのような帰結が相当とは解されない。そうすると、同条〔注：労災12条の4〕1項と同条2項の規定が、いずれも二重の利得の禁止と加害者の不当な責任免脱の防止の趣旨に出たものと解し、同条2項の規定は、損害賠償がされた場合に、てん補された損害について重ねて保険給付を受けないことを注意的に規定し、『損害』と『保険給付』が『相互補完の関係にある』ことを示したにすぎないとみるべきである」（古市135～136頁）という見解もある。被害者にとっては相対説の方が有利であるから **➡ POINT 46 参照** 、この見解によることも検討することに意義がある。

各論—職業・年齢別 交通事故事件処理に使える 社会保険の知識

【一覧表２　職業・年齢別ケースの相関図】

第2編では、被害者の類型（職業・年齢）、損害の程度から 62 のケースに分類して解説した状況ごとに社会保険上の論点を検索する際の参考としてほしい。

損害の種類　　被害者の属性	傷　害	
	治療費等	休業損害
労働者（労災以外）	Case1	Case11
労働者（業務災害）	Case2	Case12
労働者（通勤災害）	Case3	Case13
会社役員	Case4	Case14
自営業者	Case5	Case15
短時間労働者	Case6	Case16
家事従事者	Case7	Case17
失業者	Case8	Case18
未成年者	Case9	Case19
高齢者	Case10	Case20

後　遺　障　害		死　亡	
介護費用等	逸失利益	葬儀費等	逸失利益
Case21	Case31	Case41	Case51
Case22	Case32	Case42	Case52
Case23	Case33	Case43	Case53
Case24	Case34	Case44	Case54
Case25	Case35	Case45	Case55
Case26	Case36	Case46	Case56
Case27	Case37	Case47	Case57
Case28	Case38	Case48	Case58
Case29	Case39	Case49	Case59/64
Case30	Case40	Case50	Case60/61/62

※　Case63/65/66 は、障害年金・傷害補償年金・遺族年金受給者であるため、特定の職業・年齢にはかかわらない。

第 **1** 章

治療期間中における
社会保険の利用

1 治療費等に対応するもの（傷害・積極損害）

CASE **1** 労働者が、労災ではない交通事故で負傷した場合の治療費等

1▶ 損害賠償額の算定

①治療費

　治療費とは、事故受傷の治療のために必要となった診察料、検査料、投薬料などの医療行為に関する費用である。医師法17条は「医師でなければ、医業をなしてはならない」、歯科医師法17条は「歯科医師でなければ、歯科医業をなしてはならない」と規定している。ここにいう「医業」とは医行為を業として行うことであり、医行為とは、医師が行うのでなければ保健衛生上危害を生ずる恐れのある行為と理解されている（東京高判平成6・11・15高刑集47巻3号299頁）。このような意味において、医療を本来的に担うのは、医師及び歯科医師である。

　治療費は、必要かつ相当な実費全額が損害と認められる。ここでいう「必要かつ相当」と認められるためには、①事故による受傷に対するものであること、②治療の必要性と相当性があること、及び③金額が相当であることが必要であ

る。例えば、差額ベッド代（特別室料）は、ほかの患者と同室でないことにより治療効果が高くなるなど医師がその必要性を認めて指示をしたとき、症状が重篤であったとき、一般の病室に空きがなかったときなど、特別の事情がある場合でなければ認められない。

　「公的医療保険を適用しない診療」のことを、「自由診療」という（西村外65頁）。自由診療の報酬について明確な合意が存在しない場合、その算定方法が問題となる。「実際に、高額な注射薬を大量に投与し、長期に入院させ、利益本位の立場から施された自由診療の報酬額が高額化した事案につき、健保法の診療報酬体系との均衡について配慮した上で算定するのが相当であるとした裁判例がある（東京地判平元・3・14判時1301号21頁）」（西村外65頁）。これは、「保険会社から相当高額の治療費の請求を行っている医療機関に対して提起された不当利得返還請求訴訟」において、「薬剤料については1点単価10円、その余の診療報酬部分については診療報酬に対する課税を考慮して1点10円50銭として診療報酬額を算定した」（菊池398頁）ものである。「実務上、自由診療を用いる場合、日本医師会と日本損害協会との基本的合意により、薬剤等については、1点単価12円、その他の技術料については、20％を加算した額を上限とする取扱いがなされている」（西村外65頁）。

　柔道整復、鍼灸、あん摩、マッサージ、指圧などのいわゆる「東洋医学」による施術費は、医師による医療行為の治療費（西洋医学の治療＝医師による医業の費用）とは違った視点から、必要性と相当性（事故による損害と認められる金額）が検討される。医師の指示は「必要性、相当性」を判断するための重要な判断材料であるとしながら（医師の指示があるときは、必要性と相当性が認められる可能性が高い）、必ずしも医師の指示が絶対的な要件であるとまではせず、医師の指示がなくても一定の治療効果が上がっている場合には、相当額（施術費の一部に限定する場合がある）を損害と認めている場合が多い。ただし、施術を行う柔道整復師や、あん摩マッサージ指圧師、はり師、きゅう師は、後遺障害診断書を作成することはできないため、後遺障害があると予想されるときは、医師の治療を受診しておくことが必要である。

②通院交通費

　被害者本人が、入通院するための交通費は、実費相当額が損害として認められる。相当性のある交通費は、電車・バス等の公共交通機関を利用することが

可能である場合はその料金相当額とされる。タクシーを利用した場合は、その料金全額が当然に損害と認められるものではなく、受傷の内容や症状の程度、被害者の年齢、交通の利便から相当性が判断され、これが否定される場合は公共交通機関の料金相当額までしか損害と認められない。

③入院雑費

入院治療中に必要となるさまざまな雑費（病室のティッシュペーパー代など、普段の生活では不要な品物を購入した費用）は、いちいち領収書などによって金額を主張・立証するのではなく、一日あたりの費用を定額（赤い本2020上40頁は1500円、青本28頁は1400〜1600円）で認めている。これは、少額の諸雑費について細かく領収書などを調べることは著しく煩雑であるわりに実益に乏しいことから実務に定着した「損害賠償算定における定額化」の一例である。入院雑費については、葬儀費用とは異なり、入院期間が証明されれば、実際の諸雑費の合計が上記基準額を超えることの立証がなくても損害と認められる（佐久間外131頁）。

④付添費

治療期間中の入院・通院の付添費は、医師の指示があった場合、または受傷の程度や被害者の年齢などから必要性が認められる場合に、被害者本人の損害として認められる。

付添・介護を誰が行うかにより「職業付添・介護」と「近親者付添・介護」とに区別する。職業付添の場合は実費全額が損害となり、近親者付添の場合の日額は、原則として実務基準の基準額6500円（赤い本2020上13頁）、5500〜7000円（青本13頁）程度とされる。近親者が付添う場合は、実際には費用の支出を伴わない場合がほとんどだと思われるが、判例（最判昭和46・6・29民集25巻4号650頁）は「近親者がその身のまわりの世話をすることは肉親の情誼に出ることが多いことはもとよりであるが、それらの者の提供した労働はこれを金銭的に評価しえないものではなく、ただ、実際には両者の身分関係上その出捐を免れていることが多いだけで、このような場合には肉親たるの身分関係に起因する恩恵の効果を加害者にまで及ぼすべきものではなく、被害者は、近親者の付添看護料相当額の損害を蒙ったものとして、加害者に対してその賠償を請求することができる」と判示している。

⑤介 護 費

治療期間中の介護費（自宅付添費）について事故との相当因果関係が認められる場合は、職業付添人の場合は必要かつ相当な実費全額を、近親者付添人の場合は相当額を認めるのが原則である。**→ POINT 18 参照**

⑥装具・器具等購入費、自動車・自宅の改造費

治療期間中に購入した器具や装具（車椅子、松葉杖、義足、かつら、介護用の電動ベッドなど）の購入費は、必要かつ相当な実費が損害と認められる。これらを賃借（レンタル）した場合の料金も同様である。

車椅子や義手・義足、介護のための器具などについて、公的補助がなされる場合、使用している装具・器具の費用については現実の自己負担額（無償支給は０円）が損害となる。被害者に具体的な財産的損害が発生していないからである。

家屋・自動車の改造費などは、被害者の受傷内容や後遺障害の内容と程度により必要であると認められる場合は、その費用のうち相当額が損害と認められることがある。例えば、生涯、車椅子で生活することを余儀なくされたため、自宅を車椅子での生活が可能なように出入り口を広げる、あるいは風呂・トイレを改造するなどバリアフリー化したり、移動手段としての自動車を車椅子での乗降可能なものにする場合である。自宅改造の必要性が認められた場合でも、改造により同居の家族が事実上享受する便益（内装が新しくなる、冷暖房の設備が新しくなる、ホームエレベーターを利用できるようになるなど）を考慮して、現実に必要だった費用の一部に限定して相当性のある損害と認める例が多い（大阪地判平成23・7・20交民44巻4号945頁ほか）。

自動車改造費は、標準的な車両と改造車両との差額が損害となる。バリアフリー化で自動車メーカーが車椅子仕様のオプション車両を用意している場合があり、その場合は原則としてオプション費用が損害とされる（東京地判平成23・1・20交民44巻1号32頁ほか）。

2 ▶ 社会保険の利用

①療 養 の 給 付

労働者は、健康保険の被保険者であることが多い **→ POINT 10 参照**。交通事故による受傷についても、医療保険を利用することは可能であるが、その利用す

る際には注意点等もある。➡ POINT28 参照

　医療保険において給付の中心をなすのは、療養の給付である。健康保険法63条1項は、「被保険者の疾病又は負傷に関しては、次に掲げる療養の給付を行う」として、(1)診察、(2)薬剤又は治療材料の支給、(3)処置、手術その他の治療、(4)居宅における療養上の管理及びその療養に伴う世話その他の看護、(5)病院又は診療所への入院及びその療養に伴う世話その他の看護を規定している。

　この給付を受けようとする者は、保険医療機関又は保険薬局などのうちから治療先を選定し、被保険者証を提示して、療養の給付を受ける。健康保険法63条3項は、「1項の給付を受けようとする者は、厚生労働省令で定めるところにより、次に掲げる病院若しくは診療所又は薬局のうち、自己の選定するものから…受けるものとする」として、(1)厚生労働大臣の指定を受けた病院若しくは診療所（65条の規定により病床の全部又は一部を除いて指定を受けたときは、その除外された病床を除く。以下「保険医療機関」という。）又は薬局（以下「保険薬局」という。）、(2)特定の保険者が管掌する被保険者に対して診療又は調剤を行う病院若しくは診療所又は薬局であって、当該保険者が指定したもの、(3)健保組合である保険者が開設する病院若しくは診療所又は薬局と規定している。「これらの給付は、現物給付の形式でなされることから、保険医療機関…が給付を行い、その給付にかかる費用を…一部負担金を除き、保険者が負担をすることにより、被保険者の負担を軽減している」（西村外58頁）と説明されている。

　療養の給付を受ける者は、厚生労働大臣が定めるところにより算定した額の一部負担金を、当該保険医療機関等に対して支払う義務を負う。「具体的には、70歳未満の一部負担金は3割、70歳以上は2割で、現役並みの所得がある者については、3割とされている（健保74条1項）。…70歳以上75歳未満の者については、2008（平成20）年4月以降、軽減特例措置により1割負担とされてきたが、世代間の公平の観点から、2014（平成26）年4月1日以降に70歳に達する者につき、規定通り2割負担とされている」（西村外58頁）。「この支払義務は、被保険者と保険医療機関の間に成立する私法上の診療契約の債務を構成する」（菊池377頁）。「医療保険において予定されている一部負担金は、医療保険から受けた利益に応じて負担するものであるため、応益負担と呼ばれ

ることもある。医療保険における一部負担金には、患者のコスト意識を喚起し、濫受診を抑制する効果および健康維持に向けた努力を促す効果があるといわれる」（笠木外210頁）。「日本では一般に、かかった医療費を反映するので患者や医療機関に対してコスト意識を喚起して医療費の効率化に役立つという定率負担の長所が支持される傾向にあり、老人医療費についても02年からは例外なく定率負担に改められた」（椋野外37頁）。ただし、定率負担が高額になりすぎることを避けるため、高額療養費、及び、高額介護合算療養費の制度が設けられている。

②療 養 費

被害者が、療養の給付、入院時食事療養費、入院時生活療養費若しくは保険外併用療養費を受けることができず、自費で診察等を受けた場合、保険者がやむを得ないものと認めるときは、療養費を支給することができる（健保87条1項）。「具体例として、無医村で諸般の状況上、療養の給付をなすことが困難と認められる場合（昭和13・8・20社庶第1629号）、事業主が資格取得届の提出を怠ったため、保険医に対して、被保険者たる身分を証明し得ない状態であった場合（昭和3・4・30保理発第1089号）、柔道整復師の施術（昭和63・7・14保発89号等）やあんま、はり、きゅう等の施療（昭和25・1・19保発4号等）を受けた場合等がある」（西村外60～61頁）と説明されている。

③訪問看護療養費

被害者が、負傷により、居宅において継続して療養を受ける状態にある場合、医師の指示により、厚生労働大臣が指定した事業者から訪問看護を受けたときは、訪問介護療養費が支給される（健保88条1項）。「これは、1994（平成6）年に、訪問看護ステーションによる訪問介護事業の対象を、難病患者、末期のがん患者等に拡大することにより、在宅医療の推進を図ろうとする趣旨で創設されたものである」（西村外61頁）と説明されている。

④入院時食事療養費

食事療養とは、食事の提供である療養であって健康保険法63条1項5号に掲げる療養（病院又は診療所への入院及びその療養に伴う世話その他の看護）と併せて行うもののうち、特定長期入院被保険者に係るものを除いたものである（健保63条2項1号）。被害者が、入院中に療養の給付と併せて受けた食事療養に要した費用の一部について、入院時食事療養費が支給される（健保85

条）。

⑤入院時生活療養費

　生活療養とは、①食事の提供である療養または②温度・照明及び給水に関する適切な療養環境の形成である療養であって健康保険法63条1項5号に掲げる療養（病院又は診療所への入院及びその療養に伴う世話その他の看護）と併せて行うもののうち、特定長期入院被保険者（医療法7条2項4号に規定する療養病床への入院及びその療養に伴う世話その他の看護であって、当該療養を受ける際、65歳に達する日の属する月の翌月以後である被保険者）に係るものである（健保63条2項2号）。被害者が、入院中に療養の給付と併せて受けた食事療養に要した費用の一部について、入院時生活療養費が支給される（健保85条の2）。

⑥移　送　費

　被害者が、療養の給付（下記⑧の保険外併用療養費にかかる療養を含む）を受けるため、病院または診療所に移送されたときは、移送費が支給される（健保97条）。

⑦保険外併用療養費

　「混合診療」とは、「保険が適用されない保険外診療と保険診療として認められた部分と併せて診察が行われる場合」である（西村外65頁）。「混合診療禁止原則（混合診療保険給付外の原則）とは、法令により認められた例外的場面を除いて、公的医療保険が適用される保険診療と保険外診療を同機会に行うことを禁止し、混合診療が行われた場合には保険診療部分も含めて全体が保険給付から排除されるものとする原則である」（笠木外169頁）。「混合診療禁止原則の問題の核心の一つは、この原則の背景に、公的医療保険制度の下で国民が受ける医療が資力によって不平等なものとなるべきではなく…そのためには原則として公的医療保険のみで…国民に必要十分な医療を提供すべき、との暗黙の前提が存在してきたことである。これらの前提は…医療保険関係の諸法令のどこにも明示されていない。…行政立法である診療報酬点数表によって、かつ、直接には、被保険者の請求権ではなく保険医療機関の診療報酬請求権の内容を定める規範を通じて決定されている」（笠木外217頁）と説明されている。

　混合診療については、自由診療として被害者の自己負担となるのが原則であるが、例外として、保険外併用療養費を支給されることがある（健保86条）。

保険外併用療養費の制度は、「医療に対する国民のニーズの多様化、医療サービスの高度化に対応して、必要な医療の確保を図るための保険給付と患者の選択によることが適当な医療サービスとの間の適切な調整を図る趣旨で創設された」（西村外60頁）。その対象となるのは、①評価療養（厚生労働大臣が定める高度の医療技術を用いた療養その他の療養であって、給付の対象とすべきか否かについて適正な医療の効率的な提供を図る観点から評価を行うことが必要な療養として厚生労働大臣が定めるもの。健保63条2項3号）、②患者申出療養（高度の医療技術を用いた療養であって、当該療養を受けようとする者の申出に基づき給付の対象とすべきか否かについて適正な医療の効率的な提供を図る観点から評価を行うことが必要な療養として厚生労働大臣が定めるもの。同項4号）、及び③選定療養（被保険者の選定に係る特別の病室の提供その他の厚生労働大臣が定める療養。同項5号）である。

⑧高額療養費

　高額療養費は、療養の給付やその他の療養（食事療養及び生活療養を除く）に要した費用につき支払った一部負担金等の額が著しく高額であるときに支給される（健保115条）。これは、一部負担金が定率であることの「最大の難点は、医療費が高額になると、それにつれて一部負担も高額になること。人によっては支払えなくなるおそれがある」（椋野外37頁）という問題意識から、「患者負担が一定額を超えた場合に、その超えた額をすべて医療保険から償還する仕組み」（椋野外38頁）を創設したものである。

　高額療養費は「長期入院や長期療養により患者の自己負担額があまりに大きくなり過ぎるのを防ぎ、医療保険の機能を適切に果たすために重要な役割を担って」いるところ、「1973（昭和48）年の導入当初は、1人当たり1ヶ月の自己負担額が一定額を超える部分につき支給されたのに対し、その後度重なる制度改正により複雑化している」（菊池384頁）。「高額療養費については、入院患者に加え、2012（平成24）年4月からは外来患者についても、限度額適用認定証の交付を受けることにより、従来のような償還払いの扱いではなく保険医療機関等の窓口で自己負担限度額まで支払えばよいこととなり、事実上現物給付化された」（菊池385頁）と説明されている。

⑨高額介護合算療養費

　高額介護合算療養費制度は、平成18年改正によって創設された（健保115条

の2）。「これは、医療保険各制度の高額療養費（高額医療費）の算定対象世帯で、介護保険受給者が存在する場合、各医療保険者が被保険者からの申請に基づき、医療と介護の自己負担額を合算して設定する限度額を超える額を支給するものである」（菊池385〜386頁）と説明されている。

⑩介 護 費

　介護費（自宅付添費）について治療期間中に相当因果関係が認められる場合には、介護保険が給付されることもある。→ CASE 31 参照

3 ▶ 社会保険給付と損害賠償の調整

　健康保険給付と損害賠償の重複を調整するために、①被害者が健康保険の給付を先に受けた場合、保険者は、その給付の価額の限度で、被害者が第三者に対して有する損害賠償請求権を取得する方法（第三者求償。健保57条1項）と、②被害者が損害賠償の支払いを先に受けた場合、保険者は、その価額の限度で健保の給付を行う責を免れる方法（給付免責。健保57条2項）が規定されている。→ POINT 47 参照

CASE 2　労働者が、業務中の交通事故で負傷した場合の治療費等

1 ▶ 損害賠償額の算定

　治療費等に関する損害賠償額の算定については、業務中であるか否かは影響を与えない。→ CASE 1 参照

2 ▶ 社会保険の利用

①業務災害に関する労災給付

　「業務災害」とは、「労働者の業務上の負傷、疾病、障害又は死亡」をいう（労災7条1項1号）。労働基準法75条は、業務災害に関する使用者の責任について、1項で「労働者が業務上負傷し、又は疾病にかかつた場合においては、使用者は、その費用で必要な療養を行い、又は必要な療養の費用を負担しなけれ

ばならない」、2項で「前項に規定する業務上の疾病及び療養の範囲は、厚生労働省令で定める」と規定している。

　そして、労働者災害補償保険法13条は、上記責任に対応する保険給付として、1項で「療養補償給付は、療養の給付とする」、2項で「前項の療養の給付の範囲は、次の各号（政府が必要と認めるものに限る。）による」として、(1)診察、(2)薬剤又は治療材料の支給、(3)処置・手術その他の治療、(4)居宅における療養上の管理及びその療養に伴う世話その他の看護、(5)病院又は診療所への入院及びその療養に伴う世話その他の看護、(6)移送を列挙し、3項で「政府は、1項の療養の給付をすることが困難な場合その他厚生労働省令で定める場合には、療養の給付に代えて療養の費用を支給することができる」と規定している。

　業務災害のための療養補償給付は、医療保険と同様、療養の給付という形での現物給付が原則であるところ（労災13条1項・2項）、「患者一部負担はない」（菊池247頁）という違いがある。

②業務起因性・業務遂行性

　業務災害の概念については、「この業務上の傷病等の範囲は、労災法と労働基準法で同一であると解されている（労災12条の8第2項、労基84条1項）。ただし、『業務上』概念については労災法と労基法には規定がなく、法解釈に委ねられている」（菊池230～231頁）。「ある傷病、障害又は死亡が業務上のものである（つまり労働災害に該当する）といえるためには、『業務起因性』があることが必要である。行政解釈によれば、この『業務起因性』は業務と傷病等との間の因果関係の問題として捉えられ、判例も業務による加重な精神的、身体的負荷と発症との間の『相当因果関係』の存否の問題として捉えている。また行政解釈によれば、『業務起因性』の第一次的判断基準が『業務遂行性』であるとされる。ここで『業務遂行性』とは、労働者が事業主の支配下にあることを指し、『業務起因性』とは、業務又は業務行為を含めて『労働者が労働契約に基づき事業主の支配下にあること』に伴う危険が現実化したものと経験則上認められることをいう」（菊池231～232頁）と説明されている。

3▶ 社会保険給付と損害賠償の調整

　労災保険給付と損害賠償の重複を調整するために、①被害者が労災保険の給

付を先に受けた場合、政府は、その給付の価額の限度で、被害者が第三者に対して有する損害賠償請求権を取得する方法（第三者求償。労災12条の4第1項）と、②被害者が損害賠償の支払いを先に受けた場合、政府は、その価額の限度で労災の給付をしないことができる方法（給付免責。労災12条の4第2項）が規定されている。

CASE 3 労働者が、通勤中の交通事故で負傷した場合の治療費等

1 ▶ 損害賠償額の算定

治療費等に関する損害賠償額の算定については、通勤中であるか否かは影響を与えない。 ● CASE 1 参照

2 ▶ 社会保険の利用

① 通 勤 の 意 義

「通勤災害」とは、「労働者の通勤による負傷、疾病、障害又は死亡」である（労災7条1項2号）。

通勤とは、「労働者が、就業に関し、次に掲げる移動を、合理的な経路及び方法により行うことをいい、業務の性質を有するものを除く」とされ、「次に掲げる移動」として、①住居と就業の場所との間の往復、②就業の場所から他の就業の場所への移動、③①に掲げる往復に先行し、又は後続する住居間の移動（厚生労働省令で定める要件に該当するものに限る。）が掲げられている（同条2項）。これは「従来、住居と就業の場所との往復のみが規定されていたのに対し、2005（平成17）年改正により、単身赴任者の赴任先住居と家族のいる自宅との往復や、二重就職者の事業者間の移動にまで対象が広げられた」ものである（菊池244頁）。

これらの移動の経路を逸脱等した場合については、「労働者が、前項各号に掲げる移動の経路を逸脱し、又は同項各号に掲げる移動を中断した場合においては、当該逸脱又は中断の間及びその後の同項各号に掲げる移動は、1項2号

の通勤としない。ただし、当該逸脱又は中断が、日常生活上必要な行為であつて厚生労働省令で定めるものをやむを得ない事由により行うための最小限度のものである場合は、当該逸脱又は中断の間を除き、この限りでない」（労災 7条 3 項）と規定されている。

②通勤災害に関する労災給付

　通勤災害のための療養給付は、使用者の補償責任に基づく給付とは性格を異にするため「補償」の文言は付されていないものの、業務災害に関する規定が準用されており、基本的には業務災害に関する給付と共通した内容である。労働者災害補償保険法 22 条は、1 項で「療養給付は、労働者が通勤（7 条 1 項 2 号の通勤をいう。以下同じ。）により負傷し、又は疾病（厚生労働省令で定めるものに限る。以下この節において同じ。）にかかつた場合に、当該労働者に対し、その請求に基づいて行なう」、2 項で「13 条の規定は、療養給付について準用する」と規定している。

　ただし療養給付については、「いわゆる第三者行為災害などの場合を除き（労災則 44 条の 2 第 1 項）、200 円を超えない範囲で一部負担金が課され得る（労災 31 条 2 項）」（菊池 250 頁）。すなわち、労働者災害補償保険法 31 条 2 項本文は「政府は、療養給付を受ける労働者（厚生労働省令で定める者を除く。）から、200 円を超えない範囲内で厚生労働省令で定める額を一部負担金として徴収する」としているところ、ここで除外される「厚生労働省令で定める者」について労働者災害補償保険法施行規則 44 条の 2 第 1 項は、(1)第三者の行為によって生じた事故により療養給付を受ける者、(2)療養の開始後 3 日以内に死亡した者その他休業給付を受けない者、及び(3)同一の通勤災害に係る療養給付について既に一部負担金を納付した者、と規定している。

3 ▶ 社会保険給付と損害賠償の調整

　治療費等に関する損害賠償と労災保険給付の重複を調整する方法については、通勤中であるか業務中であるかは影響を与えない。● CASE 2 参照

会社役員が、交通事故で負傷した場合の治療費等

1 ▶ 損害賠償額の算定

治療費等に関する損害賠償額の算定については、会社役員であるか労働者であるかは影響を与えない。 ⊙ CASE 1 参照

2 ▶ 社会保険の利用

健康保険・労災保険の被保険者は、基本的には労働者であり、常用的な使用関係を前提としている。会社役員は、経営者であり、会社との関係は、雇用ではなく委任である。このことからは、会社役員は、健康保険・労災保険の被保険者ではないとするのが自然である。

ところが、健康保険について「実務上は、雇用関係が否定されるような『法人の代表者又は業務執行者であっても、法人から、労務の対償として報酬を受けている者は、法人に使用される者として被保険者の資格を取得させる』（昭和24・7・28保発74号）との見解が採用されてきた。そこで、健保法上の『使用される者』が労基法9条のいう労働者概念と同一視されるか否かが問題とされた。この点、判例は、健保法が労働生活に直接関係のない事項を災害補償の対象とし、国民の生活の安定と福祉の向上に寄与することを目的としていることから、労使間の実勢上の差異を考慮すべき必要はないものとして、労基法上の『労働者』とは一致しないものと位置づけた（広島高岡山支判昭38・9・23行集14巻9号1684頁、大阪高判昭55・11・21労判357号52頁同旨）」（西村外49頁）。したがって、会社役員が交通事故で負傷した場合、健康保険が適用されることがある。 ⊙ CASE 1 参照

また、労災保険についても、「法令、定款等の規定に基づく業務執行権がなく、工場長、部長等の職にあり、業務執行権を有する取締役等の指揮、監督を受けて業務に従事し、その対償として賃金を受けている者は、原則として労働者として取り扱う（昭和34・1・26基発48号）」とされている（西村外180〜181頁）。更に、特別加入が認められる中小事業主等には「事業主が法人その

他の団体であるときは、代表者」も含まれる（労災33条1項1号）。したがって、会社役員が交通事故で負傷した場合、労災保険が適用されることもある（業務災害 ➜ CASE 2 参照 、通勤災害 ➜ CASE 3 参照 ）。

　以上に対して、会社役員について労働者性が認められない場合は、国民健康保険が適用される可能性が高い。 ➜ CASE 5 参照

3 ▶ 社会保険給付と損害賠償の調整

　治療費等に関する損害賠償と社会保険給付の重複を調整する方法については、会社役員であるか否かは影響を与えない（健康保険 ➜ CASE 1 参照 、労災保険 ➜ CASE 2 参照 、国民健康保険 ➜ CASE 5 参照 ）。

　ただし、「協会けんぽでは…法人の役員に報酬が支払われなかった場合は、役員報酬の全額を算定基礎とした傷病手当金を給付している。役員の損害は、労働対価部分のみであるから、齟齬が生じることになる。役員報酬の一定割合を損害と判断することが多いので、傷病手当金も、労働対価部分とそれ以外に按分して、労働対価部分のみを控除すべきである」（今泉543頁）という指摘に注意すべきである。

CASE

5

自営業者が、交通事故で負傷した場合の治療費等

1 ▶ 損害賠償額の算定

　治療費等に関する損害賠償額の算定については、自営業者であるか労働者であるかは影響を与えない。 ➜ CASE 1 参照

2 ▶ 社会保険の利用

①国民健康保険

　自営業者は、労働者（被用者）ではないから、国民健康保険によることが多い。それは、「保険関係の成立の基礎に労働関係（使用関係）が存在するかどうかによって、被用者保険と地域保険（住民保険）の区別がある」ところ、「国

民『皆保険…』体制が採用されていることとの関係でみれば、国民（全体集合）から被用者保険を適用されない残りの者全部について地域保険を適用することで（補集合）、すべての国民が医療保険…のネットから漏れないようにしている」ためである（西村外7頁）。国民健康保険法による給付には、①療養の給付（国保36条）、②入院時食事療養費（国保52条）、③入院時生活療養費（国保52条の2）、④保険外併用療養費（国保53条）、⑤療養費（国保54条）、⑥訪問看護療養費（国保54条の2）、⑦特別療養費（国保54条の3）、⑧移送費（国保54条の4）、⑨高額療養費（国保57条の2）、⑩高額介護合算療養費（国保57条の3）がある。「これらの給付は、健保法による給付の内容と同様である」（西村外73頁）。

②「労働者」である可能性

　自営業者と労働者の異同は、実質的に判断される。すなわち、法律上の使用関係がなくても、事実上の使用関係があれば、「使用される者」（健保3条1項本文）として、健康保険の被保険者になる。この事実上の使用関係の有無は、「基本的には、労基法9条の労働者と同様、使用従属関係の存否（①勤務時間の拘束、勤務時間指定の有無、②業務遂行過程での指揮命令の有無、③専属関係の有無、④第三者による代行性の有無、⑤仕事の依頼・業務に対する諾否可能性の有無、⑥生産器具・道具等の所有関係、⑦報酬の労務対価性）によって判断される」（西村外49頁）。したがって、自営業者が交通事故で負傷した場合、健康保険が適用されることもある。 **◯> CASE 1 参照**

　また、労災保険との関係でも、「特定の業種で一定規模の自営業者は…特別加入制度により労災の適用を受けることができる」（西村外180頁）。すなわち、厚生労働省令で定める数以下の労働者を使用する事業（特定事業）の事業主で「労働保険事務組合…に…労働保険事務の処理を委託するものである者」（労災33条1項1号）は、中小事業主等として労災に特別加入することができる。これは、「本来…労働者ではない事業主、自営業者、家族従事者等は保護の対象にならないが、業務の実態や災害の発生状況から、一般労働者と同じように保護することが適当な場合がある」（西村外182頁）として、1965（昭和40）年に創設された制度である。したがって、自営業者が交通事故で負傷した場合、労災保険が適用されることもある（業務災害 **◯> CASE 2 参照**、通勤災害 **◯> CASE 3 参照**）。

3 ▶ 社会保険給付と損害賠償の調整

　国民健康保険の給付と損害賠償の重複を調整するために、①被害者が国民健康保険の給付を先に受けた場合、市町村及び組合は、その給付の価額の限度で、被害者が第三者に対して有する損害賠償請求権を取得する方法（第三者求償。国保64条1項）と、被害者が損害賠償の支払いを先に受けた場合、市町村及び組合は、その価額の限度で国民健康保険の給付を行う責を免れる方法（給付免責。国保64条2項）が規定されている（なお、健康保険 ●CASE 1 参照 、労災保険 ●CASE 2 参照 ）。

CASE 6 短時間労働者が、交通事故で負傷した場合の治療費等

1 ▶ 損害賠償額の算定

　治療費等に関する損害賠償額の算定については、短時間労働者であるか否かは影響を与えない。●CASE 1 参照

2 ▶ 社会保険の利用

①医療保険

　短時間労働者については、健康保険が適用される場合とされない場合がある。「短時間労働者にかかる被保険者資格の取扱いについて…通常の就労者の所定労働時間および所定労働日数のおおむね4分の3以上である就労者については、原則として健保の被保険者として取り扱うべきものであるとした。しかしその後、4分の3を満たしていない場合でも、2012（平成24）年の年金機能強化法により、短時間労働者への健康保険・厚生年金の適用拡大が行われ、①労働時間が週20時間以上であること、②賃金が月額8.8万円以上であること、③通勤期間が1年以上見込まれること、④学生でないこと、⑤従業員501人以上の企業であることといった要件が設けられた（健保3条1項9号。2016〔平成28〕年10月1日施行）。加えて、2017（平成29）年4月1日から

は、上記①〜④の要件が常時500人以下の企業などにも適用拡大され、①労使合意（過半数代表者、同意対象者の2分の1以上の同意）に基づき申請する法人・個人の事業所、②地方公共団体に属する事業所に勤務する短時間労働者も、新たに適用対象となる」（西村外50頁）。

　これに対して、短時間労働者に健康保険が適用されないときは、国民健康保険が適用される。

②労災保険

　短時間労働者についても労災保険は適用される。このことは、「労災保険の適用労働者は、『職業の種類を問わず、労災保険の保険関係の成立』する事業に使用される者で、賃金を支払われる者といえる。『使用される者』とは、他人の指示命令によって労務を提供する者をいい、『賃金』とは、賃金、給料、手当、賞与その他名称にかかわらず、労働の対償として使用者が支払うすべてのものをいう」（西村外180頁）。「アルバイト、パートタイム労働者等であっても、使用され賃金を受ける者は適用労働者となる。社会保険や雇用保険の被保険者資格は、週の所定労働時間や日数において基準が定められているが、労災保険においては、『使用され賃金を受ける』ことだけが問われ、たとえ1日だけのアルバイトであったとしても労災保険の保護の対象者となる」（西村外181頁）と説明されている。

3 ▶ 社会保険給付と損害賠償の調整

　治療費等に関する損害賠償と社会保険給付の重複を調整する方法については、短時間労働者であるか否かは影響を与えない（健康保険 ➔ CASE 1 参照 、労災保険 ➔ CASE 2 参照 、国民健康保険 ➔ CASE 5 参照 ）。

CASE 7 家事従事者が、交通事故で負傷した場合の治療費等

1 ▶ 損害賠償額の算定

　治療費等に関する損害賠償額の算定については、家事従事者であるか労働者

であるかは影響を与えない。 ➡ CASE 1 参照

2 ▶ 社会保険の利用

①健康保険の被扶養者

　健康保険では、被保険者の被扶養者についても、疾病、負傷もしくは死亡または出産に関して保険給付を行っている（健保1条）。そして、健康保険法3条7項本文は、「この法律において『被扶養者』とは、次に掲げる者をいう」として、⑴被保険者（日雇特例被保険者であった者を含む…）の直系尊属、配偶者（届出をしていないが、事実上婚姻関係と同様の事情にある者を含む…）、子、孫及び兄弟姉妹であって、主としてその被保険者により生計を維持するもの、⑵被保険者の三親等内の親族で前号に掲げる者以外のものであって、その被保険者と同一の世帯に属し、主としてその被保険者により生計を維持するもの、⑶被保険者の配偶者で届出をしていないが事実上婚姻関係と同様の事情にあるものの父母及び子であって、その被保険者と同一の世帯に属し、主としてその被保険者により生計を維持するもの、⑷⑶の配偶者の死亡後におけるその父母及び子であって、引き続きその被保険者と同一の世帯に属し、主としてその被保険者により生計を維持するものを列挙している。そして、同条ただし書は、「後期高齢者医療の被保険者等である者は、この限りでない」と規定している。

　このことは、「被扶養者の範囲は、①被保険者の直系尊属、配偶者（事実婚を含む）、子、孫および兄弟姉妹であって、主としてその被保険者により生計を維持する者（健保3条7項1号）、②1号以外の被保険者の3親等内の親族で、被保険者と同一の世帯に属し、主としてその被保険者により生計を維持する者（同項2号）、③被保険者の事実上の父母および子であって、その被保険者と同一の世帯に属し、主としてその被保険者により生計を維持する者（同項3号）、④3号の配偶者の死亡後におけるその父母および子であって、引き続きその被保険者と同一の世帯に属し、主としてその被保険者により生計を維持する者（同項4号）である。②ないし④については、生活維持関係の存在に加え、同一の世帯に属することが必要とされる。同一世帯に属するとは、被保険者と住居および家計を共同にすることを意味し、その被保険者が世帯主であることも要しない（昭和15・6・26社発7号、昭和27・6・13保文発3533号）」

（西村外53頁）と説明されている。

　家事に従事することを専業としている者について、その配偶者が労働者であるときは、家事従事者は、その被扶養者として健康保険が適用される（健保3条7項1号）。

②家族療養費・家族移送費

　被扶養者が保険医療機関等において療養を受けたときは、その費用について、家族療養費が支給される（健保110条1項）。家族療養費の額は、被扶養者が6歳以上70歳未満の場合には7割、被扶養者が6歳未満および70歳以上75歳未満の場合は8割である（健保110条2項）。家族療養費については、「法律上、金銭給付の形式を採用しているが、実際は現物給付の形式で給付がなされているため、被扶養者は、医療費の3割または2割の自己負担を医療機関に支払う」（西村外58～59頁）と説明されている。

　また、被扶養者が家族療養費にかかる療養を受けるため、病院等に移送されたときは、家族移送費が支給される（健保112条）。

③被扶養者ではない場合

　家事に従事することを兼業としており、自らも労働者である場合等には、健康保険及び労災保険の被保険者となる（健康保険 ➡ CASE 1 参照 、業務災害 ➡ CASE 2 参照 、通勤災害 ➡ CASE 3 参照 ）。

　また、配偶者が自営業者である場合等には、国民健康保険の被保険者となる。 ➡ CASE 5 参照

3 ▶ 社会保険給付と損害賠償の調整

　治療費等に関する損害賠償と社会保険給付の重複を調整する方法については、家事従事者であるか否かは影響を与えない（健康保険 ➡ CASE 1 参照 、労災保険 ➡ CASE 2 参照 、国民健康保険 ➡ CASE 5 参照 ）。

CASE
8

失業者が、交通事故で負傷した場合の治療費等

1 ▶ 損害賠償額の算定

　治療費等に関する損害賠償額の算定については、失業者であるか労働者であるかは影響を与えない。 → CASE 1 参照

2 ▶ 社会保険の利用

①任意継続被保険者

　健康保険の被保険者は、基本的には労働者であり、常用的な使用関係を前提としている。しかし、失業者であっても、任意継続被保険者として適用対象となる場合がある。

　「任意継続被保険者」とは、適用事業所に使用されなくなったため、または適用除外（健保3条1項ただし書）の要件に該当するにいたり、資格を喪失した者であって、喪失の日の前日まで継続して2か月以上被保険者（日雇特例被保険者、任意継続被保険者又は共済組合の組合員である被保険者を除く。）であったもののうち、被保険者に申し出て、継続して当該保険者の被保険者となった者をいう。ただし、船員保険の被保険者又は後期高齢者医療の被保険者等である者は、この限りでない（健保3条4項）。

　「任意継続被保険者制度は、健康保険よりも国民健康保険の一部負担金負担割合が高かった時代には、大きなメリットを有していた。現在では健保・国保ともに原則3割負担であるため、同制度の利用と国民健康保険加入のいずれが有利かは、保険料額の高低に依ることとなり、一概には言えないものの、国保加入に伴い保険料が相当高額になるような場合、激変緩和措置としての意義はなお残されている」（菊池365頁）。被害者が、任意継続被保険者である場合、健康保険が適用される。 → CASE 1 参照

②任意継続被保険者でない場合

　失業している被害者が任意継続被保険者でない場合は、国民健康保険が適用される可能性が高い。 → CASE 5 参照

3 ▶ 社会保険給付と損害賠償の調整

治療費等に関する損害賠償と医療保険給付の重複を調整する方法については、失業者であるか労働者であるかは影響を与えない（健康保険 **➡ CASE 1 参照**、国民健康保険 **➡ CASE 5 参照**）。

CASE 9 未成年者が、交通事故で負傷した場合の治療費等

1 ▶ 損害賠償額の算定

治療費等に関する損害賠償額の算定については、未成年者であるか労働者であるかは影響を与えない。**➡ CASE 1 参照**

2 ▶ 社会保険の利用

未成年者について、自らは労働者ではなく、親等によって扶養されているときは、健康保険法3条7項1号の被扶養者として健康保険が適用される。**➡ CASE 7 参照**

これに対して、未成年者であっても労働者である場合等には、健康保険及び労災保険の被保険者となる（健康保険 **➡ CASE 1 参照**、業務災害 **➡ CASE 2 参照**、通勤災害 **➡ CASE 3 参照**）。

また、未成年者が自営業者である場合等には、国民健康保険の被保険者となる。**➡ CASE 5 参照**

3 ▶ 社会保険給付と損害賠償の調整

治療費等に関する損害賠償と社会保険給付の重複を調整する方法については、未成年者であるか否かは影響を与えない（健康保険 **➡ CASE 1 参照**、労災保険 **➡ CASE 2 参照**、国民健康保険 **➡ CASE 5 参照**）。

CASE 10　高齢者が、交通事故で負傷した場合の治療費等

1▶ 損害賠償額の算定

治療費等に関する損害賠償額の算定については、高齢者であるか労働者であるかは影響を与えない。●CASE 1 参照

2▶ 社会保険の利用

65歳から74歳までの前期高齢者については、健康保険・労災保険または国民健康保険が適用される（健康保険 ●CASE 1 参照、業務災害 ●CASE 2 参照、通勤災害 ●CASE 3 参照、国民健康保険 ●CASE 5 参照）。

75歳以上の後期高齢者に適用される後期高齢者医療制度における給付の種類は、健康保険及び国民健康保険と基本的に共通である ●POINT 12 参照。具体的には、①療養の給付並びに入院時食事療養費、入院時生活療養費、保険外併用療養費、療養費、訪問看護療養費、特別療養費及び移送費の支給（高齢医療56条1号）、②高額療養費及び高額介護合算療養費の支給（高齢医療56条2号）、③前2号に掲げるもののほか、後期高齢者広域連合の条例で定めるところにより行う給付（高齢医療56条3号）がある。

なお、高齢者であっても労働者である場合には、労災保険の被保険者となる（業務災害 ●CASE 2 参照、通勤災害 ●CASE 3 参照）。

3▶ 社会保険給付と損害賠償の調整

後期高齢者医療給付と損害賠償の重複を調整するために、①被害者が後期高齢者医療給付を先に受けた場合、後期高齢者広域連合は、その給付の価額の限度で、被害者が第三者に対して有する損害賠償請求権を取得する方法（第三者求償。高齢医療58条1項）と、②被害者が損害賠償の支払いを先に受けた場合、後期高齢者広域連合は、その価額の限度で後期高齢者医療給付を行う責めを免れる方法（給付免責。高齢医療58条2項）が規定されている（なお、健康保険 ●CASE 1 参照、労災保険 ●CASE 2 参照、国民健康保険 ●CASE 5 参照）。

2 | 休業損害に対応するもの（傷害・消極損害）

CASE 11 | 労働者が、労災ではない交通事故で負傷した場合の休業損害

1▶ 損害賠償額の算定

　休業損害とは、事故による受傷の治療期間中、受傷及びその治療のため被害者が休業し、あるいは十分な稼動ができなかったために、症状固定日または死亡日までに生じた得べかりし利益のことである。これが認められる期間は、基本的に事故発生時から傷害の治癒または後遺障害の症状固定日または死亡日までの期間である。

　休業損害は、被害者の収入及び休業相当期間を認定して算定しており、主として基礎収入と休業期間が問題となる。この点については、収入を日額に換算し、休業日数を乗じて算出することが多い。

　消極損害のひとつとして逸失利益と同質性を有しているが、休業損害の場合は、実額を算出するという発想がつよく表れる。したがって、事故によって傷害を負ったにもかかわらず、現実の収入減少がない場合には休業損害は否定されるのが原則である。

①基礎収入

　給与所得者とは、会社等と労働契約等を締結して、労働の対価として給与を得ている者である。事故前の収入を基礎として受傷によって休業したことによる現実の収入減少が、休業損害と認められる。休業損害は、完全に就労できない状態あるいは十分に就労できなかったことにより喪失した経済的利益を対象とするから、原則として、事故当時の被害者の現実収入額を基準として算定する。給与所得者は、使用者の作成する休業損害証明書等によって、現実収入額を証明できるのが通例である。

②休 業 期 間

　休業期間として認められるのは、治療期間（事故から症状固定日まで）内に限られる。そして、治療期間内であっても、当然に対象となるわけではなく、傷害の内容・程度、治療過程、被害者が従事している仕事の内容などを勘案して、傷害及びその治療のため休業が必要であったと認められる相当な期間を認定する。

　休業期間が長くなると、労災事故でない場合には被害者が解雇されたり、あるいは退職を勧告され退職せざるを得ないこともあるが、この場合には、その分の損害を検討する。事故による受傷が原因で解雇され、あるいは退職を余儀なくされた場合には、無職状態となった以降も、現実に稼動困難であったであろう期間が休業期間とされる。失業の原因が交通事故であるため、事故により収入を失ったと評価できるからである。そして、健康状態が回復して就労可能になっても、すぐに再就職できるとは限らないことを考慮し、再就職できるようになるまでの相当期間についても休業損害の対象とする。

　被害者が事故により就労できない期間について、有給休暇を請求する場合がある。この場合は給与相当額の手当を得られるから、表面上の収入減少はない。しかし、事故がなければ、その日に有給休暇を取得する必要はなかったのであり、本来自由な目的のために取得できるはずの有給休暇の日数が減少したという意味で、休業損害の対象と認められる。

2 ▶ 社会保険の利用

①傷病手当金の意義

　労働者は、健康保険の被保険者であることが多い ➡ POINT10 参照 。交通事故による受傷についても、健康保険を利用することは可能であるが、利用する際には注意すべき点がある。➡ POINT28 参照

　健康保険法における所得補償を目的とする給付として、傷病手当金がある。これは、被保険者が療養のため労務に服することができなくなった日から起算して4日目以降、標準報酬日額の3分の2相当額を支給するものである。健康保険法99条は、1項で「被保険者（任意継続被保険者を除く…）が療養のため労務に服することができないときは、その労務に服することができなくなった日から起算して3日を経過した日から労務に服することができない期間、傷

病手当金を支給する」、2項本文で「傷病手当金の額は、1日につき、傷病手当金の支給を始める日の属する月以前の直近の継続した12月間の各月の標準報酬月額…を平均した額の30分の1に相当する額…の3分の2に相当する金額…とする」、4項で「傷病手当金の支給期間は、同一の疾病又は負傷及びこれにより発した疾病に関しては、その支給を始めた日から起算して1年6月を超えないものとする」と規定している。

保険給付の支給期間が短いものとして医療保険があり、長いものとして年金保険がある。年金給付が終身にわたって給付されることを原則とし、年額で示されるのに対し、①「傷病手当金（健保法）…は必ずしも終身支払われるとは限らないし、また年額で示されるわけでもない。このため、年金が長期給付…と呼ばれるのに対し、これらの給付は短期給付…と呼ばれることがある」（堀8〜9頁）、②「健保組合が付加給付…を行う場合には、傷病手当金の上乗せや支給期間の延長を行う例が多い」（笠木外223頁）と説明されている。

傷病手当金を請求する場合には、傷病手当金支給申請書等を提出する。

→ FORMAT 6 参照

②傷病手当金の内容

傷病手当金は、労務に服することができない場合に支給される。「労務に服することができるか否かは、必ずしも医学的基準によらず、その被保険者の従事する業務の種別を考え、その本来の業務に堪えうるか否かを標準として社会通念に基づき認定するとの通達がある…昭31・1・19保文発340号」（菊池387頁）。ただし、判例（最判昭和49・5・30民集28巻4号551頁）は、被保険者が本来の職場における労務に就くことが不可能な場合でも、現に職場転換その他の措置により就労可能な程度の他の比較的軽微な労務に服し、これによって相当額の報酬を得ているような場合、傷病手当金の受給要件には該当しないと判示した。

傷病手当金は、「その労務に服することができなくなった日から起算して3日を経過した日」から支給される（健保99条1項）。「この待期期間は、報酬も受けられず、傷病手当金の支給もないが、収入の喪失を犠牲にしてまで病気と偽る者がないよう、詐病防止を趣旨とするものである」（西村外63頁）と説明されている。

傷病手当金の「標準報酬日額の3分の2相当額」については、「私傷病が理

由で労務提供できない場合に、健康保険制度が支払う額です。これは、生きていけるぎりぎりの線とみなされているのでしょう」（嘉納111頁）と説明されている。また、傷病手当金の支給期間は、同一の疾病又は負傷及びこれにより発した疾病に関しては1年6ヵ月を限度としている（健保99条4項）。これは、1年6ヵ月を超えた場合の所得補償については、障害年金による趣旨である。

● CASE 31 参照

②基本手当

休業期間が長くなったことにより、被害者が解雇されたり、退職をした場合等には、雇用保険法に基づく給付を受けられる可能性がある。

基本手当は、受給資格を有する者が失業している日について支給される（雇保15条1項）。雇用保険法において、「離職」とは、被保険者について、事業主との雇用関係が終了することであり（雇保4条2項）、「失業」とは、被保険者が離職し、労働の意思及び能力を有するにもかかわらず、職業に就くことができない状態にあることをいう（雇保4条3項）。ここでは「労働の『意思及び能力』が要件となるため、たとえば、妊娠・出産・育児・介護・大学院進学のための離職や、疾病・負傷等を理由とする離職は原則として給付対象とならない」（菊池272頁）。そのため、交通事故の被害者が基本手当を受給できる場合は、多くはない。

雇用保険法における求職者給付としては、①受給資格者が公共職業安定所長の指示した公共職業訓練等を受ける場合に、その公共職業訓練等を受ける期間について支給される技能習得手当（雇保36条1項）や、②受給資格者が、公共職業安定所長の指示した公共職業安定訓練等を受けるため、その者により生計を維持されている同居の親族と別居して寄宿する場合に支給される寄宿手当（雇保36条2項）等もある。

3 ▶ 社会保険給付と損害賠償の調整

健康保険給付と損害賠償の重複を調整するために、①被害者が健康保険の給付を先に受けた場合、保険者は、その給付の価額の限度で、被害者が第三者に対して有する損害賠償請求権を取得する方法（第三者求償。健保57条1項）と、②被害者が損害賠償の支払いを先に受けた場合、保険者は、その価額の限度で健康保険の給付を行う責を免れる方法（給付免責。健保57条2項）が規定され

ている。 ➔ POINT 47 参照

　これに対して、雇用保険法には、以下のような損害賠償請求権との調整に関する規定がないため、雇用保険給付については、損害賠償との重複は調整されないものと思われる。 ➔ POINT 40 参照

➔ POINT 47 参照
➔ POINT 40 参照

CASE 12 労働者が、業務中の交通事故で負傷した場合の休業損害

1 ▶ 損害賠償額の算定

　休業損害に関する賠償額の算定については、業務中であるか否かは影響を与えない。 ➔ CASE 11 参照

➔ CASE 11 参照

2 ▶ 社会保険の利用

①休業補償給付の意義

　労働基準法76条は、使用者の責任について、1項で「労働者が前条の規定による療養のため、労働することができないために賃金を受けない場合においては、使用者は、労働者の療養中平均賃金の100分の60の休業補償を行わなければならない」と規定している。

　そして、労働者災害補償保険法14条は、上記責任に対応する保険給付として、1項本文で「休業補償給付は、労働者が業務上の負傷又は疾病による療養のため労働することができないために賃金を受けない日の4日目から支給するものとし、その額は、1日につき給付基礎日額の100分の60に相当する額とする」、2項で「休業補償給付を受ける労働者が同一の事由について厚生年金保険法の規定による障害厚生年金又は国民年金法の規定による障害基礎年金を受けることができるときは、当該労働者に支給する休業補償給付の額は、前項の規定にかかわらず、同項の額に別表第1第1号から3号までに規定する場合に応じ、それぞれ同表第1号から3号までの政令で定める率のうち傷病補償年金について定める率を乗じて得た額（その額が政令で定める額を下回る場合には、当該政令で定める額）とする」と規定している。

②休業補償給付の内容

　休業補償給付は、労働者が業務上の傷病により療養のため労働することができないために賃金を受けない日の第4日目から支給される（労災14条1項本文）。ここで「労働することができない」とは、労働者が傷病の直前に従事していた業務に従事できないという意味ではなく、一般的な労働不能を意味する。最初の3日間は待期期間であり、労働基準法による休業補償（労基76条1項）の対象となる。

　休業補償給付の日額は、原則として給付基礎日額の100分の60相当額である（労災14条1項本文）。給付基礎日額とは、労働基準法12条の平均賃金相当額であり（労災8条1項）、平均賃金とは、原則としてこれを算定すべき事由の発生した日以前3ヵ月間にその労働者に対して支払われた賃金の総額を、その期間の総日数で除した金額をいう（労基12条1項）。ただし、所定労働時間の一部分についてのみ労働した場合、給付基礎日額から賃金額を控除した額の100分の60相当額となる（労災14条1項ただし書）。「100分の60相当額」については「60%とは、労働基準法26条の休業手当の額です。企業に帰責事由がない場合にも（天災事変などの場合を除いて）せめて60%だけは企業に負担させようという趣旨です」（嘉納111頁）という指摘が参考になる。

③傷病補償年金

　傷病補償年金は、業務上負傷し、又は疾病（傷病）にかかった労働者が、当該傷病に係る療養開始後1年6ヵ月を経過した日又は同日後において、当該傷病が治っておらず、かつ傷病による障害の程度が厚生労働省令に定める傷病等級（1級ないし3級）の程度に達している場合（労働不能の場合）に支給される（労災12条の8第3項、労災18条1項、別表第1）。労働者災害補償保険法18条は、1項で「傷病補償年金は、12条の8第3項2号の厚生労働省令で定める傷病等級に応じ、別表第1に規定する額とする」、2項で「傷病補償年金を受ける者には、休業補償給付は、行わない」と規定している。

　障害の程度に変更があった場合については、「傷病補償年金を受ける労働者の当該障害の程度に変更があったため、新たに別表第1中の他の傷病等級に該当するに至つた場合には、政府は、厚生労働省令で定めるところにより、新たに該当するに至つた傷病等級に応ずる傷病補償年金を支給するものとし、その後は、従前の傷病補償年金は、支給しない」（労災18条の2）と規定されている。

また、療養の開始後3年を経過した場合については、「業務上負傷し、又は疾病にかかった労働者が、当該負傷又は疾病に係る療養の開始後3年を経過した日において傷病補償年金を受けている場合又は同日後において傷病補償年金を受けることとなつた場合には、労働基準法19条1項の規定の適用については、当該使用者は、それぞれ、当該3年を経過した日又は傷病補償年金を受けることとなつた日において、同法81条の規定により打切補償を支払つたものとみなす」（労災19条）と規定されている。

④休業特別支給金

　交通事故が業務災害であるときは、被害者に対して、休業補償給付金に加えて、「原則として給付基礎日額の20％相当額が休業特別支給金として支給される」（菊池248頁）。そのため、被害者は、給付基礎日額の80％相当額を労災保険から支給されることになる。

　ただし、これは、社会復帰等促進事業（労災29条）の一環として支給されるものであり、保険給付とは性質が異なるため、下記3のとおり損益相殺的な調整の対象ではない。

3 ▶ 社会保険給付と損害賠償の調整

　労災保険給付（上記2①②**休業補償給付金**、及び③**傷病補償年金**）については、損害賠償との重複を調整するために、①被害者が労災保険の給付を先に受けた場合、政府は、その給付の価額の限度で、被害者が第三者に対して有する損害賠償請求権を取得する方法（第三者求償。労災12条の4第1項）と、②被害者が損害賠償の支払いを先に受けた場合、政府は、その価額の限度で労災保険の給付をしないことができる方法（給付免責。労災12条の4第2項）が規定されている。

　これに対して、特別支給金（上記2④**休業特別支給金**）の給付については、損害賠償との重複は調整されない。特別支給金は、被災労働者やその遺族の援護等によりその福祉を増進させるものであり、保険給付とは法的性格が異なるためである。

CASE 13　労働者が、通勤中の交通事故で負傷した場合の休業損害

1 ▶ 損害賠償額の算定

　休業損害に関する賠償額の算定については、通勤中であるか否かは影響を与えない。 → CASE 11 参照

2 ▶ 社会保険の利用

①休 業 給 付

　労働者が通勤中の交通事故で負傷した場合、労災においては「通勤災害」とされる。通勤災害のための休業給付は、使用者の補償責任に基づく業務災害に関する給付と性格を異にするため「補償」の文言は付されていない。しかし、業務災害に関する規定が準用されており、その内容は業務災害に関する給付と共通している。

　労働者災害補償保険法22条の２は、１項で「休業給付は、労働者が通勤による負傷又は疾病に係る療養のため労働することができないために賃金を受けない場合に、当該労働者に対し、その請求に基づいて行なう」、２項で「14条及び14条の２の規定は、休業給付について準用する。この場合において、14条１項中『業務上の』とあるのは『通勤による』と、同条２項中『別表第１第１号から３号までに規定する場合に応じ、それぞれ同表１号から３号までの政令で定める率のうち傷病補償年金について定める率』とあるのは『23条２項において準用する別表第１第１号から３号までに規定する場合に応じ、それぞれ同表１号から３号までの政令で定める率のうち傷病年金について定める率』と読み替えるものとする」、３項で「療養給付を受ける労働者…に支給する休業給付であつて最初に支給すべき事由の生じた日に係るものの額は、前項において準用する14条１項の規定にかかわらず、同項の額から31条２項の厚生労働省令で定める額に相当する額を減じた額とする」と規定している。

②傷 病 年 金

　労働者が通勤中の交通事故で負傷した場合、労災においては「通勤災害」と

される。通勤災害のための傷病年金は、使用者の補償責任に基づく業務災害に関する給付と性格を異にするため「補償」の文言は付されていない。しかし、業務災害に関する規定が準用されており、その内容は業務災害に関する給付と共通している。

　労働者災害補償保険法23条は、1項で「傷病年金は、通勤により負傷し、又は疾病にかかつた労働者が、当該負傷又は疾病に係る療養の開始後1年6箇月を経過した日において次の各号のいずれにも該当するとき、又は同日後次の各号のいずれにも該当することとなったときに、その状態が継続している間、当該労働者に対して支給する」として、(1)当該負傷又は疾病が治っていないこと、(2)当該負傷又は疾病による障害の程度が12条の8第3項2号の厚生労働省令で定める傷病等級に該当することを列挙し、2項で「18条、18条の2及び別表第1（傷病補償年金に係る部分に限る。）の規定は、傷病年金について準用する。この場合において、18条2項中『休業補償給付』とあるのは『休業給付』と、同表中『傷病補償年金』とあるのは『傷病年金』と読み替えるものとする」と規定している。

③休業特別支給金

　交通事故が通勤災害であるときも、業務災害のときと同様に、休業特別支給金が支給される。社会復帰等促進事業は、「被災労働者」すなわち「業務災害及び通勤災害を被った労働者」の円滑な社会復帰を促進するために必要な事業である（労災29条1項1号）。ただし、これは社会復帰等促進事業（労災29条）の一環として支給されるものであり、保険給付とは性質が異なるため、損益相殺的な調整の対象ではない。◯ CASE 12 参照

3 ▶ 社会保険給付と損害賠償の調整

　休業損害に関する損害賠償と労災保険給付の重複を調整する方法については、通勤中であるか業務中であるかは影響を与えない。◯ CASE 12 参照

CASE 14　会社役員が、交通事故で負傷した場合の休業損害

1 ▶ 損害賠償額の算定

　会社役員（株式会社の取締役など）が会社から支払いを受けている報酬を、「役員報酬」という。役員報酬は、会社との委任契約に基づくものであるから、普通の従業員が労働の対価として得る給与とは異なる。役員報酬は就労の対価ではなく、会社経営を委任された受任者としての報酬であるから、交通事故によって就労不能になったとしても、直ちに役員報酬の喪失につながるとは限らない。現実の収入減少が生じた場合、一般的には、労務提供の対価部分は基礎収入として認められるが、利益配当の実質をもつ部分は否定される。これは、利益配当の実質をもつ部分は、就労不能であるか否かによって影響されないと考えられるためである。

　労務提供の対価部分であるか否かは、会社の規模（同族会社か否か）・利益状況、当該役員の地位・職務内容、年齢、役員報酬の額、他の役員・従業員の職務内容と報酬・給料の額（親族役員と非親族役員の報酬額の差異）、事故後の当該役員、他の役員の報酬額の推移、類似法人の役員報酬の支払状況、賃金センサスなどを参考に判断する。実態から一般の労働者と変わりはないとして役員報酬全体を労務提供の対価と認めることや、逆に、労務提供の対価部分はないと判断されることもあるが、多くの事例では、上記要素を総合考慮して、役員報酬中のうち労務の対価といえる部分を適宜認定している。

2 ▶ 社会保険の利用

　会社役員は、会社と委任契約を締結している者であるから、健康保険・労災保険の被保険者ではないとするのが自然であるが、実務上は一定の例外が認められている。 ➡ **CASE 4** 参照

　また、雇用保険においても、「株式会社の代表取締役は雇用される労働者ではないため被保険者とならない。取締役も原則として被保険者としないが、取締役であって、同時に会社の部長、支店長、工場長等従業員としての身分を有

する者（いわゆる兼務役員）は、報酬支払等の面からみても労働者性の強い者であって、雇用関係が認められるものに限り被保険者となる」（西村外224頁）。したがって、会社役員が交通事故で負傷した場合、健康保険・雇用保険・労災保険が適用されることもある（健康保険・雇用保険 **CASE 11 参照**、業務災害 **CASE 12 参照**、通勤災害 **CASE 13 参照**）。

以上に対して、会社役員について労働者性が認められない場合は、国民健康保険が適用される可能性が高い。 **CASE 15 参照**

3 ▶ 社会保険給付と損害賠償の調整

休業損害に関する損害賠償と社会保険給付の重複を調整する方法については、会社役員であるか否かは影響を与えない（健康保険 **CASE 11 参照**、労災保険 **CASE 12 参照**、国民健康保険 **CASE 15 参照**）。

CASE 15 自営業者が、交通事故で負傷した場合の休業損害

1 ▶ 損害賠償額の算定

①基 礎 収 入

自営業者とは、個人名で事業を営んでいる者である。自営業者の基礎収入は、確定申告書の控え（税務署の受領印があるもの）によって認定することが多い。被害者が、所得を申告せず、あるいは過少に申告していたとして、申告外の所得を主張することもあり、その場合には、申告所得額を超える利益を得ていることが証明できるか否かが問題になる。申告外の所得については、その証拠の信用性が乏しい場合が多く、慎重に判断せざるを得ない。

自営業者の申告所得額分だけではなく、経費分を考慮することがある。事業を継続している以上、通常は、休業していても経費はゼロにならない。そこで、休業しても支出せざるを得ない固定経費を認定して、損害として認めることが必要になる。具体的には、店舗などの賃料（契約解除を避けるためには、賃料支払を継続するしかない）、人件費（安易に雇用調整はできない）などが

ある。また、休業を避けるため、代替労働者を確保して営業を継続する場合もあり、これによって収益の悪化が防げたときは、代替労働者の雇用に要した費用を損害額とする。営業を継続しても収益が悪化したときは、代替労働者雇用費用に加えて収益悪化分も損害と認める。ただし、悪化した金額を直接算出するのが困難なため、被害者の休業状態に応じた通常の休業損害額を算出し、代替労働力雇用の費用はその中に含まれると認定する場合もある。

　自営業者の場合、完全休業状態であれば、基礎収入額を休業日数に乗じて金額を算定すれば良いが、長期間にわたって営業を休止することができず、不完全な身体状況でも営業を再開する場合がある。このような場合は、日額に就労不能の程度の比率（いわば労働能力喪失率）を乗じて金額を算出する。

　なお、所得が不明というだけでは、賃金センサスを使うことはできない。損害賠償の本質は「損害のてん補」にあるから、消極損害の認定にあたっては、被害者に現実収入以上の利益を得させないという配慮が必要であり、賃金センサスを用いることによって現実収入以上の利益を得させるような事態を生じさせてはならない。

②休 業 期 間

　休業損害は、現実の収入減少があった場合に認められるのが原則である。しかし、事業の収益状況は、景気動向その他の個別事情の影響を受けるので、事故後の所得減少額が証明されたとしても、それがただちに事故による休業によるものかは判然としない。そのため、通常は、事故前年の確定申告所得額を基礎収入額として、1日あたりの所得額（日額）を休業日数に乗じて休業損害を算定している。

2 ▶ 社会保険の利用

　自営業者は、労働者（被用者）ではないから、国民健康保険によることが多い。ところが、「国保において傷病手当金は任意給付とされており（国保58条2項）、一部の国保組合が実施している…。市町村国保では実施の例はない」（笠木外223頁）。そのため、「零細な個人事業主のもとで就労する労働者は、傷病手当金が支給されないといった問題が生じている」（西村外62頁）。したがって、自営業者が交通事故で負傷し、国民健康保険が適用される場合は、傷病手当金は支給されないことが多い。

ただし、健康保険の被保険者となる「労働者」概念は、実質的に判断される。したがって、自営業者が交通事故で負傷した場合、健康保険が適用されることもある。 →CASE 11 参照

また、労災保険との関係でも、労働者性は実質的に判断され、中小事業主等として特別加入することができる場合がある。したがって、自営業者が交通事故で負傷した場合、労災保険が適用されることもある（業務災害 →CASE 12 参照 、通勤災害 →CASE 13 参照 ）。

3 ▶ 社会保険給付と損害賠償の調整

国民健康保険の給付と損害賠償の重複を調整するために、以下の2つの方法が規定されている（ただし、傷病手当金は任意給付であり、多くの場合には支給されないため損害賠償との調整の必要がない）（なお、健康保険 →CASE 11 参照 、労災保険 →CASE 12 参照 ）。

①第三者求償

被害者が国民健康保険の給付を先に受けた場合、市町村及び組合は、その給付の価額の限度で、被害者が第三者に対して有する損害賠償請求権を取得する（国保64条1項）。

②給付免責

被害者が損害賠償の支払いを先に受けた場合、市町村及び組合は、その価額の限度で国民健康保険の給付を行う責を免れる（国保64条2項）。

CASE 16 短時間労働者が、交通事故で負傷した場合の休業損害

1 ▶ 損害賠償額の算定

休業損害に関する損害賠償額の算定については、短時間労働者であるか否かは影響を与えない。 →CASE 11 参照

2 ▶ 社会保険の利用

　短時間労働者については、健康保険が適用される場合もある。これが適用されないときは、国民健康保険が適用される。いずれの場合であっても、労災保険は適用される。**⊙ CASE 6 参照**

3 ▶ 社会保険給付と損害賠償の調整

　休業損害に関する損害賠償と社会保険給付の重複を調整する方法については、短時間労働者であるか否かは影響を与えない（健康保険 **⊙ CASE 11 参照**、労災保険 **⊙ CASE 12 参照**、国民健康保険 **⊙ CASE 15 参照**）。

CASE 17　家事従事者が、交通事故で負傷した場合の休業損害

1 ▶ 損害賠償額の算定

①基 礎 収 入

　家事従事者とは、性別・年齢を問わず、家庭において家族のために炊事洗濯等の家事労働に従事している者である。家事労働も、家族外の者に頼めば一定の報酬の支払いが必要な業務内容であるから、この場合、家族関係が存在するため、金銭による対価支払いが行われていないと考えられる。これは、本来であれば報酬をもらえる内容の労働を提供しているという意味で、現金収入を得る労働をしているのと同一視できる。このため、現金収入はなくとも、受傷のため家事に従事することができなかった期間につき、休業損害が認められる。家族のための家事労働ができなかった場合、その日額は、賃金センサスの女・学歴計（全年齢）の金額を基礎として算出するのが原則とされている（最判昭和50・7・8交民8巻4号905頁、最判昭和49・7・19民集28巻5号872頁）。男性の家事従事者も存在するが、実際の家事労働に質的・量的な違いが認められない限り、女性の家事労働と同等に評価すべきである。

　パートタイマー、内職などの兼業主婦については、現実の収入額と女性労働

者の平均賃金額のいずれか高い方を基礎として算出する。家事に従事しつつ、パートタイマーとして、あるいは事業によって収入を得ている場合でも、実収入部分を女性平均賃金額に加算しない。家事労働は一日仕事であり、パート収入を得たときには、家事労働の一部をパート（別の労働）に転化したにすぎないからである。

　被害者が交通事故によって受傷し、子の世話ができなくなって保育料が生じたり、高齢者等を介護できなくなって施設利用料が必要になることがある。このような場合、原則として休業損害に含めて評価されているが、被害者は保育や介護だけをしていたわけではないから、家事従事者としての休業損害という評価で足りているか否かは、実態に照らして慎重に判断する必要がある。この点について、別個の損害として認めた裁判例もある（子の保育料等について仙台地判平成19・2・9自保ジ1740号19頁。高齢者の預け費用について横浜地判平成5・9・2交民26巻5号1151頁）。

2 ▶ 社会保険の利用

　被害者が、家事に従事することを専業としており、その配偶者が労働者であるときは、その被扶養者として健康保険が適用される（健保3条7項1号）。しかし、傷病手当金を請求できるのは「被保険者」であり（健保99条1項）、被扶養者は含まれない。

　これに対して、家事従事に従事することを兼業としており、自らも労働者である場合等には、健康保険及び労災保険の被保険者となる（健康保険 ● CASE 11 参照 、業務災害 ● CASE 12 参照 、通勤災害 ● CASE 13 参照 ）。

3 ▶ 社会保険給付と損害賠償の調整

　休業損害に関する損害賠償と社会保険給付の調整が問題になるのは、家事従事者が労働者（健康保険・労災保険の被保険者）である場合に限られる（健康保険 ● CASE 11 参照 、労災保険 ● CASE 12 参照 ）。

CASE 18 失業者が、交通事故で負傷した場合の休業損害

1▶ 損害賠償額の算定

　失業者などの無職者については、休業期間中に労働の対価としての収入を得る可能性が乏しいため、休業損害は認められないことが多い。しかし、労働能力及び労働意欲があり、治療期間中に就労の蓋然性があった場合等には休業損害が認められる。特に治療期間が長期化している事案においては、事故当時に失業していたとはいえ、治療期間中に（交通事故がなくても）就労しなかったとは判断できないとして、休業損害を認める可能性が高くなる。このような場合には、失業前の所得・経歴及び職業、性別・年齢・学歴などを参考にして、その休業損害を算定する。その場合の基礎収入額について賃金センサスを参考にするときには、平均賃金全額ではなく、それを割合的に減額することが多い。そして、休業損害の期間は、交通事故がなければ就労していたであろう時期から、就労不能の終期までとなる。

2▶ 社会保険の利用

①傷病手当金

　健康保険の被保険者は、基本的には労働者であるところ、失業者であっても、任意継続被保険者として適用対象となる場合がある。 ➡ CASE 8 参照

　しかし、被害者が任意継続被保険者であったとしても、傷病手当金は、支給されない。傷病手当金の請求主体である被保険者から「任意継続被保険者を除く」とされているためである（健保99条1項）。

②傷病手当

　失業者が交通事故にあった場合にも、雇用保険法に基づく給付を受けられる可能性はある。

　傷病手当は、受給資格者が離職後公共職業安定所に出頭し、求職の申込みをした後において、疾病又は負傷のために職業に就くことができず基本手当の支給を受けることができない日について支給される（雇保37条）。

3 ▶ 社会保険給付と損害賠償の調整

　休業損害に関する損害賠償と健康保険給付の重複を調整する方法については、失業者であるか労働者であるかは影響を与えない。**→ CASE 11 参照**

CASE 19 未成年者が、交通事故で負傷した場合の治療費等

1 ▶ 損害賠償額の算定

　学生や生徒の場合、就労はしていないので休業損害は原則として認められないが、アルバイトなどの収入があれば認められる。

　治療のため授業が受けられず留年した場合には、卒業・就職が遅れた期間につき損害を算定する。休業損害とは若干性質が異なり、事故による失職の損害と似た面があるが、就職遅れの期間は比較的容易に判断できるから、損害として認められるのが通常である。その場合は、学歴別の初任給に相当する年齢別平均賃金（男女別のもの）を基礎収入とすることが多い。

2 ▶ 社会保険の利用

　未成年者が労働者ではなく、親等によって扶養されているときは、被扶養者として健康保険が適用される（健保３条７項１号）。**→ CASE 17 参照**

　これに対して、未成年者であっても労働者である場合等には、健康保険及び労災保険の被保険者となり、給付を受けられることがある（健康保険 **→ CASE 11 参照**、業務災害 **→ CASE 12 参照**、通勤災害 **→ CASE 13 参照**）。

3 ▶ 社会保険給付と損害賠償の調整

　休業損害に関する損害賠償と社会保険給付の調整が問題になるのは、未成年者が労働者（健康保険・労災保険の被保険者）である場合に限られる（健康保険 **→ CASE 11 参照**、労災保険 **→ CASE 12 参照**）。

CASE 20　高齢者が、交通事故で負傷した場合の治療費等

1 ▶ 損害賠償額の算定

高齢者であっても労働者であるときは、休業損害が認められる。
CASE 11 参照

年金生活者など収入のない者については、休業期間中に労働の対価としての収入を得る可能性が乏しいため、通常は休業損害は認められない。しかし、労働能力及び労働意欲があり、治療期間中に就労の蓋然性があった場合には休業損害が認められる場合がある。

高齢者が家事従事者である場合には、その基礎収入額として、全年齢平均ではなく、年齢別平均賃金を採用する場合がある。子も独立して家事労働の負担が軽くなり、また、体力の衰えにより現実に家事労働の量を十分にこなせないと判断されることなどから、未成熟子等のための家事労働に従事する場合と同程度に評価することに疑問があるためである。

2 ▶ 社会保険の利用

65歳から74歳までの前期高齢者については、健康保険・労災保険または国民健康保険が適用される（健康保険 **CASE 11 参照**、業務災害 **CASE 12 参照**、通勤災害 **CASE 13 参照**、国民健康保険 **CASE 15 参照**）。

75歳以上の後期高齢者については、後期高齢者医療制度が適用される。その給付の種類は、健康保険及び国民健康保険と基本的に共通である **POINT 12 参照**。ただし、「後期高齢者医療では…家族療養費がなく、また…傷病手当金もない」（今泉530頁）と指摘されている。

3 ▶ 社会保険給付と損害賠償の調整

休業損害に関する損害賠償と社会保険給付の調整が問題になるのは、高齢者が労働者（健康保険・労災保険の被保険者）である場合に限られる（健康保険 **CASE 11 参照**、労災保険 **CASE 12 参照**）。

第**2**章

症状固定後における社会保険の利用

1 介護費用等に対応するもの（後遺障害・積極損害）

CASE 21
労働者が、労災ではない交通事故で後遺障害ある場合の介護費用等

1▶ 損害賠償額の算定

①後遺障害の事前認定

　交通事故による後遺障害は、自賠責保険における後遺障害等級表を基礎として判断されている。そのため、後遺障害の可能性がある場合には、症状が固定するのを待って、自賠責の事前認定を受ける必要がある。「事前認定」とは、任意保険会社が、自賠責保険会社に後遺障害等級認定を受けることをいう。事前認定は、一括払いに先立ち自賠責保険の認定を受けることであるから、後遺障害等級認定に限らず、治療関係費の必要性・相当性などが問題となる場合、因果関係が問題となる場合など、任意保険が、将来的に自賠責保険からの求償を確保できるかどうか問題となりそうな場合には事前認定が実施されている。

　自賠責保険の支払いは、後遺障害等級によって上限が決まっているから、自賠責保険から支払いを受ける場合は、自賠責保険の後遺障害等級認定を受けることが必要である。被害者が、自賠責保険の後遺障害の等級認定を受けるに

は、直接、自賠責保険会社に被害者請求する方法と、一括払いを行う任意保険会社を通じて受ける方法とがある。

②後遺障害等級表

　後遺障害等級表とは、自動車損害賠償保障法施行令2条に関して定められている別表第1と別表第2のことである。別表第1は1級と2級、別表第2は1級から14級までを規定している。

　後遺障害について、別表第1は「介護を要する後遺障害」、別表第2は「後遺障害」を定める。別表第1の1級は「常に介護を要するものの」、別表第1の2級は「随時介護を要するもの」である。同じ1級、2級でも、別表第2では介護についての記載はない。別表第1と別表第2は、定型的に、常時介護ないし随時介護を要すると認められる後遺障害であるか否かで区分されている。介護費用は高額であるから、保険金額（上限額）も、介護を要する別表第1は1級4000万円、2級3000万円であるのに対し、別表第2は1級3000万円、2級2590万円と低くなっている。

　自賠責保険の後遺障害等級認定は、労災保険のそれに準ずるとされており、労災保険の後遺障害等級認定基準（以下「認定基準」という）によって判断される。認定基準では、まず労働能力喪失の程度を先に判断して、これが100％喪失したとされる場合に初めて介護・監視（看視）の要否を判断するとしている。しかし、被害者の労働能力喪失が100％喪失したかどうかと、介護・介助を必要とするかどうかは論理必然の関係ではない。そのため、認定基準で後遺障害等級3級以下とされた被害者について介護費用を認定する裁判例も少なくない（赤い本2020上15頁）。

　このような労働能力喪失率と介護の要否との食い違いは、民事交通事故損害賠償の実務において、いわゆる「外傷による高次脳機能障害」の実態に対する認識の深まりとともに積極的に検討されるようになった。

③高次脳機能障害

　外傷による高次脳機能障害とは、事故直後の画像（CT、MRIなど）からは明確な異常所見が見られず、頭部外傷について治癒の診断を受けて社会復帰したにもかかわらず、全般的な認知障害（記憶・記銘力障害、集中力障害、遂行機能障害、判断力低下、病識失認など）や人格変化・性格変化（感情易変、不機嫌、攻撃世知、暴行・暴力、幼稚、羞恥心の低下、多弁、自発性・活動性の

低下、病的嫉妬・ねたみ、被害妄想など）が残存したものをいう。

　かつての認定基準は、被害者の生存のために必要な食事・排泄・入浴などの日常生活動作（ADL）の自立の程度を参考として将来介護の要否と程度を判断していたが、その後の認定基準の改定で高次脳機能障害の認定基準が導入されたのに伴い、現在は「監視」（看視）の要否と程度も含めて要介護状態を判断するものとなっている。例えば、日常生活動作（ADL）については自立、ないしはほぼ自立している被害者であって、記憶障害や遂行機能障害等が残存している場合は、どのようなタイミングでその行為をすべきかを判断する能力が十分でないため、単独では適切な行動ができない場合もある。そのような被害者に対しては、周囲の者が適切なタイミングで適切な行動をするよう声がけをしたり、不適切な行為に及ばないよう看視することにより、生活や就労を適切に行うことが可能になる場合がある。このように適切な行動を行わせるための声かけや看視を中心とする介護は、身体介護を中心とする「介護的付添」と区別して「看視（監視）的付添」と呼ばれる。

　高次脳機能障害に関する障害等級が３級以下で、将来介護費を認める裁判例が多数現れており、同障害に関する等級が５級・７級の場合にも、下肢にほかの障害があるときなどに将来介護費を認める事例もある。蛭川明彦「後遺障害等級３級以下に相当する後遺障害を有する者に係る介護費用及び家屋改造費について」（赤い本2007下209頁）は、３級以下に相当する後遺障害で将来介護費を認めた事例として最も多いのは高次脳機能障害であり、脊髄損傷に関すると思われるもの、下肢欠損ないし下肢機能障害に関するものも多く見られた、と裁判例の傾向を分析している。

④将来介護費の計算式

　重度の後遺障害が残存し、生涯にわたり他者による付添いや介護・介助を必要とする被害者に対しては、将来の積極損害である「将来介護費」が損害として認められる。一般的には、自賠責保険の後遺障害等級認定において介護を必要とするとされた場合（別表第１の１級・２級）に認められているが、最近は被害者の具体的な障害の内容を検討して、別表第１以外の後遺障害等級の場合にも将来介護の必要性を認める裁判例がある（赤い本2020上31頁）。

⑤将来介護費の日額

　職業付添人による介護（職業介護）については、実費全額が基本となる。し

かし、実際には、介護保険制度の開始などによる介護ビジネス単価の将来的な変動の可能性などから、損害算定時に実際にかかっている費用（ないしは見積書により立証された費用）より控え目な金額を日額として、将来介護費を算定する例もある。

　近親者介護については、8000円（赤い本2020上24頁）、8000 ～ 9000円（青本19頁）が基本とされている。これらの基準は、近親者付添人による日額を職業付添人の費用を割り引いた金額としている。その理由は、職業付添人の費用には利益（利潤）部分が含まれていること、プロの専門家によるサービスと肉親の情からのサービスとの間には性質、内容に違いがあるのは否定できないことにある。

　現在では近親者が介護している被害者について、その近親者が高齢になって介護ができなくなった後は職業付添人の介護を依頼せざるをえない。また、現在は施設に入所して介護を受けているとしても、生涯、その施設にいられるのかは確実でないこともある。このような、将来にわたる介護体制が変更される可能性をふまえて、将来介護費の日額を期間によって変更する裁判例もある（横浜地判平成20・4・28交民41巻2号534頁、横浜地判平成20・3・28自保ジ1748号10頁）。

⑥将来介護費における余命期間

　将来費用の認定において、被害者の生涯にわたる損害の発生が認められた場合の期間は、厚生労働省大臣官房統計情報部編の公表する「簡易生命表」に示された当該年齢・男女別ごとの「平均余命」によって認定されている（簡易生命表について、赤い本2020上420 ～ 423頁）。

　現在の損害賠償実務では、将来にわたり発生する損害も一時金（一括払い）で賠償するのが通常である。この場合、将来にわたり発生するであろう損害を現在受け取ったことによる利得を被害者に生じさせないために、公平の観点から、当該損害が発生するであろう時点までの期間について中間利息を控除している。赤い本2020上428 ～ 433頁には、中間利息控除計算の資料として「現価表」と「年金現価表」の2種類が紹介されている。「現価表」は、『○年後の××円を現在受け取る場合』に用いる。これに対して、「年金現価表」は、『年払いで××円を○年間受け取る場合』の計算に使う。令和2年4月1日以降は、この点についても後遺障害逸失利益等と同様に、債権法改正によって中間利息

控除（当初利率３％とする緩やかな変動制）の規律が変更されたことの影響を検討する必要がある。 ➡ POINT 15 参照

⑦ 被害者が死亡した場合の将来介護費

交通事故と死亡との間に相当因果関係が認められる場合は、死亡事故として損害を算定する。

これに対して、交通事故と無関係の（相当因果関係のない）原因により被害者が死亡した場合には、死亡した以降は損害が発生しないという見解（切断説）と、被害者の死亡という事実にかかわらず損害は発生するという見解（継続説）が対立している。判例は、損害項目の性質に応じて判断しており、積極損害（将来の介護費等）については切断説を採用した。その理由は「被害者が死亡すれば、その時点以降の介護は不要となるのであるから、もはや介護費用の賠償を命ずべき理由はなく、その費用をなお加害者に負担させることは、被害者ないしその遺族に根拠のない利得を与える結果となり、かえって衡平の理念に反すること」にある（最判平成11・12・20民集53巻9号2038頁）。

⑧ 将来の装具・器具等購入費、自動車・自宅の改造費

義足や歩行のための装具を必要とする後遺障害が残存した場合など、後遺障害の内容や程度によっては将来分の費用も認められる場合がある。その場合、その装具・器具の耐用年数などから将来にわたり買い換えを必要とする回数、時期を検討して損害額を算定する。

家屋・自動車の改造費等については、ホームエレベーターを設置した場合のメンテナンスなど改造した設備には一定期間ごとの交換が必要になることや、自動車の買換えが必要となるごとに改造費も必要となることがある。このような将来の費用も、必要かつ相当な範囲で損害と認められる。

⑨ 成年後見制度利用の費用

交通事故により、被害者に重度の精神障害が残存した場合は、そのままでは被害者自ら法律行為である損害賠償請求や示談契約の締結を行うことはできず、これらの法律行為の弁護士への委任契約もできない。そのような場合に、被害者を被後見人として後見開始の審判（民7条）を申立て、家庭裁判所により近親者などを成年後見人に選任する審判をしてもらって、その後見人が示談交渉や弁護士への依頼（委任）を行う必要がある。

成年後見制度とは、精神の障害によって判断能力が不十分な状態にあるた

め、契約締結や損害賠償請求などの法律行為が困難となった人について、後見人等が判断能力の不足を補うことにより本人を保護しようとする制度である。このような場合の成年後見審判の申立関係費用は、事故と相当因果関係のある損害と認められる（東京地判平成19・2・14交民40巻1号213頁ほか）。なお、申立手続費用（申立手数料、登記費用、予納郵券等）、鑑定費用、申立手続を弁護士に委任した場合における弁護士の費用、後見人報酬及び後見監督人報酬等については、小河原寧裁判官の講演「交通事故の被害者に成年後見人が選任された場合に伴う諸問題」（赤い本2012下5頁）が参考になる。

2 ▶ 社会保険の利用

　介護保険においては、医療保険等と異なり、労働者であるか否かによっては区別されない。介護保険の被保険者は、①第1号被保険者（町村の区域内に住所を有する65歳以上の者。介保9条1号）と、②第2号被保険者（市町村の区域内に住所を有する40歳以上65歳未満の医療保険加入者。介保9条2号）である。

➡ POINT 31 参照

　介護保険の給付には、①被保険者の要介護状態に関する給付（介護給付）、②被保険者の要支援状態に関する給付（予防給付）、及び③要介護状態の軽減又は悪化の防止に資する給付として条例で定めるもの（市町村特別給付）の3種類がある（介保18条）。

　介護保険法40条は、「介護給付は、次に掲げる保険給付とする」として、(1)居宅介護サービス費の支給、(2)特例居宅介護サービス費の支給、(3)地域密着型介護サービス費の支給、(4)特例地域密着型介護サービス費の支給、(5)居宅介護福祉用具購入費の支給、(6)居宅介護住宅改修費の支給、(7)居宅介護サービス計画費の支給、(8)特例居宅介護サービス計画費の支給、(9)施設介護サービス費の支給、(10)特例施設介護サービス費の支給、(11)高額介護サービス費の支給、(11の2)高額医療合算介護サービス費の支給、(12)特定入所者介護サービス費の支給、(13)特例特定入所者介護サービス費の支給、を規定している。

　交通事故と介護保険の関係については、「調整の対象となるのは、被害者が交通事故によって要支援・要介護状態（要支援は2区分、要介護は5区分されていて、最重度は要介護5である）になった場合と介護度が上がった場合の介護保険給付である。ただし、介護保険給付を受けられるのは、2号被保険者は

加齢に起因する特定疾病を給付原因とするので、1号被保険者に限るというのが行政解釈である」（今泉533頁）という指摘もある。ここにいう「1号被保険者」は65歳以上の者であるから **➡ POINT 31 参照**、この指摘によると介護保険が使えるのは高齢者に限られることになる。

3 ▶ 社会保険給付と損害賠償の調整

　介護保険給付と損害賠償の重複を調整するために、①被害者が介護保険の給付を先に受けた場合、市町村は、その給付の価額の限度で、被害者が第三者に対して有する損害賠償請求権を取得する方法（第三者求償。介保21条1項）と、②被害者が損害賠償の支払いを先に受けた場合、市町村は、その価額の限度で介護保険の給付を行う責を免れる方法（給付免責。介保21条2項）が規定されている。

CASE 22 労働者が、業務中の交通事故で後遺障害ある場合の介護費用等

1 ▶ 損害賠償額の算定

　将来介護費等に関する損害賠償額の算定については、業務中であるか否かは影響を与えない。**➡ CASE 21 参照**

2 ▶ 社会保険の利用

　労働者が業務中の交通事故で負傷した場合、業務災害として、労災保険が適用される。**➡ CASE 2 参照**

　業務災害のための介護補償給付は、障害補償年金又は傷病補償年金を受ける権利を有する労働者が、その受ける権利を有する障害補償年金又は傷病補償年金の支給事由となる障害であって厚生労働省令で定める程度のものにより、常時又は随時介護を要する状態にあり、かつ常時又は随時介護を受けているときに、当該介護を受けている間、当該労働者の請求に基づいて行われる（労災12条の8第4項）。

介護補償給付を請求する場合には、介護補償給付支給請求書等を提出する。
➡ **FORMAT 10** 参照

　労働者災害補償保険法19条の２は、「介護補償給付は、月を単位として支給するものとし、その月額は、常時又は随時介護を受ける場合に通常要する費用を考慮して厚生労働大臣が定める額とする」と規定している。

3 ▶ 社会保険給付と損害賠償の調整

　労災保険給付と損害賠償の重複を調整するために、①被害者が労災保険の給付を先に受けた場合、政府は、その給付の価額の限度で、被害者が第三者に対して有する損害賠償請求権を取得する方法（第三者求償。労災12条の４第１項）と、被害者が損害賠償の支払いを先に受けた場合、政府は、その価額の限度で労災の給付をしないことができる方法（給付免責。労災12条の４第２項）が規定されている。

CASE 23　労働者が、通勤中の交通事故で後遺障害ある場合の介護費用等

1 ▶ 損害賠償額の算定

　将来介護費等に関する損害賠償額の算定については、通勤中であるか否かは影響を与えない。➡ **CASE 21** 参照

2 ▶ 社会保険の利用

　労働者が業務中の交通事故で負傷した場合、通勤災害として、労働者災害補償保険法が適用される。➡ **CASE 3** 参照

　通勤災害のための介護給付は、使用者の補償責任に基づく給付とは性格を異にするため「補償」の文言がないものの、業務災害に関する規定（労災19条の２）が準用されているから、基本的に業務災害に関する給付と共通である。
➡ **CASE 22** 参照

　労働者災害補償保険法24条は、１項で「介護給付は、障害年金又は傷病年

金を受ける権利を有する労働者が、その受ける権利を有する障害年金又は傷病年金の支給事由となる障害であつて12条の8第4項の厚生労働省令で定める程度のものにより、常時又は随時介護を要する状態にあり、かつ、常時又は随時介護を受けているときに、当該介護を受けている間(次に掲げる間を除く。)、当該労働者に対し、その請求に基づいて行う」として、(1)障害者支援施設に入所している間（生活介護を受けている場合に限る。)、(2)12条の8第4項2号の厚生労働大臣が定める施設に入所している間、(3)病院又は診療所に入院している間を列挙し、2項で「19条の2の規定は、介護給付について準用する」と規定している。

3 ▶ 社会保険給付と損害賠償の調整

　将来介護費等に関する損害賠償と労災保険給付の重複を調整する方法については、通勤中であるか業務中であるかは影響を与えない。 → CASE 22 参照

CASE 24 会社役員が、交通事故で後遺障害ある場合の介護費用等

1 ▶ 損害賠償額の算定

　将来介護費等に関する損害賠償額の算定については、会社役員であるか労働者であるかは影響を与えない。 → CASE 21 参照

2 ▶ 社会保険の利用

　介護保険については、会社役員であるか労働者であるかは影響を与えない。
→ CASE 21 参照

　また、労災保険の被保険者は、基本的には労働者であり、常用的な使用関係を前提としている。会社役員は経営者であり、会社との関係は委任であるから、労災保険は当然には適用されない。しかし、労働者性は実質的に判断されており、「法令、定款等の規定に基づく業務執行権がなく、工場長、部長等の職にあり、業務執行権を有する取締役等の指揮、監督を受けて業務に従事し、

その対償として賃金を受けている者は、原則として労働者として取り扱う（昭和34・1・26基発48号）」（西村外180〜181頁）。また、特別加入が認められる中小事業主等には「事業主が法人その他の団体であるときは、代表者」も含まれる（労災33条1項1号）。したがって、会社役員が交通事故で負傷した場合、労災保険が適用されることがある（業務災害 ● CASE 22 参照 、通勤災害 ● CASE 23 参照 ）。

3 ▶ 社会保険給付と損害賠償の調整

　将来介護費等に関する損害賠償と社会保険給付の重複を調整する方法については、会社役員であるか否かは影響を与えない（介護保険 ● CASE 21 参照 、労災保険 ● CASE 22 参照 ）。

CASE 25　自営業者が、交通事故で後遺障害ある場合の介護費用等

1 ▶ 損害賠償額の算定

　将来介護費等に関する損害賠償額の算定については、自営業者であるか労働者であるかは影響を与えない。● CASE 21 参照

2 ▶ 社会保険の利用

　介護保険については、自営業者であるか労働者であるかは影響を与えない。● CASE 21 参照

　また、労災保険の被保険者は、基本的には労働者であり、常用的な使用関係を前提としている。自営業者は経営者であるから、労災は当然には適用されない。しかし、労働者性は実質的に判断されており、自営業者であっても労働者と判断される場合がある。また、「特定の業種で一定規模の自営業者は…特別加入制度により労災の適用を受けることができる」（西村外180頁）。すなわち、厚生労働省令で定める数以下の労働者を使用する事業（特定事業）の事業主で「労働保険事務組合…に…労働保険事務の処理を委託するものである者」（労災

33条1項1号）は、中小事業主等として労災に特別加入することができる。これは、「本来…労働者ではない事業主、自営業者、家族従事者等は保護の対象にならないが、業務の実態や災害の発生状況から、一般労働者と同じように保護することが適当な場合がある」（西村外182頁）として、昭和40年に創設された制度である。したがって、自営業者が交通事故で負傷した場合、労災保険が適用されることもある（業務災害 ➡ CASE 22 参照、通勤災害 ➡ CASE 23 参照）。

3 ▶ 社会保険給付と損害賠償の調整

将来介護費等に関する損害賠償と社会保険給付の重複を調整する方法については、自営業者であるか否かは影響を与えない（介護保険 ➡ CASE 21 参照、労災保険 ➡ CASE 22 参照）。

CASE 26

短時間労働者が、交通事故で後遺障害ある場合の介護費用等

1 ▶ 損害賠償額の算定

将来介護費等に関する損害賠償額の算定については、短時間労働者であるか否かは影響を与えない。➡ CASE 21 参照

2 ▶ 社会保険の利用

介護保険については、短時間労働者であるか否かは影響を与えない。➡ CASE 21 参照

また、短時間労働者も、労災保険の被保険者である ➡ CASE 6 参照。そのため、労災保険が適用される（業務災害 ➡ CASE 22 参照、通勤災害 ➡ CASE 23 参照）。

3 ▶ 社会保険給付と損害賠償の調整

将来介護費等に関する損害賠償と社会保険給付の重複を調整する方法については、短時間労働者であるか否かは影響を与えない（介護保険 ➡ CASE 21 参照、労災保険 ➡ CASE 22 参照）。

CASE 27　家事従事者が、交通事故で 後遺障害ある場合の介護費用等

1 ▶ 損害賠償額の算定

　将来介護費等に関する損害賠償額の算定については、家事従事者であるか労働者であるかは影響を与えない。 ⊖ CASE 21 参照

2 ▶ 社会保険の利用

　介護保険については、家事従事者であるか労働者であるかは影響を与えない。 ⊖ CASE 21 参照

　なお、家事従事に従事することを兼業としており、自らも労働者である場合には、労災保険の被保険者となる（業務災害 ⊖ CASE 22 参照 、通勤災害 ⊖ CASE 23 参照 ）。

3 ▶ 社会保険給付と損害賠償の調整

　将来介護費等に関する損害賠償と社会保険給付の重複を調整する方法については、家事従事者であるか否かは影響を与えない（介護保険 ⊖ CASE 21 参照 、労災 ⊖ CASE 22 参照 ）。

CASE 28　失業者が、交通事故で後遺障害ある場合 の介護費用等

1 ▶ 損害賠償額の算定

　将来介護費等に関する損害賠償額の算定については、失業者であるか労働者であるかは影響を与えない。 ⊖ CASE 21 参照

2 ▶ 社会保険の利用

介護保険については、失業者であるか労働者であるかは影響を与えない。
→ CASE 21 参照

3 ▶ 社会保険給付と損害賠償の調整

将来介護費等に関する損害賠償と介護保険給付の重複を調整する方法については、失業者であるか労働者であるかは影響を与えない。 → CASE 21 参照

CASE 29 未成年者が、交通事故で後遺障害ある場合の介護費用等

1 ▶ 損害賠償額の算定

将来介護費等に関する損害賠償額の算定については、未成年者であるか労働者であるかは影響を与えない。 → CASE 21 参照

2 ▶ 社会保険の利用

介護保険の被保険者は、①第1号被保険者（市町村の区域内に住所を有する65歳以上の者。介保9条1号）と、②第2号被保険者（市町村の区域内に住所を有する40歳以上65歳未満の医療保険加入者。介保9条2号）である → CASE 21 参照 。したがって、未成年者には介護保険は給付されない。

未成年者であっても労働者である場合には、労災保険の被保険者となる（業務災害 → CASE 22 参照 、通勤災害 → CASE 23 参照 ）。

3 ▶ 社会保険給付と損害賠償の調整

将来介護費等に関する損害賠償と労災保険給付の重複を調整する方法については、未成年者であるか否かは影響を与えない。 → CASE 22 参照

CASE 30　高齢者が、交通事故で後遺障害ある場合の介護費用等

1 ▶ 損害賠償額の算定

将来介護費等に関する損害賠償額の算定については、高齢者であるか労働者であるかは影響を与えない。 ⮕ CASE 21 参照

2 ▶ 社会保険の利用

介護保険の被保険者は、①第1号被保険者（市町村の区域内に住所を有する65歳以上の者。介保9条1号）と、②第2号被保険者（市町村の区域内に住所を有する40歳以上65歳未満の医療保険加入者。介保9条2号）である ⮕ CASE 21 参照 。したがって、高齢者は第1号被保険者であり、介護保険が適用される。

なお、高齢者であっても労働者である場合には、労災保険の被保険者となる（業務災害 ⮕ CASE 22 参照 、通勤災害 ⮕ CASE 23 参照 ）。

3 ▶ 社会保険給付と損害賠償の調整

将来介護費等に関する損害賠償と社会保険給付の重複を調整する方法については、高齢者であるか否かは影響を与えない（介護保険 ⮕ CASE 21 参照 、労災保険 ⮕ CASE 22 参照 ）。

2 後遺障害逸失利益に対応するもの（後遺障害・消極損害）

CASE 31 労働者が、労災ではない交通事故で後遺障害ある場合の逸失利益

1▶ 損害賠償額の算定

　後遺障害逸失利益は、事故による受傷を治療したものの症状固定時に障害が残り、それにより将来にわたって得ることができたはずの収入（利益）を得ることができなくなったという損害である。「逸失利益」の算定においては、労働能力の低下の程度、収入の変化、将来の昇進・転職・失業などの不利益の可能性、日常生活上の不便などを考慮する。判例は、「逸失利益の額は、交通事故当時における被害者の年齢、職業、健康状態等の個別要素と平均稼働年数、平均余命等に関する統計資料から導かれる就労可能期間に基づいて算定すべき」という（最判平成8・4・25交民29巻2号302頁）。

　後遺障害逸失利益については、死亡逸失利益とは異なり、生活費を控除しないのが原則である。生活費控除は、死亡した場合に生活費がかからなくなるということを根拠とするところ、後遺障害の場合は、被害者が生存しており、生活費は依然として必要だからである。

①基礎収入（休業損害との異同）

　逸失利益算定の基礎となる収入は、原則として、事故前の現実収入を基礎とする。この点は、休業損害算定の場合と同様である。しかし、休業損害が比較的短期間の収入減少を対象とするのに対し、逸失利益は、将来にわたる収入減少の見込みに対するものである。そのため、事故前の現実収入を超える収入を得られる見込みについて立証があれば、その金額が基礎収入となる。例えば、昇級が見込める場合には、それを立証できれば、期間を区分して基礎収入額を上昇させて計算し、その合計額を算出する。昇級の見込みは、企業内に昇級規定などが整備されており、運用実績が確実であれば認められる。また、ほかの

同僚たちの昇格実績、被害者本人の将来の有望性などを確実に立証することができれば、昇格による分も認められる可能性がある。

　また、現実収入額が賃金センサスの平均賃金を下回っていても、将来、平均賃金程度の収入を得られる蓋然性があれば、平均賃金を基礎収入として算定することが認められる。賃金センサスとは、賃金に関する一般化・抽象化した統計上の数値のことである。実際の金額については、賃金センサス平成30年第1巻第1表（抜粋）・年収額付及び賃金センサス年収額表（平成25年～平成30年）が参考になる（赤い本2020上424～427頁）。

　逸失利益の場合は、将来にわたる比較的永続的な得べかりし所得の損失をてん補するという性質があり、将来の所得見込みを合理的に推定するという意味で、休業損害よりは、賃金センサスを用いることに合理性が認められる場面が多い。例えば、就労後間もない若年労働者については、長期間におよぶ逸失利益を推認するという性質上、事故後の現実の所得を基準とするのは不合理と認められる。つまり、若年労働者は、通常は収入額が低いから、事故時の現実収入額で計算したのでは、被害者に酷な結果となる。また、学生などの計算方法（全年齢の労働者の平均賃金額で計算。）と比較した場合、既に社会で稼働し実績を上げている被害者の方が、逸失利益が少なめになるという不合理な結果となる。どの年齢までを若年労働者とするかについて、東京地裁・大阪地裁・名古屋地裁「交通事故による逸失利益の算定方式についての共同提言」は、おおむね30歳未満としている（判時1692号162頁、赤い本2000・255頁）。その根拠は、この年齢層を超えると平均的収入額は全年齢平均値以上になることにある。このことは、「いまは収入が低いが、それは若いからであり、人生全体でみれば平均的な労働者と同程度の収入が得られたはず」という主張が認められるのは、30歳未満までということを意味する。

②退 職 金

　死亡事案と異なり、後遺障害事案においては、退職金の差額を請求する場合は少ない。このような損害を認定する前提として、定年まで事故時の企業に在職し、なおかつ退職時点で事故があった場合となかった場合とで、明確な退職金額の差があることを立証することが困難だからである。

③労働能力喪失率

　「後遺障害による逸失利益」については、死亡逸失利益と異なり、労働能力

喪失率という数値を使う。

　被害者に後遺障害があるとして、そのために被害者の将来の収入がどれだけ減少するかということは、簡単にはわからない。判例（最判昭和42・11・10判時505号35頁）は、労働省労働基準局長通牒（昭和32・7・2基発第551号）別表・労働能力喪失率表の記載された「労働能力喪失率が有力な資料となることは否定できない」とした。これを受けて、現在の実務では、後遺障害等級が認定された場合、通常は、この喪失率表を参考とし、後遺障害等級表に応じた労働能力喪失率を認めている。ただし、この点は機械的に判断できない場合も少なくない。労働能力の低下の程度については、具体的事案に応じて、被害者の職業、年齢、性別、後遺障害の部位、程度、事故前後の稼働状況などを総合して判断する。

④労働能力喪失期間

　労働能力喪失期間の始期は、症状固定日が原則である。未就労者の就労の始期については原則18歳とするが、大学卒業を前提とする場合は大学卒業時とする。大卒の平均賃金を使用するときは、大学卒業予定時（早くとも22歳）から67歳までの期間について算定するため、4年分以上稼働期間が少なくなる（22歳として45年間）。このため、大学進学を前提とすると金額が少なくなる場合があることに注意が必要である。

　労働能力喪失期間の終期は、現時点では、原則として67歳までとされている。ただし、後遺障害等級12級13号、及び同14級9号の各神経症状については、症状がその労働能力に影響を与える期間を考えて、年数をやや制限的に認定している場合が多い。むち打ち症の場合は、12級で5年から10年程度、14級で5年以下に制限する例が多く見られる。これは、むち打ち症の場合は、改善の可能性があり、また、被害者の訴えるほど実際に支障があるかどうかを確信できないことや心因性の症状が混在している可能性が高いことなどから、控えめに評価しようという実務慣行に基づく取扱いである。

　また、定年制の有無にも注意する必要がある。全労働者平均賃金額程度の収入にとどまる場合は、定年制を無視して満67歳までの事故時の現実収入額を基に損害算定しても不都合は少ないとしても、年齢相応の高い水準の収入額を得ている場合に、その収入が定年後まで続くという想定には無理がある。そこで、定年までは事故時の収入額で、その後は賃金センサスの年齢別平均賃金額

（60 〜 64歳、65 〜 69歳、あるいは70歳以上の平均賃金額）で計算するなどして、実態に合わせる配慮が必要になる。

⑤中間利息の控除

逸失利益は、将来長期間にわたって取得するはずであった利益を現在の一時金で支給するため、中間利息を控除して算定する。この点については、債権法改正の影響に注意する必要がある。**➡ POINT 22 参照**

⑤被害者の死亡

消極損害は、交通事故の時に一定の内容のものとして発生しているから、交通事故の後に生じた事由によっては左右されないのが原則である。事故により負傷し、治療をしていた期間中の被害者が、事故と相当因果関係のない事由で死亡した場合、近い将来における死亡が客観的に予測されていたなどの特段の事情がない限り、後遺障害逸失利益は否定されない。

判例（最判平成8・4・25民集50巻5号1221頁）は、後遺障害が残存した被害者が事故と相当因果関係のない事由で死亡した場合の逸失利益の算定について、「交通事故の時点で、その死亡の原因となる具体的事由が存在し、近い将来における死亡が客観的に予測されていたなどの特段の事情がない限り、…死亡の事実は就労可能期間の認定上考慮すべきものではない」とした。その理由は、「労働能力の一部喪失による損害は、交通事故の時に一定の内容のものとして発生しているのであるから、交通事故の後に生じた事由によってその内容に消長を来すものではなく、その逸失利益の額は、交通事故当時における被害者の年齢、職業、健康状態等の個別要素と平均稼働年数、平均余命等に関する統計資料から導かれる就労可能期間に基づいて算定すべき」という点にある。

2 ▶ 社会保険の利用

①労 働 者

厚生年金の被保険者は、基本的に「適用事業所に使用される70歳未満の者」であり（厚年9条）、適用事業所以外の事業所に使用される70歳未満の者は厚生労働大臣の認可を受けて被保険者となることができる（厚年10条）。また、70歳以上であるため被保険者に該当しない者についても、年金の受給権を確保するために、任意加入が認められる場合がある（適用事業所に使用される70歳以上の者について厚年附則4条の3第1項、適用事業所以外の事業所に使用され

る70歳以上の者について厚年附則4条の5第1項・10条)。「ここにいう『使用される者』すなわち『使用関係』の存在が被保険者性判断のメルクマールである（このメルクマールは、同じく被用者保険である健康保険でも共通である〔健保3条1項〕）。この点については、『専ら労働者及びその被扶養者又は遺族の生活の安定を図り、福祉の向上に寄与することを目的としている』ことから、労働基準法及び労災保険法上の『労働者』概念と同一のものとは捉えられておらず、たとえば、会社の代表取締役も被保険者として認められる」（菊池144頁）。

②後遺障害等級

　障害厚生年金の受給権者は、1級から3級までの障害に該当した者に限定されている。このように障害給付の対象を、一定程度以上の障害の状態にある者に限定しているのは、「国民の生活の保障を行うという国年・厚年法の目的からすると、軽度の障害に対して年金を支給する必要性は少なく、また軽度の障害に対して支給すると財政負担が増し、ひいては保険料負担が増えるから」（堀440頁）である。

　厚生年金保険法47条は、1項で「障害厚生年金は、疾病にかかり、又は負傷し、その疾病又は負傷及びこれらに起因する疾病（以下「傷病」という。）につき初めて医師又は歯科医師の診療を受けた日（以下「初診日」という。）において被保険者であつた者が、当該初診日から起算して1年6月を経過した日（その期間内にその傷病が治つた日（その症状が固定し治療の効果が期待できない状態に至つた日を含む…）があるときは、その日とし、以下「障害認定日」という。）において、その傷病により次項に規定する障害等級に該当する程度の障害の状態にある場合に、その障害の程度に応じて、その者に支給する。ただし、当該傷病に係る初診日の前日において、当該初診日の属する月の前々月までに国民年金の被保険者期間があり、かつ、当該被保険者期間に係る保険料納付済期間と保険料免除期間とを合算した期間が当該被保険者期間の3分の2に満たないときは、この限りでない」、2項で「障害等級は、障害の程度に応じて重度のものから1級、2級及び3級とし、各級の障害の状態は、政令で定める」と規定している。

　交通事故による後遺障害が一定程度以上である場合には、就労することが困難になり、所得が減少又は喪失することが多い。労働者である被害者が、この

ような状態になった場合には所得を補塡するために障害厚生年金の申請を検討すべきである。

③国民年金（基礎年金）との違い

　障害厚生年金は、障害基礎年金と異なり、3級の障害の程度の者にも支給される（厚年47条2項）。1級及び2級の障害の程度については障害基礎年金と共通の障害等級表が国年令別表に定められているが、3級の障害の程度については厚年令の別表第1で定められている（厚年令3条の8）。障害認定日に法定の障害の状態になかった者がその後に法定の障害の状態となった場合も支給され（厚年47条の2）、基準傷病による障害と他の障害を併せて1級または2級の障害状態となった場合も支給される（厚年47条の3）。

　これらの等級は、「1級及び2級の障害の状態は、障害基礎年金と同様、日常生活の制限の度合に着目して定められている。これに対し、3級の障害の状態は、労働能力の制限の度合に着目して定められている」（堀468頁）。この点、「本来的には、障害年金は、稼得能力が低下・喪失したことにより、所得が減少した者に支給されるべきはずであり、多くの国ではそうしている」（堀13頁）ところ、日本では、「障害者は身体の一部の機能ではなく全体を見ると稼得能力がある者にも障害給付が支給され、またフルタイムで就労している者にも障害給付が支給されることがある」（堀439頁）。これは、①「障害の程度を客観的に認定するには、稼得能力の低下・喪失よりも機能障害の方が容易であるとも考えられる」うえ、②「欧州諸国では障害年金は中高年齢者や失業者の生活保障のために利用されることがあるが、障害の程度の認定基準として機能障害を用いると、このような障害年金のいわば濫用を防ぐことができる」（堀440頁）ためである。

④障害手当金

　障害厚生年金が給付されない場合、すなわち、「3級障害よりもやや軽い障害の場合」（菊池165頁）でも、一定の要件（①疾病にかかり又は負傷し、その傷病に係る初診日において厚生年金の被保険者であったこと、②初診日から起算して5年を経過する日までの間の傷病が治った日において、法定の障害の状態にあること、及び③障害厚生年金と同一の保険料納付要件を充たしていること）に該当すると、障害手当金が給付される。「障害手当金の額は、2、3級の障害厚生年金の年額（厚年50条1項）の2倍の額である（同57条本文）。す

なわち、２、３級の障害厚生年金の２年分が、一時金として支給される。ただし、障害手当金の額が障害厚生年金の最低保障額（同50条３項）の２倍に満たないときは、最低保障額の２倍の額が障害手当金の額となる（同57条ただし書）」（堀477頁）と説明されている。

3 ▶ 社会保険給付と損害賠償の調整

厚生年金保険給付と損害賠償の重複を調整するために、①被害者が厚生年金保険の給付を先に受けた場合、政府等は、その給付の価額の限度で、被害者が第三者に対して有する損害賠償請求権を取得する方法（第三者求償。厚年40条１項）と、②被害者が損害賠償の支払いを先に受けた場合、政府等は、その価額の限度で厚生年金保険の給付を行う責を免れる方法（給付免責。厚年40条２項）が規定されている。

CASE 32 労働者が、業務中の交通事故で後遺障害ある場合の逸失利益

1 ▶ 損害賠償額の算定

後遺障害逸失利益に関する賠償額の算定については、業務中であるか否かは影響を与えない。 ➡ CASE 31 参照

2 ▶ 社会保険の利用

①障害補償年金

労働基準法77条は、使用者の責任について、「労働者が業務上負傷し、又は疾病にかかり、治った場合において、その身体に障害が存するときは、使用者は、その障害の程度に応じて、平均賃金に別表第２に定める日数を乗じて得た金額の障害補償を行わなければならない」と規定している。

労働者災害補償保険法15条は、上記責任に対応する保険給付として、１項で「障害補償給付は、厚生労働省令で定める障害等級に応じ、障害補償年金又は障害補償一時金とする」、２項で「障害補償年金又は障害補償一時金の額は、

それぞれ、別表第1又は別表第2に規定する額とする」と規定している。労災保険における障害補償給付は、業務災害による負傷・疾病が「治った場合」（労基77条）に、厚生労働省令で定める障害等級に応じ支給される（労災15条1項）。「ここにいう『治ったとき（治癒）』とは、医学的に従前の状態に回復することを意味せず、症状が固定し改善の余地がない状況に至ることをいう。障害等級は14級に分かれており、障害の程度が重いとされる1級から7級に該当する場合には障害補償年金が…支給される（労災則別表第1・第2）」（笠木外401頁）と説明されている。

　障害補償給付を請求する場合には、障害補償給付支給請求書等を提出する。
➡ FORMAT 11 参照

　「『障害等級表』では、被災労働者の年齢、職種、経験等の職業能力に関わる条件が、障害の程度を決定する要素として考慮されていない。…これは、障害を負ったことにより喪失した労働能力を、一般的な平均的労働能力と捉えていることに起因している。すなわち、障害補償は、このような一般的な平均的労働能力の喪失に対する損失補填を目的とするものであり、被災労働者の個別事情を考慮することは予定されていないということになる。したがって、職業能力との関係で完全な補償を求めようとする場合、民事による賠償を求めなければならない」（笠木外401頁）と指摘されている。

②障害補償一時金

　労災保険における障害等級は14級に分かれており、「比較的軽度である8級から14級までは障害補償一時金が支給される（労災則別表第1・第2）」（笠木外401頁）と説明されている。

③障害補償年金前払一時金

　障害補償年金については、障害等級に応じた一定日数限度内での一括前払いの制度がある（労災59条）。

④障害補償年金差額一時金

　障害補償年金の受給権者が早期に死亡し、それまでの年金支給総額が前払い一時金の限度額に達しない場合、その差額が一時金としての法定順位にしたがって一定の遺族に支給される（労災58条）。

⑤障害特別支給金等

　社会復帰促進等事業については、「障害等級に応じた障害特別支給金（支給

則4条）による上乗せ給付を行うほか、給付基礎日額には賞与等3ヵ月を超える期間の賃金が算入されないため、これらの特別給与分は上乗せする趣旨で障害特別年金（同7条）及び障害特別一時金（同8条）も支給される」（菊池248頁）と説明されている。

3 ▶ 社会保険給付と損害賠償の調整

労災保険給付（上記2**①障害補償年金**、**②障害補償一時金**、**③障害補償年金前払一時金**、及び**④障害補償年金差額一時金**）については、損害賠償との重複を調整するために、①被害者が労災保険の給付を先に受けた場合、政府は、その給付の価額の限度で、被害者が第三者に対して有する損害賠償請求権を取得する方法（第三者求償。労災12条の4第1項）と、②被害者が損害賠償の支払いを先に受けた場合、政府は、その価額の限度で労災保険の給付をしないことができる方法（給付免責。労災12条の4第2項）が規定されている。

これに対して、特別支給金（上記2**⑤障害特別支給金等**）の給付については、損害賠償との重複は調整されない。特別支給金は、被災労働者やその遺族の援護等によりその福祉を増進させるものであり、保険給付とは法的性格が異なるためである。

CASE 33 ▶ 労働者が、通勤中の交通事故で後遺障害ある場合の逸失利益

1 ▶ 損害賠償額の算定

後遺障害逸失利益に関する賠償額の算定については、通勤中であるか否かは影響を与えない。 ➔ CASE 31 参照

2 ▶ 社会保険の利用

①障害給付等

労働者が通勤中の交通事故で負傷した場合、労災においては「通勤災害」とされる。通勤災害のための障害給付は、使用者の補償責任に基づく給付とは性

格を異にするため「補償」の文言は付されていないものの、業務災害に関する規定が準用されており、業務災害に関する給付と共通した内容である。 CASE32 参照

　労働者災害補償保険法22条の3は、1項で「障害給付は、労働者が通勤により負傷し、又は疾病にかかり、なおつたとき身体に障害が存する場合に、当該労働者に対し、その請求に基づいて行なう」、2項で「障害給付は、15条1項の厚生労働省令で定める障害等級に応じ、障害年金又は障害一時金とする」、3項で「15条2項及び15条の2並びに別表第1（障害補償年金に係る部分に限る。）及び別表第2（障害補償一時金に係る部分に限る。）の規定は、障害給付について準用する。この場合において、これらの規定中『障害補償年金』とあるのは『障害年金』と、『障害補償一時金』とあるのは『障害一時金』と読み替えるものとする」と規定している。

②障害特別支給金等

　交通事故が通勤災害であるときも、業務災害のときと同様に、障害特別支給金が支給される。これは社会復帰等促進事業に基づくものであり、保険給付とは性質が異なるため、損益相殺的な調整の対象ではない。 CASE32 参照

3 ▶ 社会保険給付と損害賠償の調整

　後遺障害逸失利益に関する損害賠償と労災保険給付の重複を調整する方法については、通勤中であるか業務中であるかは影響を与えない。 CASE32 参照

CASE 34

会社役員が、交通事故で後遺障害ある場合の逸失利益

1 ▶ 損害賠償額の算定

　会社役員の報酬は、会社との委任契約に基づくものであるから、普通の従業員が労働の対価として得る給与とは異なる。そのため、交通事故によって就労不能になったとしても、直ちに役員報酬の喪失につながるとは限らない。現実の収入減少が生じた場合、一般的には、労務提供の対価部分は基礎収入として

認められるが、利益配当の実質をもつ部分は否定される。これは、利益配当の実質をもつ部分は、就労不能であるか否かによって影響されないと考えられるためである。 **→ CASE 14 参照**

2▶ 社会保険の利用

　会社役員は、会社と委任契約を締結している者であるから、厚生年金保険・労災保険の被保険者ではないとするのが自然であるが、実務上は一定の例外が認められている **→ CASE 4 参照**。そのため、労働者性が認められるときは、厚生年金保険・労災保険が適用される（厚生年金保険 **→ CASE 31 参照**、業務災害 **→ CASE 32 参照**、通勤災害 **→ CASE 33 参照**）。

　以上に対して、会社役員について労働者性が認められない場合は、国民年金が適用される。 **→ CASE 35 参照**

3▶ 社会保険給付と損害賠償の調整

　後遺障害逸失利益に関する損害賠償と社会保険給付の重複を調整する方法については、会社役員であるか否かは影響を与えない（厚生年金保険 **→ CASE 31 参照**、労災保険 **→ CASE 32 参照**、国民年金 **→ CASE 35 参照**）。

CASE 35

自営業者が、交通事故で後遺障害ある場合の逸失利益

1▶ 損害賠償額の算定

　自営業者については、休業損害と同様に申告所得を参考にする。現実収入の証明が困難なときは、各種統計資料による場合もある。ただし、所得が不明であることから当然に賃金センサスを使えるということにはならない。損害賠償の本質は「損害のてん補」にあるから、消極損害の認定にあたっては、被害者に現実収入以上の利益を得させないという配慮が必要であり、賃金センサスを用いることによって現実収入以上の利益を得させるような事態を生じさせてはならない。それゆえ、事故時に稼働していたのかどうか不明の場合は、賃金セ

ンサスの適用は困難であるし、稼働していた実績があっても所得が極端に不分明であり、被害者の主張の信用性が乏しい場合には慎重な判断が必要になる。もっとも、逸失利益の場合は、将来にわたる比較的永続的な得べかりし所得の損失をてん補するという性質があり、将来の所得見込みを合理的に推定するという意味で、休業損害よりは、賃金センサスを用いることに合理性が認められる場面が多いといえる。

2 ▶ 社会保険の利用

　自営業者は、労働者（被用者）ではないから、厚生年金保険・労災保険の被保険者ではないとするのが自然であるが、実務上は一定の例外が認められている（ ● CASE 5 参照 ）。そのため、労働者性が認められるときは、厚生年金保険・労災保険が適用される（厚生年金保険 ● CASE 31 参照 、業務災害 ● CASE 32 参照 、通勤災害 ● CASE 33 参照 ）。

　以上に対して、自営業者について労働者性が認められない場合は、国民年金が適用される。

　国民年金法7条1項は、「次の各号のいずれかに該当する者は、国民年金の被保険者とする」として、(1)日本国内に住所を有する20歳以上60歳未満の者であって次号及び第3号のいずれにも該当しない者（以下「第1号被保険者」という。）、(2)厚生年金保険の被保険者（以下「第2号被保険者」という。）、(3)第2号被保険者の配偶者であって主として第2号被保険者の収入により生計を維持する者（第2号被保険者である者を除く。以下「被扶養配偶者」という。）のうち20歳以上60歳未満のもの（以下「第3号被保険者」という。）を規定している。● POINT 33 参照

　国民年金法30条は、1項で「障害基礎年金は、疾病にかかり、又は負傷し、かつ、その疾病又は負傷及びこれらに起因する疾病（以下「傷病」という。）について初めて医師又は歯科医師の診療を受けた日（以下「初診日」という。）において次の各号のいずれかに該当した者が、当該初診日から起算して1年6月を経過した日（その期間内にその傷病が治つた場合においては、その治つた日（その症状が固定し治療の効果が期待できない状態に至つた日を含む。）とし、以下「障害認定日」という。）において、その傷病により次項に規定する障害等級に該当する程度の障害の状態にあるときに、その者に支給する。ただし、

当該傷病に係る初診日の前日において、当該初診日の属する月の前々月までに被保険者期間があり、かつ、当該被保険者期間に係る保険料納付済期間と保険料免除期間とを合算した期間が当該被保険者期間の3分の2に満たないときは、この限りでない」として、⑴被保険者であること、⑵被保険者であつた者であつて、日本国内に住所を有し、かつ、60歳以上65歳未満であることを列挙し、2項で「障害等級は、障害の程度に応じて重度のものから1級及び2級とし、各級の障害の状態は、政令で定める」と規定している。

3 ▶ 社会保険給付と損害賠償の調整

国民年金給付と損害賠償の重複を調整するために、①被害者が国民年金の給付を先に受けた場合、政府は、その給付の価額の限度で、被害者が第三者に対して有する損害賠償請求権を取得する方法（第三者求償。国年22条1項）と、②被害者が損害賠償の支払いを先に受けた場合、政府等は、その価額の限度で国民年金の給付を行う責を免がれる方法（給付免責。国年22条2項）が規定されている（なお、厚生年金保険 **→ CASE 31 参照**、労災保険 **→ CASE 32 参照**）。

CASE 36 短時間労働者が、交通事故で後遺障害ある場合の逸失利益

1 ▶ 損害賠償額の算定

後遺障害逸失利益に関する損害賠償額の算定については、短時間労働者であるか否かは影響を与えない。 **→ CASE 31 参照**

2 ▶ 社会保険の利用

短時間労働者については、厚生年金保険が適用される場合とされない場合がある。「短時間労働者は、①1週間の所定労働時間が同一の事業所に使用される通常の就労者の1週間の所定労働時間の4分の3未満であるか、1か月の所定労働時間が同一の事業所に使用される通常の就労者の1か月の所定労働時間の4分の3未満であり、かつ、②ⓐ1週間の所定労働時間が20時間未満であ

るか、ⓑその事業所に継続して1年以上使用されると見込まれないか、ⓒ報
酬月額が8万8000円未満であるか、ⓓ高校生、大学生等であれば、被保険者
とはされない（厚年12条5号）。短時間労働者に関する適用除外の範囲は、近
時の法改正によって実質的に縮減され、厚生年金の適用拡大が図られている。
なお、適用拡大により事業主に生じる保険料負担の増大への配慮のため、事業
主が同一である事業所の従業員（厚生年金の被保険者）の総数が常時500人を
超えない事業所においては、要件①を満たす短時間労働者は、被保険者とされ
ない（労使合意を得た上で事業主が申出をすれば、この措置は適用されない。
（厚年2012〔平成24〕年改正〔法律62号〕附則17条）」（西村外152頁）。これ
に対して、短時間労働者に厚生年金保険が適用されないときは、国民年金が適
用される。

　また、短時間労働者も、労災保険の被保険者である ➡CASE 6 参照。そのた
め、労災保険が適用される（業務災害 ➡CASE 32 参照、通勤災害 ➡CASE 33 参照）。

3 ▶ 社会保険給付と損害賠償の調整

　後遺障害逸失利益に関する損害賠償と社会保険給付の重複を調整する方法に
ついては、短時間労働者であるか否かは影響を与えない（厚生年金保険
➡CASE 31 参照、労災保険 ➡CASE 32 参照、国民年金 ➡CASE 35 参照）。

CASE 37
家事従事者が、交通事故で後遺障害ある場合の逸失利益

1 ▶ 損害賠償額の算定

　家事従事者とは、性別・年齢を問わず、家庭において家族のために炊事洗濯
等の家事労働に従事している者である。その基礎収入については、休業損害と
同様に、賃金センサスの女・学歴計・全年齢の金額を基礎収入とするのが原則
である（最判昭和49・7・19民集28巻5号872頁）。➡CASE 17 参照

2 ▶ 社会保険の利用

　被害者が、家事に従事することを専業としており、その配偶者が労働者であるときは、その被扶養配偶者として国民年金が適用される（国年7条3号）。
→ CASE 31 参照

　これに対して、家事に従事することを兼業としており、自らも労働者である場合等には、厚生年金保険及び労災保険の被保険者となる（厚生年金保険 → CASE 31 参照 、業務災害 → CASE 32 参照 、通勤災害 → CASE 33 参照 ）。

3 ▶ 社会保険給付と損害賠償の調整

　後遺障害逸失利益に関する損害賠償と社会保険給付の重複を調整する方法については、家事従事者であるか否かは影響を与えない（厚生年金保険 → CASE 31 参照 、労災保険 → CASE 32 参照 、国民年金 → CASE 35 参照 ）。

CASE 38　失業者が、交通事故で後遺障害ある場合の逸失利益

1 ▶ 損害賠償額の算定

　失業者について、休業損害は原則として否定されるのに対し、後遺障害逸失利益は認められることが多い。これは、休業損害の場合には、現実に働いていない者が事故後の休業期間中に職を得られたのかという疑問が強いのと異なり、逸失利益は、比較的長期間にわたり計算を行うため、その期間中ずっと被害者が無職であろうとは推定できない場合が多く、いずれかの時期に就労すれば一定程度の収入は得られることになるからである。ただし、失業前の現実収入額や経歴から判断して、再就職しても収入が低い可能性が高い場合には、賃金センサスよりも低い基礎収入とする。また、勤労意欲に乏しい場合は、逸失利益が否定されることもある（最判昭和44・12・23判時584号69頁）。

2 ▶ 社会保険の利用

　失業者は、労働者（被用者）ではないから、厚生年金の被保険者ではなく、国民年金が適用される。それは、「保険関係の成立の基礎に労働関係（使用関係）が存在するかどうかによって、被用者保険と地域保険（住民保険）の区別がある」ところ、「国民『…皆年金』体制が採用されていることとの関係でみれば、国民（全体集合）から被用者保険を適用されない残りの者全部について地域保険を適用することで（補集合）、すべての国民が…年金保険のネットから漏れないようにしている」ためである（西村外7頁）。

　障害基礎年金は、厚生年金と異なり、1級または2級の障害に該当する場合にのみ支給される（国年30条2項）。障害認定日に1級または2級の障害の状態になかった者がその後に障害の状態となった場合も支給され（国年30条の2）、基準傷病による障害と他の障害を併せて1級または2級の障害状態となった場合も支給される（国年30条の3）。

3 ▶ 社会保険給付と損害賠償の調整

　後遺障害逸失利益に関する損害賠償と社会保険給付の重複を調整する方法については、失業者であるか否かは影響を与えない（厚生年金保険 ➡ CASE 31 参照 、労災保険 ➡ CASE 32 参照 、国民年金 ➡ CASE 35 参照 ）。

CASE 39　未成年者が、交通事故で後遺障害ある場合の逸失利益

1 ▶ 損害賠償額の算定

①基礎収入

　学生などの未就労者について、事故時は金銭収入がないのが通常であるため、休業損害は原則的に否定される。しかし、事故時は学生などであったとしても将来的には（卒業後には）労働するものと予想されるから、逸失利益は肯定されるのが原則である。この場合、賃金センサスの男女別・学歴計・全年齢

の平均賃金額を基礎とするのが原則である。全年齢平均賃金を使用するにしても、学歴別なのか学歴計なのかという問題がある。被害者が大学生であるか、大学入学前でも大学進学がほぼ確実と思える場合には、男女別の大卒平均賃金を使用することになる。

判例（最判昭和39・6・24判時376号11頁）は、8歳の男児について「年少者死亡の場合における右消極的損害の賠償請求については、一般の場合に比し不正確さが伴うにしても、裁判所は被害者側が提出するあらゆる証拠資料に基づき、経験則とその良識を十分に活用して、できうるかぎり蓋然性のある額を算出するよう努め、ことに右蓋然性に疑がもたれるときは、被害者側にとって控え目な算定方法（たとえば、収入額につき疑があるときはその額を少な目に、支出額につき疑があるときはその額を多めに計算し、また遠い将来の収支の額に懸念があるときは算出の基礎たる期間を短縮する等の方法）を採用する」と判示しており、年少者であっても逸失利益は認められる。

なお、女子年少者の逸失利益については、女性労働者の全年齢平均賃金ではなく、男女を含む労働者の全年齢平均賃金で算定するのが一般的である（東京高判平成13・8・20交民34巻4号845頁）。その理由は、年少者については、現在の労働市場における男女間の賃金格差を直接的に反映させるのは合理的とはいえず、むしろ男女の労働者全体の平均賃金を基礎とすることの方が、女性が将来において選択し得る職業領域の多様さを反映するものとして合理的であるという点にある。

②労働能力喪失期間

通常は、学歴計平均賃金で、18歳から67歳までの49年間稼働するという前提で逸失利益を計算する。ただし、未就労者の就労の始期は、大学卒業を前提とする場合は大学卒業時とする。

若年者で症状固定時に未だ稼働年齢に達していない場合は、労働可能な67歳までの中間利息から、労働開始可能な年齢（高卒18歳、大卒22歳）までの中間利息を減じた係数を使用することに注意すべきである。大卒の平均賃金を使用するときは大学卒業予定時（早くとも22歳）から67歳までの期間について算定するから、4年分以上稼働期間が少なくなり（22歳として45年間）、逸失利益の総額が少なくなる場合もあることに注意が必要である。

2 ▶ 社会保険の利用

　未成年者であっても労働者である場合等には、厚生年金保険及び労災保険の被保険者となり、給付を受けられることがある（厚生年金保険 ➡CASE 31 参照、業務災害 ➡CASE 32 参照、通勤災害 ➡CASE 33 参照）。

　これに対し、未成年者が労働者ではなく、親等によって扶養されているときは、厚生年金保険・労災保険が適用されない。そして、国民年金の被保険者は「20歳以上60歳未満の者」（国年7条1項各号）であるから、未成年者は、これに含まれない。しかし、国民年金では、「障害基礎年金は、20歳未満に初診日がある傷病による障害の場合、保険料納付がないにもかかわらず、20歳に達した日又はそれ以後の障害認定日において1級又は2級の障害の状態にあれば支給される（同30条の4）。このいわゆる20歳前障害基礎年金は、無拠出制の制度であるため、所得制限があり、全額又は半額が支給停止される場合がある（同36条の3）」（菊池162頁）。

3 ▶ 社会保険給付と損害賠償の調整

　後遺障害逸失利益に関する損害賠償と社会保険給付の重複を調整する方法については、未成年者であるか否かは影響を与えない（厚生年金保険 ➡CASE 31 参照、労災保険 ➡CASE 32 参照、国民年金 ➡CASE 35 参照）。

CASE 40 高齢者が、交通事故で後遺障害ある場合の逸失利益

1 ▶ 損害賠償額の算定

　高齢者についても、事故前から労働していたなどの事情により就労の蓋然性があれば、賃金センサスの男女別、年齢別平均の賃金額を基礎とする。これに対し、不労所得が充分にあるなど、今後の稼働による収入獲得を想定することが難しい場合には、逸失利益は否定される。

　高齢者が家事従事者である場合には、その基礎収入額として、全年齢平均で

はなく、年齢別平均賃金を採用する場合がある。子も独立して家事労働の負担が軽くなり、また、体力の衰えにより現実に家事労働の量を十分にこなせないと判断されることなどから、未成熟子等のための家事労働に従事する場合と同程度に評価することに疑問があるためである。

2 ▶ 社会保険の利用

高齢者が労働者（厚生年金保険・労災保険の被保険者）であるときは、厚生年金保険・労災保険の給付を受けられる（厚生年金保険 ➔ CASE 31 参照 、業務災害 ➔ CASE 32 参照 、通勤災害 ➔ CASE 33 参照 ）。

高齢者が労働者でないときは、国民年金の適用が問題となる。➔ CASE 35 参照

3 ▶ 社会保険給付と損害賠償の調整

後遺障害逸失利益に関する損害賠償と社会保険給付の重複を調整する方法については、高齢者であるか否かは影響を与えない（厚生年金保険 ➔ CASE 31 参照 、労災保険 ➔ CASE 32 参照 、国民年金 ➔ CASE 35 参照 ）。

第3章

死亡したことによる
社会保険の利用

1 | 葬儀費等に対応するもの（死亡・積極損害）

CASE 41 労働者が、労災ではない交通事故で
死亡した場合の葬儀費等

1 ▶ 損害賠償額の算定

①死亡の意味

　人が権利義務の主体となる資格を、権利能力という。私権の享有は出生に始まる（民3条1項）。このことは、権利能力が認められるのは、生きている間だけであるという原則に基づいている。権利能力は一般的な資格であり、具体的に権利義務について判断する能力（意思能力）や、有効に法律行為をする能力（行為能力）と違うから、生きている人間であれば、年齢や能力とは関係なく認められる。相続は、死亡によって開始する（民882）。これは、死亡した人（被相続人）は権利能力を失うため、別の人に、その財産上の地位を承継させる必要があるためである。そして、「この承継には、法律の規定に基づく方法（法定相続）と、被相続人の意思に基づく方法（遺言相続）」がある（中込外3頁）。

②法定相続の意義

　法定相続とは、個人に帰属していた財産が、その死亡を原因として、配偶

者・子・親など死者と一定の家族的な関係にあった個人に対して、法律の規定に従って包括的に承継されることである。

　このことは、法定相続制原則論を「国家主導による遺産の承継スキーム」として支持する立場から、「人が死亡した場合に、法律の定めた特定の地位にある者に被相続人の財産上の地位を包括的に承継させる方法を採用した。そこでは、相続人となりうる一般的な資格（相続権）を画一的に定め、個人の意思で相続人を操作することを原則として認めていない。そのうえで、相続人とされた者の包括承継人としての地位（財産帰属状態）をその人個人の権利として保障し、支援するための制度を用意している」と説明されている（潮見3頁）。

③相 続 人

　相続人について、民法は、まず「被相続人の子は、相続人となる」（民887条1項）としたうえで、被相続人の子が相続の開始前に死亡したとき等について「その者の子がこれを代襲して相続人となる。ただし、被相続人の直系卑属でない者は、この限りではない」と規定している（民887条2項）。子及びその代襲者等がいない場合には、まず両親が「被相続人の直系尊属。ただし、親等の異なる者の間では、その近い者を先にする」という規定に基づいて相続し、両親とも死亡していたときは祖父母が相続する。直系尊属がいないときは「被相続人の兄弟姉妹」が相続する（民889条1項）。このように血縁に基づく相続人（血族相続人）を認める理由については、①「家族共同体・血縁共同体内での財産の承継」とする見解、②「家族構成員の潜在的持分の清算」とする見解、③「遺族の生活保障」とする見解等がある（潮見5頁）。

　また、民法は、「被相続人の配偶者は、常に相続人になる」とし、この場合において血族相続人がいるときは、「その者と同順位とする」と規定している（民890条）。法定相続分は、「子及び配偶者が相続人であるときは、子の相続分及び配偶者の相続分は、各2分の1」、「配偶者及び直系尊属が相続人であるときは、配偶者の相続分は、3分の2」、「配偶者及び兄弟姉妹が相続人であるときは、配偶者の相続分は、4分の3」と規定されている（民900条）。配偶者の相続分は少なくとも2分の1以上であり、他の相続人よりも強く保護されている。配偶者に相続を認める理由については、①「実質的夫婦共同財産の清算」とする見解、②「生存配偶者〔及び未成熟子〕の生活保障」とする見解等がある（潮見5頁）。

④相続しない場合

　血族相続人又は配偶者であっても、「故意に被相続人又は相続について先順位若しくは同順位にある者を死亡するに至らせ、又は至らせようとしたために、刑に処せられた者」等は欠格事由に該当するため、相続することはできない（民891条）。また、被相続人を虐待した場合等に、家庭裁判所の判断によって廃除されることもある（民892条以下）。

　相続人は、自己のために相続の開始があったことを知った時から3箇月以内に、単純若しくは限定の承認又は放棄をしなければならない（民915条1項）。単純承認をしたときは、相続人は、無限に被相続人の権利義務を承継する（民920条）。これに対して、相続を放棄したときは、初めから相続人とならなかったものとみなされる（民939条）。

⑤葬　儀　費　用

　葬儀費用等は、死亡した被害者の遺産から支出されることも多く、実質的な負担者が明確にされないまま処理されることがある。佐久間外74頁は「理論的には、死者が葬儀費用等の支出を余儀なくされるものではない」ため現実に葬儀費用等を支出した親族が固有の損害として請求する方法によるべきとしつつ、相続人間に対立がない事案であれば、死者に発生した損害とする（相続される）方法や、相続人が相続分に応じて負担したものとして固有の損害として請求する方法も許容されるとしている。

　死亡事故の被害者の葬儀関係費用（葬式費用、墓碑建立費、仏壇・仏具購入費なども含む）は、基準額（赤い本2020上63頁は原則150万円、青本35頁は130万円〜170万円）を定額で認めるのが実務の一般的な運用である。その理由としては、個々の被害者について社会通念上必要かつ相当とされる葬儀費用を客観的な数値として認定することは容易ではないうえ、社会的地位等による格差を全面的に認めることは不公平を生じさせるおそれがあることなどが指摘されている。ただし、入院雑費の場合とは異なり、基準額以上の支出があったことの立証が必要とされる（上記基準額は、上限として機能している）ので、領収書を確認する必要がある。

　この点については、「葬儀費用等は、交通事故による死亡という結果が生じていなかったとしても、いずれ支出することを避けがたい性格のものであり、現実の損失としては、支出時期が早まったことによる利息分の損害に限られる

と考え得ること、実際の葬儀等においては、香典収入等があるため、遺族が最終的に負担することとなる金額は、現在の裁判実務において基準とされているところに近いものとなると考えられることなども挙げられている」（佐久間外72頁）と指摘されている。

また、「遺体搬送料等の費用については、葬儀等とは直接には関係がない費用であるから、葬儀費用等とは別に積極損害として認められる」（佐久間外73頁）という指摘もある。

2 ▶ 社会保険の利用

被保険者が死亡したときは、その者により生計を維持していた者であって、埋葬を行うものに対し、埋葬料が支給される。「埋葬料・家族埋葬料の額は、5万円である（健保令35条）」（西村外65頁）。埋葬料の支給を受けるべき者がない場合、埋葬を行った者に対し、健康保険法100条1項（埋葬料）の金額の範囲内において、その埋葬に要した費用に相当する額が支給される。

健康保険法100条は、1項で「被保険者が死亡したときは、その者により生計を維持していた者であって、埋葬を行うものに対し、埋葬料として、政令で定める金額を支給する」、2項で「前項の規定により埋葬料の支給を受けるべき者がない場合においては、埋葬を行った者に対し、同項の金額の範囲内においてその埋葬に要した費用に相当する金額を支給する」と規定している。

そして、被扶養者が死亡した場合にも、同様に、家族埋葬料が支給される（健保113条）。

埋葬料・家族埋葬料を請求する場合には、埋葬料支給申請書等を提出する。

❿ FORMAT 7 参照

3 ▶ 社会保険給付と損害賠償の調整

健康保険給付と損害賠償の重複を調整するために、①被害者が健康保険の給付を先に受けた場合、保険者は、その給付の価額の限度で、被害者が第三者に対して有する損害賠償請求権を取得する方法（第三者求償。健保57条1項）と、②被害者が損害賠償の支払いを先に受けた場合、保険者は、その価額の限度で健保の給付を行う責を免れる方法（給付免責。健保57条2項）が規定されている。

CASE 42　労働者が、業務中の交通事故で死亡した場合の葬儀費等

1 ▶ 損害賠償額の算定

葬儀費等に関する損害賠償額の算定については、業務中であるか否かは影響を与えない。 ● CASE 41 参照

2 ▶ 社会保険の利用

労働者災害補償保険法17条は、「葬祭料は、通常葬祭に要する費用を考慮して厚生労働大臣が定める金額とする」と規定している。この金額については、「31万5000円に給付基礎日額の30日分を加えた額が支給される（最低額は給付基礎日額の60日分。労災則17条）ため、休業中の所得補償はさらに手厚くなっている（労働者災害補償保険法特別支給金支給規則3条）」（菊池249〜250頁）と説明されている。

葬祭料を請求する場合には、葬祭料請求書等を提出する。 ● FORMAT 12 参照

3 ▶ 社会保険給付と損害賠償の調整

労災保険給付と損害賠償の重複を調整するために、①被害者が労災保険の給付を先に受けた場合、政府は、その給付の価額の限度で、被害者が第三者に対して有する損害賠償請求権を取得する方法（第三者求償。労災12条の4第1項）と、②被害者が損害賠償の支払いを先に受けた場合、政府は、その価額の限度で労災の給付をしないことができる方法（給付免責。労災12条の4第2項）が規定されている。

労働者が、通勤中の交通事故で死亡した場合の葬儀費等

1 ▶ 損害賠償額の算定

　葬儀費等に関する損害賠償額の算定については、通勤中であるか否かは影響を与えない。 ➡ CASE 41 参照

2 ▶ 社会保険の利用

　労働者が業務中の交通事故で負傷した場合、通勤災害として、労働者災害補償保険法が適用される。 ➡ CASE 3 参照

　通勤災害のための介護給付は、使用者の補償責任に基づく給付とは性格を異にするため「補償」の文言がないものの、業務災害に関する規定が準用されているから、基本的に業務災害に関する給付と共通である。 ➡ CASE 42 参照

　労働者災害補償保険法22条の5は、1項で「葬祭給付は、労働者が通勤により死亡した場合に、葬祭を行なう者に対し、その請求に基づいて行なう」、2項で「17条の規定は、葬祭給付について準用する」と規定している。

3 ▶ 社会保険給付と損害賠償の調整

　葬儀費に関する損害賠償と労災保険給付の重複を調整する方法については、通勤中であるか業務中であるかは影響を与えない。 ➡ CASE 41 参照

会社役員が、交通事故で死亡した場合の葬儀費等

1 ▶ 損害賠償額の算定

　葬儀費等に関する損害賠償額の算定については、会社役員であるか労働者であるかは影響を与えない。 ➡ CASE 41 参照

2 ▶ 社会保険の利用

　健康保険・労災保険の被保険者は、基本的には労働者であり、常用的な使用関係を前提としている。しかし、労働者性は実質的に判断される **CASE 4 参照**。したがって、会社役員が交通事故で死亡した場合、健康保険・労災保険が適用されることがある（健康保険 **CASE 41 参照**、業務災害 **CASE 42 参照**、通勤災害 **CASE 43 参照**）。

　以上に対して、会社役員について労働者性が認められない場合は、国民健康保険が適用される。**CASE 45 参照**

3 ▶ 社会保険給付と損害賠償の調整

　葬儀費等に関する損害賠償と社会保険給付の重複を調整する方法については、会社役員であるか否かは影響を与えない（健康保険 **CASE 41 参照**、労災保険 **CASE 42 参照**、国民健康保険 **CASE 45 参照**）。

CASE 45　自営業者が、交通事故で死亡した場合の葬儀費等

1 ▶ 損害賠償額の算定

　葬儀費等に関する損害賠償額の算定については、自営業者であるか労働者であるかは影響を与えない。**CASE 41 参照**

2 ▶ 社会保険の利用

　健康保険・労災保険の被保険者は、基本的には労働者であり、常用的な使用関係を前提としている。しかし、労働者性は実質的に判断される **CASE 5 参照**。したがって、自営業者が交通事故で死亡した場合、健康保険・労災が適用されることがある（健康保険 **CASE 41 参照**、業務災害 **CASE 42 参照**、通勤災害 **CASE 43 参照**）。

　以上に対して、自営業者について労働者性が認められない場合は、国民健康

保険が適用される。「被保険者の…死亡に関しては、特別の理由がない場合に…葬祭費もしくは葬祭の給付が条例または国保組合の規約に定めるところにより行われる（国保58条１項）」（西村外73頁）。

3 ▶ 社会保険給付と損害賠償の調整

　国民健康保険の給付と損害賠償の重複を調整するために、①被害者が国民健康保険の給付を先に受けた場合、市町村及び組合は、その給付の価額の限度で、被害者が第三者に対して有する損害賠償請求権を取得する方法（第三者求償。国保64条１項）と、②被害者が損害賠償の支払いを先に受けた場合、市町村及び組合は、その価額の限度で国民健康保険の給付を行う責を免れる方法（給付免責。国保64条２項）が規定されている（なお、健康保険 **→ CASE 41 参照**、労災保険 **→ CASE 42 参照**）。

CASE 46

短時間労働者が、交通事故で死亡した場合の葬儀費等

1 ▶ 損害賠償額の算定

　葬儀費等に関する損害賠償額の算定については、短時間労働者であるか否かは影響を与えない。 **→ CASE 41 参照**

2 ▶ 社会保険の利用

　短時間労働者については、近時の法改正によって健康保険が適用される場合が増えている **→ CASE 6 参照**。これに対して、短時間労働者に健康保険が適用されないときは、国民健康保険が適用される。

　また、短時間労働者も、労災保険の被保険者である **→ CASE 6 参照**。そのため、労災保険が適用される（業務災害 **→ CASE 42 参照**、通勤災害 **→ CASE 43 参照**）。

3 ▶ 社会保険給付と損害賠償の調整

　葬儀費等に関する損害賠償と社会保険給付の重複を調整する方法について

は、短時間労働者であるか否かは影響を与えない（健康保険 ➡ CASE 41 参照 、労災保険 ➡ CASE 42 参照 、国民健康保険 ➡ CASE 45 参照 ）。

CASE 47　家事従事者が、交通事故で死亡した場合の葬儀費等

1 ▶ 損害賠償額の算定

葬儀費等に関する損害賠償額の算定については、家事従事者であるか労働者であるかは影響を与えない。➡ CASE 41 参照

2 ▶ 社会保険の利用

健康保険では、被保険者の被扶養者の死亡に関して保険給付を行っている（健保1条）。家事に従事することを専業としている者について、その配偶者が労働者であるときは、家事従事者は、その被扶養者として健康保険が適用される（健保3条7項1号）。➡ CASE 41 参照

これに対して、家事従事に従事することを兼業としており、自らも労働者である場合等には、健康保険及び労災保険の被保険者となる（健康保険 ➡ CASE 41 参照 、業務災害 ➡ CASE 42 参照 、通勤災害 ➡ CASE 43 参照 ）。

また、配偶者が自営業者である場合等には、国民健康保険の被保険者となる ➡ CASE 45 参照 。

3 ▶ 社会保険給付と損害賠償の調整

葬儀費等に関する損害賠償と社会保険給付の重複を調整する方法については、家事従事者であるか否かは影響を与えない（健康保険 ➡ CASE 41 参照 、労災保険 ➡ CASE 42 参照 、国民健康保険 ➡ CASE 45 参照 ）。

CASE 48 失業者が、交通事故で死亡した場合の葬儀費等

1 ▶ 損害賠償額の算定

　葬儀費等に関する損害賠償額の算定については、失業者であるか労働者であるかは影響を与えない。 ➡ CASE 41 参照

2 ▶ 社会保険の利用

　健康保険の被保険者は、基本的には労働者であり、常用的な使用関係を前提としている。しかし、失業者であっても、任意継続被保険者として適用対象となる場合がある ➡ CASE 8 参照 。したがって、失業者にも健康保険が適用されることがある。 ➡ CASE 41 参照

　これに対して、失業している被害者が任意継続被保険者でない場合は、国民健康保険が適用される。 ➡ CASE 45 参照

3 ▶ 社会保険給付と損害賠償の調整

　葬儀費等に関する損害賠償と社会保険給付の重複を調整する方法については、失業者であるか否かは影響を与えない（健康保険 ➡ CASE 41 参照 、労災保険 ➡ CASE 42 参照 、国民健康保険 ➡ CASE 45 参照 ）。

CASE 49 未成年者が、交通事故で死亡した場合の葬儀費等

1 ▶ 損害賠償額の算定

　葬儀費等に関する損害賠償額の算定については、未成年者であるか労働者であるかは影響を与えない。 ➡ CASE 41 参照

2▶ 社会保険の利用

　未成年者について、自らは労働者ではなく、親等によって扶養されているときは、健康保険法3条7項1号の被扶養者として、健康保険が適用される。
　→ CASE **41** 参照

　これに対して、未成年者であっても労働者である場合等には、健康保険及び労災保険の被保険者となる（健康保険 → CASE **41** 参照、業務災害 → CASE **42** 参照、通勤災害 → CASE **43** 参照）。

　また、未成年者が自営業者である場合等には、国民健康保険の被保険者となる。→ CASE **45** 参照

3▶ 社会保険給付と損害賠償の調整

　葬儀費等に関する損害賠償と社会保険給付の重複を調整する方法については、未成年者であるか否かは影響を与えない（健康保険 → CASE **41** 参照、労災保険 → CASE **42** 参照、国民健康保険 → CASE **45** 参照）。

CASE 50　高齢者が、交通事故で死亡した場合の葬儀費等

1▶ 損害賠償額の算定

　葬儀費等に関する損害賠償額の算定については、高齢者であるか労働者であるかは影響を与えない。→ CASE **41** 参照

2▶ 社会保険の利用

　65歳から74歳までの前期高齢者については、健康保険・労災保険または国民健康保険が適用される（健康保険 → CASE **41** 参照、業務災害 → CASE **42** 参照、通勤災害 → CASE **43** 参照、国民健康保険 → CASE **45** 参照）。

　75歳以上の後期高齢者については、特別法（高齢者の医療の確保に関する法律）により、後期高齢者医療制度が適用される。この制度における「給付の

種類については被用者保険及び国保と基本的に共通であり」（菊池414頁）、①療養の給付並びに入院時食事療養費、入院時生活療養費、保険外併用療養費、療養費、訪問看護療養費、特別療養費及び移送費の支給（高齢医療56条1号）、②高額療養費及び高額介護合算療養費の支給（高齢医療56条2号）、③前2号に掲げるもののほか、後期高齢者広域連合の条例で定めるところにより行う給付（高齢医療56条3号）がある。

なお、高齢者であっても労働者である場合には、労災保険の被保険者となる（業務災害 ➡ CASE 42 参照 、通勤災害 ➡ CASE 43 参照 ）。

3 ▶ 社会保険給付と損害賠償の調整

後期高齢者医療給付と損害賠償の重複を調整するために、①被害者が後期高齢者医療給付を先に受けた場合、後期高齢者医療広域連合は、その給付の価額の限度で、被害者が第三者に対して有する損害賠償請求権を取得する方法（第三者求償。高齢医療58条1項）と、②被害者が損害賠償の支払いを先に受けた場合、後期高齢者医療広域連合は、その価額の限度で後期高齢者医療給付を行う責めを免れる方法（給付免責。高齢医療58条2項）が規定されている（健康保険 ➡ CASE 41 参照 、労災保険 ➡ CASE 42 参照 、国民健康保険 ➡ CASE 45 参照 ）。

2 死亡逸失利益に対応するもの（死亡・消極損害）

CASE 51 労働者が、労災ではない交通事故で死亡した場合の逸失利益

1▶ 損害賠償額の算定

　死亡逸失利益は、将来得ることができたはずの収入（利益）を、死亡という事実により全面的に失うことによる損害である。

　現在の実務においては、死亡した被害者が、自分が生存していれば得られた収入（ないしは経済的利益）相当額の損害を被ったことにより損害賠償請求権を取得し、これを遺族が相続して加害者に請求するという考え方を採用している。これを「相続構成」という。

①基 礎 収 入

　被害者の現実収入によることが原則である。

　死亡事案においては、後遺障害事案と異なり、退職金の差額が問題となる場合もある ➡ CASE 31 参照。退職金が支給されることが確実な企業に勤務していた被害者については、事故による死亡時に会社などから支給された退職金額と、定年まで勤務すれば得られたであろう退職金額との差額が逸失利益となる。この場合、定年時に支払われる金額は中間利息を控除した金額となる。

②生活費控除率

　死亡による逸失利益については、生活費を控除して逸失利益を算定している。生活費控除は、死亡により損害が発生する一方で、生活費は不要になることなどから、収入額全額を基礎として損害額を計算すると、被害者側に利得が生じてしまうので、調整しないと不公平であるという考え方に基づいている。

　生活費控除については、実際に必要とされる額を個々に認定することは困難であるから、被害者の所得、生活状況、被扶養者の有無・人数、性別等を勘案し、所得に対しておおむね30％から50％の範囲内で生活比率として所得に乗

じる方法で生活費控除額を算出している。被害者が一家の支柱である場合、30％から40％の範囲でばらつきがある。高額所得者になると、税金負担が大きいため手取額がかなり小さくなるので、やや高めの生活費割合を認定することもある。女性については、基礎年収の男女間格差を是正する意味から、生活費割合を30％から40％程度にとどめる例が多い。なお、赤い本2020上179頁では「但し、兄弟姉妹が相続人のときは別途考慮」とされている。

　個別具体的状況に応じて生活費控除率が判断されることもあり、上記の属性は実態に応じて判断される。例えば、中辻雄一朗裁判官は「生活費控除を巡る問題」（赤い本2009下44頁）という講演の中で「離婚時に子供の親権者を妻と定め、その後単身で暮らしていた男性について、基準を形式的に当てはめれば生活費控除率は50％となるでしょうが、離婚後、前の妻に対して子供の養育費を継続的に送金していたような場合には、当該男性が自己のために費やす生活費については抑制が働いていたことが推測されますし、子供の生活保障の観点も踏まえるべきですから、養育費の対象となっていた子供の人数、支払額、支払期間等の実績を修正要素として考慮すべきである」としている。

③労働能力喪失期間

　労働能力喪失期間の始期は、死亡日が原則である。

　労働能力喪失期間の終期は、現時点では、原則として67歳までとされている。ただし、平均余命が延びたことを考慮して、高齢の被害者については、原則として該当年度の簡易生命表（赤い本2020上420〜423頁）の平均余命の2分の1を認める。

④内縁の配偶者

　相続人でない者が被害者によって扶養を受けていた場合、相続構成では加害者に損害賠償請求ができない。

　そこで、判例（最判平成5・4・6判時1477号46頁）は、被害者から扶養を受ける利益を喪失させられたという理由づけを肯定し、内縁の配偶者の損害賠償請求権を肯定した。この場合、相続人である遺族の請求と扶養利益喪失の損害の請求と両方に対して賠償をしたのでは、加害者が二重払いをすることになるため、これを回避する工夫が必要になる。上記判例は、政府保障事業に対する請求について、「死亡被害者の逸失利益は同人が死亡しなかったとすれば得べかりし利益であるところ、死亡被害者の内縁の配偶者の扶養に要する費用は

右利益から支出されるものであるから、死亡被害者の内縁の配偶者の将来の扶養利益の喪失に相当する額として既に支払われた前記てん補額は、死亡被害者の逸失利益からこれを控除するのが相当である」と判示した。

⑤相続放棄した者

死亡本人が多額の債務を負担しているため、相続人である遺族が相続放棄をすることがある。このような場合には、遺族は、相続構成による死亡逸失利益を請求できない。しかし、扶養利益喪失の損害賠償請求権は遺族固有の財産である。

そこで、判例（最判平成12・9・7判時1728号29頁）は、加害者に損害賠償請求ができることを認めている。この場合、扶養利益喪失の損害額が死亡逸失利益と同額になるとは限らないことに注意が必要である。上記判例は、扶養利益喪失により損害額を逸失利益額と同額に認定した原審の判断を破棄し、「扶養利益喪失による損害額は、相続により取得すべき死亡者の逸失利益の額と当然に同じ額となるものではなく、個々の事案において、扶養者の生前の収入、そのうち被扶養者の生計の維持に充てるべき部分、被扶養者各人につき扶養利益として認められるべき比率割合、扶養を要する状態が存続する期間などの具体的事情に応じて適正に算定すべきものである」と判示した。

2 ▶ 社会保険の利用

厚生年金保険の「遺族年金は、主たる生計維持者が死亡したために、その者の所得によって生活を営むことが困難になった遺族の生活を保障するための年金である。遺族年金は、①被保険者が若年者であるときに死亡した場合の年金と、②高齢者であるときに死亡した場合の年金に分けることができる。①の年金は以上述べた意味での遺族年金であり、遺族自身が就労することができれば支給する必要性はあまりない。②の遺族年金は、死亡者が受けていた老齢年金の一部が実質的に遺族に振り替えられる年金である。したがって、②の遺族年金は、『遺族の生活保障』と『老後の生活保障』という二つの性格を併せもっている」（堀13～14頁）と説明されている。

厚生年金保険法58条は、1項で「遺族厚生年金は、被保険者又は被保険者であつた者が次の各号のいずれかに該当する場合に、その者の遺族に支給する。ただし、第1号又は第2号に該当する場合にあつては、死亡した者につ

き、死亡日の前日において、死亡日の属する月の前々月までに国民年金の被保険者期間があり、かつ、当該被保険者期間に係る保険料納付済期間と保険料免除期間とを合算した期間が当該被保険者期間の3分の2に満たないときは、この限りでない」として、⑴被保険者（失踪の宣告を受けた被保険者であつた者であつて、行方不明となつた当時被保険者であつたものを含む。）が、死亡したとき、⑵被保険者であつた者が、被保険者の資格を喪失した後に、被保険者であつた間に初診日がある傷病により当該初診日から起算して5年を経過する日前に死亡したとき、⑶障害等級の1級又は2級に該当する障害の状態にある障害厚生年金の受給権者が、死亡したとき、⑷老齢厚生年金の受給権者（保険料納付済期間と保険料免除期間とを合算した期間が25年以上である者に限る。）又は保険料納付済期間と保険料免除期間とを合算した期間が25年以上である者が、死亡したときを列挙し、2項で「前項の場合において、死亡した被保険者又は被保険者であつた者が同項1号から3号までのいずれかに該当し、かつ、同項4号にも該当するときは、その遺族が遺族厚生年金を請求したときに別段の申出をした場合を除き、同項1号から3号までのいずれかのみに該当し、同項4号には該当しないものとみなす」と規定している。

遺族給付は、被保険者又は被保険者であった者（被保険者等）が死亡したときに、その者によって生計を維持されていた一定の遺族に支給される。遺族給付には、国民年金法の遺族基礎年金、寡婦年金及び死亡一時金並びに厚生年金保険法の遺族厚生年金がある。「遺族給付は、死亡した者の年金を相続するという性格の給付ではなく…、被保険者によって生計を維持されていた者の生活を保障するための給付である。したがって、例えば相続放棄（民938条以下）をした遺族でも遺族給付を受けることができる。遺族給付を受ける権利は遺族固有の権利である」（堀479頁）と説明されている。

3▶ 社会保険給付と損害賠償の調整

厚生年金保険給付と損害賠償の重複を調整するために、①被害者が厚生年金保険の給付を先に受けた場合、政府等は、その給付の価額の限度で、被害者が第三者に対して有する損害賠償請求権を取得する方法（厚年40条1項）と、②被害者が損害賠償の支払いを先に受けた場合、政府等は、その価額の限度で厚生年金保険の給付を行う責を免れる方法（給付免責。厚年40条2項）が規定さ

れている。

CASE 52　労働者が、業務中の交通事故で死亡した場合の逸失利益

1 ▶ 損害賠償額の算定

　死亡逸失利益に関する賠償額の算定については、業務中であるか否かは影響を与えない。 ⊖ CASE 51 参照

2 ▶ 社会保険の利用

①遺族補償給付の意義

　労働基準法79条は、使用者の責任について、「労働者が業務上死亡した場合においては、使用者は、遺族に対して、平均賃金の1000日分の遺族補償を行わなければならない」と規定している。

　労働者災害補償保険法16条は、上記責任に対応する保険給付として、「遺族補償給付は、遺族補償年金又は遺族補償一時金とする」と規定している。

　遺族補償年金等を請求する場合には、遺族補償年金請求書等を提出する。

⊖ FORMAT 13 参照

②遺族補償給付の受給権者

　労災保険の遺族補償給付は、遺族補償年金及び遺族補償一時金からなる（労災16条）。遺族補償年金を受け取ることができる遺族は、労働者の配偶者、子、父母、孫、祖父母及び兄弟姉妹であって、労働者の死亡の当時その収入によって生計を維持していたものである。ただし、妻（事実婚を含む）以外の者については、被災労働者の死亡当時に一定の高齢または年少であるか、あるいは一定の障害の状態にあるなど、一定の要件に該当した場合に限られている（労災16条の2第1項）。そのため「労災保険の遺族補償給付の受給権者と民法上の相続人は一致するとは限らない」（西村外211頁）。

　労働者災害補償保険法16条の2は、1項で「遺族補償年金を受けることができる遺族は、労働者の配偶者、子、父母、孫、祖父母及び兄弟姉妹であっ

て、労働者の死亡の当時その収入によつて生計を維持していたものとする。ただし、妻（婚姻の届出をしていないが、事実上婚姻関係と同様の事情にあった者を含む。以下同じ。）以外の者にあっては、労働者の死亡の当時次の各号に掲げる要件に該当した場合に限るものとする」として、(1)夫（婚姻の届出をしていないが、事実上婚姻関係と同様の事情にあつた者を含む。以下同じ。）、父母又は祖父母については、60歳以上であること、(2)子又は孫については、18歳に達する日以後の最初の3月31日までの間にあること、(3)兄弟姉妹については、18歳に達する日以後の最初の3月31日までの間にあること又は60歳以上であること、(4)前3号の要件に該当しない夫、子、父母、孫、祖父母又は兄弟姉妹については、厚生労働省令で定める障害の状態にあることを列挙し、2項で「労働者の死亡の当時胎児であつた子が出生したときは、前項の規定の適用については、将来に向かつて、その子は、労働者の死亡の当時その収入によつて生計を維持していた子とみなす」、3項で「遺族補償年金を受けるべき遺族の順位は、配偶者、子、父母、孫、祖父母及び兄弟姉妹の順序とする」と規定している。

③遺族補償年金の額

　遺族補償年金の給付額は、受給権者及びその者と生活を同じくする受給権者となりうる者の人数に応じて定まる（労災16条の3、別表第1）。

　労働者災害補償保険法16条の3は、1項で「遺族補償年金の額は、別表第1に規定する額とする」、2項で「遺族補償年金を受ける権利を有する者が2人以上あるときは、遺族補償年金の額は、前項の規定にかかわらず、別表第1に規定する額をその人数で除して得た額とする」、3項で「遺族補償年金の額の算定の基礎となる遺族の数に増減を生じたときは、その増減を生じた月の翌月から、遺族補償年金の額を改定する」、4項で「遺族補償年金を受ける権利を有する遺族が妻であり、かつ、当該妻と生計を同じくしている遺族補償年金を受けることができる遺族がない場合において、当該妻が次の各号の一に該当するに至つたときは、その該当するに至つた月の翌月から、遺族補償年金の額を改定する」として、(1)55歳に達したとき（別表第1の厚生労働省令で定める障害の状態にあるときを除く。）、(2)別表第1の厚生労働省令で定める障害の状態になり、又はその事情がなくなつたとき（55歳以上であるときを除く。）を列挙している。

④遺族補償一時金

　遺族補償一時金は、労働者の死亡の当時、遺族補償年金を受けることができる遺族がないときに支給される。これは、上記②のとおり、遺族補償年金の受給資格が、妻以外の者については、一定の高齢または年少であるか、あるいは一定の障害の状態にあるなど、一定の要件に該当した場合に限られているためである（労災16条の２第１項）。

　遺族補償年金を受けるべき遺族の順位は、配偶者、子、父母、孫、祖父母及び兄弟姉妹の順序とし（労災16条の２第３項）、別表第１に規定する額とする（労災16条の３第１項）。

⑤遺族補償年金前払一時金

　遺族補償年金についても、基礎給付日額の1000日分までの前払い支給がなされ得る（労災60条）。

⑥遺族特別支給金等

　社会復帰促進等事業の一環として、一律の遺族特別支給金（支給則５条）のほか、５ヵ月の期間を超える期間の賃金分を上乗せする趣旨の遺族特別年金（同９条）もある。

3 ▶ 社会保険給付と損害賠償の調整

　労災保険給付（例えば、遺族補償年金）については、損害賠償との重複を調整するために、①被害者が労災保険の給付を先に受けた場合、政府は、その給付の価額の限度で、被害者が第三者に対して有する損害賠償請求権を取得する方法（第三者求償。労災12条の４第１項）と、②被害者が損害賠償の支払いを先に受けた場合、政府は、その価額の限度で労災保険の給付をしないことができる方法（給付免責。労災12条の４第２項）が規定されている。

　これに対して、特別支給金（例えば、遺族障害特別支給金等）の給付については、損害賠償との重複は調整されない。特別支給金は、被災労働者やその遺族の援護等によりその福祉を増進させるものであり、保険給付とは法的性格が異なるためである。

労働者が、通勤中の交通事故で死亡した場合の逸失利益

1▶ 損害賠償額の算定

　死亡逸失利益に関する賠償額の算定については、通勤中であるか否かは影響を与えない。 **→ CASE 51 参照**

2▶ 社会保険の利用

①遺 族 給 付 等

　労働者が通勤中の交通事故で負傷した場合、労災においては「通勤災害」とされる。通勤災害のための遺族給付は、使用者の補償責任に基づく給付とは性格を異にするため「補償」の文言は付されていないものの、業務災害に関する規定が準用されており、基本的には業務災害に関する給付と共通した内容である。 **→ CASE 52 参照**

　労働者災害補償保険法22条の4は、1項で「遺族給付は、労働者が通勤により死亡した場合に、当該労働者の遺族に対し、その請求に基づいて行なう」、2項で「遺族給付は、遺族年金又は遺族一時金とする」、3項で「16条の2から16条の9まで並びに別表第1（遺族補償年金に係る部分に限る。）及び別表第2（遺族補償一時金に係る部分に限る。）の規定は、遺族給付について準用する。この場合において、これらの規定中『遺族補償年金』とあるのは『遺族年金』と、『遺族補償一時金』とあるのは『遺族一時金』と読み替えるものとする」と規定している。

②遺族特別支給金等

　交通事故が通勤災害であるときも、業務災害のときと同様に、遺族特別支給金が支給される。 **→ CASE 52 参照**

3▶ 社会保険給付と損害賠償の調整

　後遺障害逸失利益に関する損害賠償と労災保険給付の重複を調整する方法については、通勤中であるか業務中であるかは影響を与えない。 **→ CASE 52 参照**

CASE 54　会社役員が、交通事故で死亡した場合の逸失利益

1 ▶ 損害賠償額の算定

　会社役員の報酬については、休業損害と同様に労務提供の対価部分は認められるが、利益配当の実質をもつ部分は否定される。注意すべきは、いわゆるサラリーマン重役の場合である。同族会社でもないかぎりは被害者が死亡すると、親族が取締役として後を継ぐということはない。そのため、本人の死亡後は、遺族に役員報酬相当の利益が取得されることはなく、得られたはずの役員報酬の利益はまったく失われてしまう。したがって、仮に役員報酬の中に利益配当分が含まれていたとしても、その部分も手に入らなくなる。役員報酬額全額の損害が発生することになるから、役員報酬額全体が基礎収入になると考えられる。

2 ▶ 社会保険の利用

　会社役員は、会社と委任契約を締結している者であるから、厚生年金保険・労災保険の被保険者ではないとするのが自然であるが、実務上は一定の例外が認められている（厚生年金保険 ● CASE 34 参照 、労災保険 ● CASE 4 参照 ）。労働者性が認められる場合には、厚生年金保険・労災保険が適用される（厚生年金保険 ● CASE 51 参照 、業務災害 ● CASE 52 参照 、通勤災害 ● CASE 53 参照 ）。

　以上に対して、会社役員について労働者性が認められない場合は、国民年金が適用される。 ● CASE 55 参照

3 ▶ 社会保険給付と損害賠償の調整

　死亡逸失利益に関する損害賠償と社会保険給付の重複を調整する方法については、会社役員であるか否かは影響を与えない（厚生年金保険 ● CASE 51 参照 、労災保険 ● CASE 52 参照 、国民年金 ● CASE 55 参照 ）。

自営業者が、交通事故で死亡した場合の逸失利益

1▶ 損害賠償額の算定

　死亡逸失利益については、事業主が死亡しても遺族が後を継ぎ、事業を維持して、後継者がそれまで自分が得ていた所得額を超える収入を新たな経営者として得ている場合がある。この場合、事業経営による事業主の利益部分は遺族が全部あるいは一部を引き継いでいるのだから損害が発生していないのではないか、という疑問が生じる。判例（最判昭和43・8・2民集22巻8号1525頁）は、「企業主が生命もしくは身体を侵害されたため、その企業に従事することができなくなったことによって生ずる財産上の損害額は、原則として、企業収益中に占める企業主の労務その他企業に対する個人的寄与に基づく収益部分の割合によって算定すべきであり、企業主の死亡により廃業のやむなきに至った場合等特段の事情の存しないかぎり、企業主生存中の従前の収益の全部が企業主の右労務等によってのみ取得されていたと見ることはできない。したがって、企業主の死亡にかかわらず企業そのものが存続し、収益をあげているときは、従前の収益の全部が企業主の右労務等によってのみ取得されたものではないと推定するのが相当である」と判示した。したがって、事業の継続ができている場合には、本人が働いて稼いだ分に限定して逸失利益を算定し、事業経営による利益部分は除外することが必要になる。

2▶ 社会保険の利用

　自営業者は、労働者（被用者）ではないから、厚生年金保険・労災保険の被保険者ではないとするのが自然であるが、実務上は一定の例外が認められている（厚生年金保険 ➔ CASE 35 参照、労災保険 ➔ CASE 5 参照）。労働者性が認められる場合には、厚生年金保険・労災保険が適用される（厚生年金保険 ➔ CASE 51 参照、業務災害 ➔ CASE 52 参照、通勤災害 ➔ CASE 53 参照）。

　以上に対して、自営業者について労働者性が認められない場合は、国民年金が適用される。

　国民年金法37条は、「遺族基礎年金は、被保険者又は被保険者であつた者が次の各号のいずれかに該当する場合に、その者の配偶者又は子に支給する。ただし、第1号又は第2号に該当する場合にあつては、死亡した者につき、死亡日の前日において、死亡日の属する月の前々月までに被保険者期間があり、かつ、当該被保険者期間に係る保険料納付済期間と保険料免除期間とを合算した期間が当該被保険者期間の3分の2に満たないときは、この限りでない」として、(1)被保険者が、死亡したとき、(2)被保険者であつた者であつて、日本国内に住所を有し、かつ、60歳以上65歳未満であるものが、死亡したとき、(3)老齢基礎年金の受給権者（保険料納付済期間と保険料免除期間とを合算した期間が25年以上である者に限る。）が、死亡したとき、(4)保険料納付済期間と保険料免除期間とを合算した期間が25年以上である者が、死亡したときを列挙している。

3 ▶ 社会保険給付と損害賠償の調整

　国民年金給付と損害賠償の重複を調整するために、①被害者が国民年金の給付を先に受けた場合、政府は、その給付の価額の限度で、被害者が第三者に対して有する損害賠償請求権を取得する方法（第三者求償。国年22条1項）と、被害者が損害賠償の支払いを先に受けた場合、政府等は、その価額の限度で国民年金の給付を行う責を免れる方法（給付免責。国年22条2項）が規定されている（なお、厚生年金保険 ➡ CASE 51 参照、労災保険 ➡ CASE 52 参照）。

CASE 56
短時間労働者が、交通事故で死亡した場合の逸失利益

1 ▶ 損害賠償額の算定

　死亡逸失利益に関する損害賠償額の算定については、短時間労働者であるか否かは影響を与えない。 ➡ CASE 51 参照

2 ▶ 社会保険の利用

　短時間労働者については、近時の法改正によって厚生年金保険が適用される場合が増えている ➡ CASE 36 参照 。これに対して、短時間労働者に健康保険が適用されないときは、国民年金が適用される。 ➡ CASE 55 参照

　また、短時間労働者も、労災保険の被保険者である ➡ CASE 6 参照 。そのため、労災保険が適用される（業務災害 ➡ CASE 52 参照 、通勤災害 ➡ CASE 53 参照 ）。

3 ▶ 社会保険給付と損害賠償の調整

　死亡逸失利益に関する損害賠償と社会保険給付の重複を調整する方法については、短時間労働者であるか否かは影響を与えない（厚生年金保険 ➡ CASE 51 参照 、労災保険 ➡ CASE 52 参照 、国民年金 ➡ CASE 55 参照 ）。

CASE 57 家事従事者が、交通事故で死亡した場合の逸失利益

1 ▶ 損害賠償額の算定

　家事従事者とは、性別・年齢を問わず、家庭において家族のために炊事洗濯等の家事労働に従事している者である。判例（最判昭和49・7・19民集28巻5号872頁）は、その基礎収入について、休業損害と同様に、賃金センサスの女・学歴計・全年齢の金額を基礎収入とすることを原則としている。 ➡ CASE 37 参照

2 ▶ 社会保険の利用

　被害者が、家事に従事することを専業としており、その配偶者が労働者であるときは、その被扶養配偶者として国民年金が適用される（国年7条3号）。 ➡ CASE 51 参照

　これに対して、家事に従事することを兼業としており、自らも労働者である場合等には、厚生年金保険及び労災保険の被保険者となる（厚生年金保険 ➡ CASE 51 参照 、業務災害 ➡ CASE 52 参照 、通勤災害 ➡ CASE 53 参照 ）。

3 ▶ 社会保険給付と損害賠償の調整

死亡逸失利益に関する損害賠償と社会保険給付の重複を調整する方法については、家事従事者であるか否かは影響を与えない（厚生年金保険 ⊃ CASE 51 参照 、労災保険 ⊃ CASE 52 参照 、国民年金 ⊃ CASE 55 参照 ）。

CASE 58　失業者が、就職活動中の交通事故で死亡した場合の逸失利益

1 ▶ 損害賠償額の算定

失業者について、休業損害は原則として否定されるのに対し、死亡逸失利益は、認められることが多い。休業損害の場合には、現実に働いていない者が事故後の休業期間中に職を得られたのかという疑問が強いのと異なり、逸失利益は、比較的長期間にわたり計算を行うため、その期間中ずっと被害者が無職だろうとは推定できず、一定程度の収入は得られるだろうことが前提になるからである。ただし、これまでの就労歴から見て、低所得に甘んずる可能性が高いという被害者もいる。その場合には、失職前の現実収入額や経歴から判断して賃金センサスをさらに減額して基礎収入額とすることが妥当である。

また、判例（最判昭和44・12・23判時584号69頁）は、勤労意欲に乏しいときには逸失利益を否定している。

2 ▶ 社会保険の利用

失業者は、労働者（被用者）ではないから、厚生年金の被保険者ではなく、国民年金が適用される。それは、「国民（全体集合）から被用者保険を適用されない残りの者全部について地域保険を適用することで（補集合）、すべての国民が…年金保険のネットから漏れないようにしている」（西村外7頁）ためである。

3 ▶ 社会保険給付と損害賠償の調整

　死亡逸失利益に関する損害賠償と社会保険給付の重複を調整する方法については、失業者であるか否かは影響を与えない。→ CASE 55 参照

CASE **59**　未成年者が、交通事故で死亡した場合の逸失利益

1 ▶ 損害賠償額の算定

　学生などの未就労者であっても、将来的には（卒業後には）労働するものと予想されるから、逸失利益は肯定されるのが原則である。通常は、学歴計平均賃金で、18歳から67歳までの49年間稼働するという前提で逸失利益を計算する。→ CASE 39 参照

2 ▶ 社会保険の利用

　未成年者であっても労働者である場合等には、厚生年金保険及び労災保険の被保険者となり、給付を受けられることがある（厚生年金保険 → CASE 51 参照 、業務災害 → CASE 52 参照 、通勤災害 → CASE 53 参照 ）。

　これに対し、未成年者が労働者ではなく、親等によって扶養されているときは、厚生年金保険・労災保険が適用されない。国民年金の被保険者は、①第1号被保険者（日本国内に住所を有する20歳以上60歳未満の者であって第2号及び第3号のいずれにも該当しない者。国年7条1項1号）、②第2号被保険者（厚生年金保険の被保険者。国年7条1項2号）、③第3号被保険者（第2号被保険者の被扶養配偶者〔主として第2号被保険者の収入により生計を維持する配偶者〕のうち20歳以上60歳未満の者。国年7条1項3号）である。したがって、未成年者は被保険者ではなく、国民年金は適用されない。

3 ▶ 社会保険給付と損害賠償の調整

　死亡逸失利益に関する損害賠償と社会保険給付の重複を調整する方法につい

ては、未成年者であるか否かは影響を与えない（厚生年金保険 **→ CASE 51 参照**、労災保険 **→ CASE 52 参照**）。

CASE 60　高齢者が、交通事故で死亡した場合の逸失利益

1 ▶ 損害賠償額の算定

　高齢者についても、事故前から労働していたなどの事情により就労の蓋然性があれば、賃金センサスの男女別、年齢別平均の賃金額を基礎とする。また、高齢者が家事従事者である場合には、その基礎収入額として、全年齢平均ではなく、年齢別平均賃金を採用する場合がある。 **→ CASE 40 参照**

2 ▶ 社会保険の利用

　高齢者が労働者（厚生年金保険・労災保険の被保険者）であるときは、厚生年金保険・労災保険の給付を受けられる（厚生年金保険 **→ CASE 51 参照**、業務災害 **→ CASE 52 参照**、通勤災害 **→ CASE 53 参照**）。

　高齢者が労働者でないときは、国民年金が適用される。 **→ CASE 55 参照**

3 ▶ 社会保険給付と損害賠償の調整

　死亡逸失利益に関する損害賠償と社会保険給付の重複を調整する方法については、高齢者であるか否かは影響を与えない（厚生年金保険 **→ CASE 51 参照**、労災保険 **→ CASE 52 参照**、国民年金 **→ CASE 55 参照**）。

第4章

死亡による
受給権の消滅等

CASE 61 社会保険受給権を有する被害者が、交通事故で死亡した場合

1 ▶ 未支給の年金保険給付

　年金保険の受給権者が死亡した場合、その死亡した者に支給すべき給付でまだその者に支給しなかったものがあるときは、未支給の給付として法定の親族の請求に基づき支給することとされている。これは、「相続とは異なった仕組み」（菊池84頁）である。

　厚生年金保険法37条は、1項で「保険給付の受給権者が死亡した場合において、その死亡した者に支給すべき保険給付でまだその者に支給しなかつたものがあるときは、その者の配偶者、子、父母、孫、祖父母、兄弟姉妹又はこれらの者以外の三親等内の親族であって、その者の死亡の当時その者と生計を同じくしていたものは、自己の名で、その未支給の保険給付の支給を請求することができる」、2項で「前項の場合において、死亡した者が遺族厚生年金の受給権者である妻であったときは、その者の死亡の当時その者と生計を同じくしていた被保険者又は被保険者であった者の子であって、その者の死亡によって遺族厚生年金の支給の停止が解除されたものは、同項に規定する子とみなす」、3項で「1項の場合において、死亡した受給権者が死亡前にその保険給付を請求していなかったときは、同項に規定する者は、自己の名で、その保険給付を請求することができる」、4項で「未支給の保険給付を受けるべき者の順位は、

政令で定める」、5項で「未支給の保険給付を受けるべき同順位者が2人以上あるときは、その1人のした請求は、全員のためその全額につきしたものとみなし、その1人に対してした支給は、全員に対してしたものとみなす」と規定している。

　同様の規定は国民年金法19条にもあり、判例（最判平成7・11・7民集49巻9号2829頁）は、「相続とは別の立場から一定の遺族に対して未支給の年金給付の支給を認めたものであり、死亡した受給権者が有していた…年金給付に係る請求権が同条の規定を離れて別途相続の対象となるものでないことは明らかである」と判示している。

2▶ 未支給の労災保険給付

　労災保険の受給権者が死亡した場合、その死亡した者に支給すべき給付でまだその者に支給しなかったものがあるときは、未支給の給付として法定の親族の請求に基づき支給することとされている。これは、「相続とは異なった仕組み」（菊池84頁）である。

　労働者災害補償保険法11条は、1項で「この法律に基づく保険給付を受ける権利を有する者が死亡した場合において、その死亡した者に支給すべき保険給付でまだその者に支給しなかつたものがあるときは、その者の配偶者（婚姻の届出をしていないが、事実上婚姻関係と同様の事情にあった者を含む。以下同じ。）、子、父母、孫、祖父母又は兄弟姉妹であって、その者の死亡の当時その者と生計を同じくしていたもの（遺族補償年金については当該遺族補償年金を受けることができる他の遺族、遺族年金については当該遺族年金を受けることができる他の遺族）は、自己の名で、その未支給の保険給付の支給を請求することができる」、2項で「前項の場合において、死亡した者が死亡前にその保険給付を請求していなかったときは、同項に規定する者は、自己の名で、その保険給付を請求することができる」、3項で「未支給の保険給付を受けるべき者の順位は、第一項に規定する順序（遺族補償年金については16条の2第3項に、遺族年金については22条の4第3項において準用する16条の2第3項に規定する順序）による」、4項で「未支給の保険給付を受けるべき同順位者が2人以上あるときは、その1人がした請求は、全員のためその全額につきしたものとみなし、その1人に対してした支給は、全員に対してしたものとみ

なす」と規定している。

　未支給の労災保険給付を請求する場合には、未支給の保険給付支給請求書等を提出する。　**⊃ FORMAT 14 参照**

CASE
62　老齢厚生年金を受給していた被害者が、
　　　　交通事故で死亡した場合

1▶ 年金給付の内容

　老後に支払われる年金は、老齢年金または退職年金である。「老齢年金」とは高齢者のための年金であり、老齢年金は、基本的には、被保険者であった者が高齢になること（一定の年齢を超えて生存していること）を保険事故と捉えており、60歳とか65歳といった年齢への到達が年金の支給要件となる。これに対して、「退職年金」とは退職者のための年金であり、退職によって賃金が得られなくなるために支給される。「厚生年金は被用者に対する年金であり…原則として65歳から支給されるため、老齢年金としての性格をもつ。しかし、他方では、退職しないで在職している場合は、賃金額と年金額の合計が一定額以上あれば、年金が減額されるか又は全く支給されなくなるので、退職年金としての性格をももっている」（堀13頁）と説明されている。

　厚生年金保険法42条は、「老齢厚生年金は、被保険者期間を有する者が、次の各号のいずれにも該当するに至つたときに、その者に支給する」として、(1)65歳以上であること、(2)保険料納付済期間と保険料免除期間とを合算した期間が10年以上であることを列挙している。

2▶ 逸失利益の有無

①死亡による受給権の消滅

　社会保険の受給権者が交通事故にあったことは、原則として、社会保険の給付に影響を与えない。しかし、被害者が死亡した場合は別である。

　社会保険の受給権は基本的に受給権者の死亡によって消滅するものであり、厚生年金保険法45条は「老齢厚生年金の受給権は、受給権者が死亡したとき

は、消滅する」と規定している。このことは、「社会保障給付には、受給権に相続財産制が認められないという意味で、一身専属性があるといわれる（民896条但書）」（菊池84頁）と説明されている。そのため、死亡事案では、未支給（ ➡ CASE **61** 参照 ）に加えて、年金などが支給されなくなることが逸失利益となるかが問題になる。

　年金を受給していた人が死亡すると、それ以降、年金は支給されない。事故で死亡してしまうと、もらえたはずの年金がもらえなくなるので、経済的損失があるといえる。しかし、年金は稼働収入と違い、いわば「公から補助してもらうもの」という性格がある。そのため、年金の逸失利益性については様々な議論がある。

　判例（最大判平成5・3・24民集47巻4号3039頁）は、地方公務員の退職共済年金について、「退職年金を受給していた者が不法行為によって死亡した場合には、相続人は、加害者に対し、退職年金の受給者が生存していればその平均余命年齢までに受給することができた退職年金の現在額を同人の損害として、その賠償を求めることができる」と判示した。これに対しては、「逸失利益と認める根拠を明確には判示しておらず、不法行為による損害賠償制度そのものから導き出しているようである」（堀322頁）という指摘がある。

②逸失利益の内容

　年金逸失利益の場合は、稼働収入の逸失利益の場合より高めの生活費割合が使用される傾向がある。年金はもともと、収入がなくなった場合の生活費を確保するためのものであるから、手元に残る金額も少ないであろうという考え方による。ただし、具体的な割合については、簡単には基準化できない。

　年金の逸失利益を計算する場合は、年金は死亡時まで支払われるから、本来であれば生きていたであろう期間について計算すべきである。しかし、これは確定できないので、事故時年齢の男女別の平均余命年数を基に逸失利益の期間を算定する。

3 ▶ 逸失利益と社会保険の調整

　上記2の逸失利益との関係でも、損害賠償請求権者が遺族年金を受給できる場合には、その調整が必要になる。 ➡ CASE **51** 参照

　ただし、老齢厚生年金から遺族厚生年金への切替給付に関する代位の可否に

ついて見解の対立があることに注意が必要である。　→ POINT 49 参照

CASE 63　老齢基礎年金を受給していた被害者が、交通事故で死亡した場合

1▶ 年金給付の内容

　国民年金の老齢基礎年金は、65歳から支給されるので老齢年金である。これは、高齢者になると就労することが困難になるために支給される。基礎年金が退職年金ではないのは、「退職という観念が成立しにくい自営業者等が含まれるから」（堀13頁）である。

　老齢基礎年金の支給要件は、従来、保険料納付期間と保険料免除期間とを合算した期間が25年以上である者が65歳に達することとされていた。しかし、これに対しては25年では長期に過ぎるという批判があり、将来の無年金者の発生を抑えるとの観点から、平成24年改正で10年に短縮された。これは消費税率の8％から10％への引上げ延期に伴い延期されたが、平成28年改正により消費税率引上げを待たずに平成29年8月施行とされた。「老齢厚生年金の…受給資格期間としての保険料納付済期間等も、老齢基礎年金と同様、10年に短縮された」（菊池157～158頁）と説明されている。

　国民年金法26条は、「老齢基礎年金は、保険料納付済期間又は保険料免除期間（90条の3第1項の規定により納付することを要しないものとされた保険料に係るものを除く。）を有する者が65歳に達したときに、その者に支給する。ただし、その者の保険料納付済期間と保険料免除期間とを合算した期間が10年に満たないときは、この限りでない」と規定している。

　「65歳に達したとき」という要件は、65歳が老齢基礎年金の支給開始年齢であることを意味する。このことは、「65歳になると支給されるということは、老齢基礎年金の性格が退職年金ではなく、老齢年金であることを意味する」、「老齢年金とされたのは、老齢基礎年金の全身である旧国年法の老齢年金が、退職という考えがなじまない自営業者等に支給されたものだからである。ただし、現在では、老齢基礎年金は、被用者であった者にも65歳から支給される」

（堀374頁）と説明されている。

2 ▶ 逸失利益の有無

　国民年金法29条は「老齢基礎年金の受給権は、受給権者が死亡したときは、消滅する」と規定しているため、死亡による損害として、逸失利益を請求することが考えられる。

　判例（最判平成5・9・21集民169号793頁）は、「公務員であった者が支給を受ける普通恩給は、当該恩給権者に対して損失補償ないし生活保障を与えることを目的とするものであるとともに、その者の収入に生計を依存している家族に対する関係においても、同一の機能を営むものと認められるから（最判昭和41・4・7民集20巻4号499頁参照）、他人の不法行為により死亡した者の得べかりし普通恩給は、その逸失利益として相続人が相続によりこれを取得するものと解するのが相当である（最判昭和59・10・9集民143号49頁）。そして、国民年金法（昭和60年法律34号による改正前のもの。）に基づいて支給される国民年金（老齢年金）もまた、その目的・趣旨は…同様のものと解されるから、他人の不法行為により死亡した者の得べかりし国民年金は、その逸失利益として相続人が相続によりこれを取得し、加害者に対してその賠償を請求することができるものと解するのが相当である」と判示している。

3 ▶ 逸失利益と社会保険の調整

　上記2の逸失利益との関係でも、損害賠償請求権者が遺族年金を受給できる場合には、その調整が必要になる。CASE 60 参照

　ただし、老齢基礎年金から遺族基礎年金への切替給付に関する代位の可否について見解の対立があることに注意が必要である。POINT 49 参照

老齢年金を受給できる可能性が高かった 被害者が、交通事故で死亡した場合

1▶ 年金給付の内容

　老齢年金を受給するためには、一定の要件を満たすことが必要である（厚生年金保険 ●**CASE 62** 参照、国民年金 ●**CASE 63** 参照）。

2▶ 逸失利益の有無

　被害者が老齢年金を受給していなかったとしても、①一定期間にわたり保険料を支払ったことによって受給資格は取得しているが、支給開始にはまだ期間があった場合や、②かなり短い期間の未払いがあるだけで、交通事故がなければ受給資格を満たした可能性が高い場合がある。これらの場合に、年金の逸失利益を認めるかどうかは難しい問題である。このことは、「具体的な事情によっては、そもそも逸失利益の発生が認められないこともあり、これが認められるとしても、金額についてはかなり控えめな認定をせざるを得なくなる場合もある」（佐久間外84頁）と説明されている。

　裁判例（東京地判平成24・8・27交民45巻4号982頁）は、被害者が死亡時に年金を受給していなかった事案であっても、年金受給資格を取得している場合には逸失利益を認めている。これは、交通事故によって死亡しなければ年金を受給していたことが確実であると考えられるためである。

　これに対して、死亡時に年金の受給資格期間等の要件を充足していなかった場合には、逸失利益が認められるとは限らない。①32歳男性について逸失利益性を否定した裁判例（大阪地判平成18・4・7交民39巻2号520頁）がある。これに対して、②59歳女性について逸失利益性を認めた裁判例（広島地判平成10・2・18自保ジ1266号2頁）があり、「国民年金（老齢基礎年金）は、当該受給者に対して損失補償ないし生活保障を与えることを目的とするものであると共に、その者の収入に生計を依存している家族に対する関係においても、同一の機能を営むものと認められるから、その逸失利益性を肯定すべきところ（最判平成5・9・21）…国民年金を…298月納付してきたことが認められ…

本件事故当時いまだ年金受給資格を取得していなかったものの…納付期間等からすると…老齢基礎年金について逸失利益を認めるのが相当である」と判示している。

3 ▶ 逸失利益と社会保険の調整

上記2の逸失利益との関係でも、損害賠償請求権者が遺族年金を受給できる場合には、その調整が必要になる。ただし、この場合も、切り替え事案に関する指摘に注意する必要がある（厚生年金保険 **● CASE 62 参照**、国民年金 **● CASE 63 参照**）。

ただし、老齢（厚生・基礎）年金から遺族（厚生・基礎）年金への切替給付に関する代位の可否について見解の対立があることに注意が必要である。
● POINT 49 参照

CASE **65** 障害（厚生・基礎）年金を受給していた被害者が、交通事故で死亡した場合

1 ▶ 年金給付の内容

障害年金は、被保険者が一定程度以上の障害の状態になると稼得能力の低下又は喪失によって所得が減少又は喪失することが多いため、その生活を保障するために支給される年金である。これには、原則として国民のすべてに支給される障害基礎年金（国年30条）と、被用者（労働者）であった者に支給される障害厚生年金（厚年47条）がある（障害厚生年金 **● CASE 31 参照**、障害基礎年金 **● CASE 35 参照**）。

障害年金は、基本的には、被保険者が一定程度以上の障害の状態になることを保険事故と捉えて給付されるものである。障害には程度があるところ、一定程度以上の者だけが対象とされている趣旨は、国民年金法や厚生年金保険法は国民の生活保障を行うことを目的としているところ、軽度の障害に対して年金を支給する必要性は少なく、また、軽度の障害に対してまで支給すると財政負担・保険料負担が増えてしまうという点にある。

2 ▶ 逸失利益の有無

①死亡による受給権の消滅

　被害者が死亡すると障害年金が支給されなくなるから（厚年53条1号、国年35条1号）、死亡による損害として、その逸失利益を請求することが考えられる。

　厚生年金保険法53条は、「障害厚生年金の受給権は、48条2項の規定によって消滅するほか、受給権者が次の各号のいずれかに該当するに至つたときは、消滅する」として、⑴死亡したとき、⑵障害等級に該当する程度の障害の状態にない者が、65歳に達したとき。ただし、65歳に達した日において、障害等級に該当する程度の障害の状態に該当しなくなった日から起算して障害等級に該当する程度の障害の状態に該当することなく3年を経過していないときを除く、⑶障害等級に該当する程度の障害の状態に該当しなくなった日から起算して障害等級に該当する程度の障害の状態に該当することなく3年を経過したとき。ただし、3年を経過した日において、当該受給権者が65歳未満であるときを除く、を列挙している。

　国民年金法35条は、「障害基礎年金の受給権は、31条2項の規定によって消滅するほか、受給権者が次の各号のいずれかに該当するに至つたときは、消滅する」として、⑴死亡したとき、⑵厚生年金保険法47条2項に規定する障害等級に該当する程度の障害の状態にない者が、65歳に達したとき。ただし、65歳に達した日において、同項に規定する障害等級に該当する程度の障害の状態に該当しなくなった日から起算して同項に規定する障害等級に該当する程度の障害の状態に該当することなく3年を経過していないときを除く、⑶厚生年金保険法47条2項に規定する障害等級に該当する程度の障害の状態に該当しなくなった日から起算して同項に規定する障害等級に該当する程度の障害の状態に該当することなく3年を経過したとき。ただし、3年を経過した日において、当該受給権者が65歳未満であるときを除く、を列挙している。

②逸　失　利　益　性

　判例（最判平成11・10・22民集53巻7号1211頁）は、①後遺障害支給の年金等については逸失利益性を認め、②子や妻の加給分については逸失利益性を否定している。

　このうち、①後遺障害支給の年金等について逸失利益性を認める理由は、「国民年金法に基づく障害基礎年金も厚生年金保険法に基づく障害厚生年金も、原則として、保険料を納付している被保険者が所定の障害等級に該当する障害の状態になったときに支給されるものであって（国民年金法30条以下、87条以下、厚生年金保険法47条以下、81条以下参照）、程度の差はあるものの、いずれも保険料が拠出されたことに基づく給付としての性格を有している」という点にある。

　そして、②子や妻の加給分について逸失利益性を否定する理由は、「国民年金法33条の2に基づく子の加給分及び厚生年金保険法50条の2に基づく配偶者の加給分は、いずれも受給権者によって生計を維持している者がある場合にその生活保障のために基本となる障害年金に加算されるものであって、受給権者と一定の関係がある者の存否により支給の有無が決まるという意味において、拠出された保険料とのけん連関係があるものとはいえず、社会保障的性格の強い給付である。加えて、右各加給分については、国民年金法及び厚生年金保険法の規定上、子の婚姻、養子縁組、配偶者の離婚など、本人の意思により決定し得る事由により加算の終了することが予定されていて、基本となる障害年金自体と同じ程度にその存続が確実なものということもできない」という点にある。

3 ▶ 逸失利益と社会保険の調整

　上記2の逸失利益との関係でも、損害賠償請求権者が遺族年金を受給できる場合には、その調整が必要になる。

　ただし、この場合も、切り替え事案に関する指摘に注意する必要がある（厚生年金保険 **→ CASE 62 参照**、国民年金 **→ CASE 63 参照**）。

　ただし、障害基礎年金には切替給付はないのに対し、障害厚生年金から遺族厚生年金への切替給付があるため、その代位の可否について見解の対立があることに注意が必要である。**→ POINT 49 参照**

CASE 66 20歳前の障害基礎年金を受給していた被害者が、交通事故で死亡した場合

1 ▶ 年金給付の内容

　いわゆる20歳前障害基礎年金（国年30条の4）は、20歳未満に初診日がある傷病による障害の場合、保険料納付がないにもかかわらず、20歳に達した日又はそれ以後の障害認定日において1級又は2級の障害の状態にあれば支給される。 ➡ CASE 39 参照

　これは保険料納付がない（無拠出の制度である）ため、所得制限があり、全額又は半額が支給停止される場合がある（国年36条の3）。

2 ▶ 逸失利益の有無

　いわゆる20歳前障害基礎年金の逸失利益に関する裁判例は見当たらない。しかし、「障害基礎年金は、20歳未満の時点で初診日がある者にも支給される。これは、受給権者が保険料の負担をしていない非拠出制の障害基礎年金であるから、最高裁が死亡した者の拠出を理由の一つとして逸失利益性を肯定しているので、逸失利益性が否定される可能性があるが、差額説による逸失利益性は認められ、年金給付は保険料の払戻しではないし、支給財源は保険料だけではなく、給付存続の確実性があるから、逸失利益性を肯定することは可能であろう」（今泉547頁）という指摘もあるため、逸失利益の請求を検討することが必要である。

3 ▶ 逸失利益と社会保険の調整

　上記2の逸失利益との関係でも、損害賠償請求権者が遺族年金を受給できる場合には、その調整が必要になる。

CASE 67　労災保険の障害年金を受給していた被害者が、交通事故で死亡した場合

1 ▶ 年金給付の内容

　労災保険における障害（補償）給付は、厚生労働省令で定める障害等級に応じ支給される（業務災害 ● CASE 32 参照 、通勤災害 ● CASE 33 参照 ）。

2 ▶ 逸失利益の有無

　裁判例（東京地裁平成 7・3・28 判タ 904 号 184 頁）は、障害補償年金及び障害特別年金について逸失利益性を認めている。その理由は、①「被災時における給与額が基準とされていることなどからみて、障害補償年金は、被災後死亡までの期間において被災者の有する全稼働能力を平均して金額的に表象するものと解することができる」こと、②「障害特別年金は、障害補償年金…がボーナスなどの特別給付を算定の基礎として算入していないことから、年金受給者等の援護の充実を図るためのものとして設けられたものであり、被災労働者が被災以前の一年間に受けた特別給与の総額が算定の基礎とされていることなど」にある。

　また、「障害補償年金は災害補償であるから受給者には費用負担がないので、逸失利益性を否定される可能性があるが、差額説による逸失利益性は認められ、支給存続の確実性があり、障害補償年金は障害基礎年金・障害厚生年金…と併給調整されるから、法律自体が同質性を認めているので、逸失利益性を肯定することは可能であろう」（今泉 548 頁）という指摘もある。

3 ▶ 逸失利益と社会保険の調整

　上記 2 の逸失利益との関係でも、損害賠償請求権者が遺族年金を受給できる場合には、その調整が必要になる。

　ただし、「逸失利益性を肯定する場合は、切替給付の一種の遺族補償給付である障害補償年金差額一時金（公的年金とは異なり、遺族補償年金としての切替給付はない）を、被害者の死亡逸失利益（稼働分を含む）の受給者の相続分

から控除すべきであるが、逸失利益性を否定する場合は、公平の見地から、被害者に死亡逸失利益（稼働分）が認められても、既給付の障害補償年金差額一時金を控除すべきではない」（今泉548頁）という指摘に注意が必要である。

CASE 68 労災保険の傷害補償年金を受給していた被害者が、交通事故で死亡した場合

1 ▶ 年金給付の内容

傷病補償年金は、業務上負傷し、又は疾病（傷病）にかかった労働者が、当該傷病に係る療養開始後1年6ヵ月を経過した日又は同日後において、当該傷病が治っておらず、かつ傷病による障害の程度が厚生労働省令に定める傷病等級（1級ないし3級）の程度に達している場合（労働不能の場合）に支給される（労災12条の8第3項、18条1項、別表第1）ものである。 ➡ CASE 12 参照

2 ▶ 逸失利益の有無

傷病補償年金に関する裁判例は見当たらない。「傷病補償年金は、受給者の費用負担がないことに加え、症状固定までの暫定的な性質を有するもので、平均余命期間にわたって支給することを予定しているものではなく支給継続の確実性がないから、受給者の死亡による逸失利益性を認めることは困難であるが、傷病補償年金の障害内容は、障害補償年金の第1〜3級に概ね対応する内容になっていて…その給付内容も、障害補償年金の額と同額であり、当該障害が改善する可能性はほとんどなく、早晩、障害補償年金に移行する可能性が大であることを考えると、障害補償年金と同視してその逸失利益性の存否を判断すべき（ただし、障害補償年金差額一時金の支給要件はない）である」（今泉548頁）という指摘もあるため、労災保険の障害年金を受給していた事案に関する見解を参考として検討することが必要である。 ➡ CASE 67 参照

3 ▶ 逸失利益と社会保険の調整

上記2の逸失利益との関係でも、損害賠償請求権者が遺族年金を受給でき

る場合には、その調整が必要になる。

CASE 69 遺族（厚生・基礎）年金を受給していた被害者が、交通事故で死亡した場合

1▶ 年金給付の内容

　遺族年金は、被保険者又は被保険者であった者（被保険者等）が死亡したときに、その者によって生計を維持されていた一定の遺族に支給される年金である。これには、原則として国民のすべてに支給される遺族基礎年金（国民年金法37条）と、被用者（労働者）であった者に支給される遺族厚生年金（厚年58条）がある（障害厚生年金 **●CASE 51 参照**、障害基礎年金 **●CASE 55 参照**）。

　遺族年金は、被保険者等が死亡したことを保険事故として給付されるものである。遺族給付は、遺族に支給される給付であるという意味では共通しているが、個別の遺族給付の趣旨・目的は、必ずしも同じではない。このことは、①「遺族厚生年金は、厚生年金の被保険者等が死亡した場合に、その遺族の生活を保障することを目的として支給される。遺族基礎年金が定額の年金であるのに対し、遺族厚生年金は報酬比例の年金である。このため、遺族厚生年金は、従前の生活をある程度維持できるようにするための年金である」（堀481～482頁）、②「遺族基礎年金は、国民年金の被保険者等が死亡した場合に、死亡者によって生計を維持されていた配偶者又は『18歳未満の子』…に支給される。配偶者に対する遺族基礎年金は、『18歳未満の子』と生計を同じくする場合にしか支給されないため、『母子年金』又は『父子年金』としての性格をもっている。子がいなければ支給されない理由について、吉原（1987、146頁）は、18歳未満の子のあるなしで生活困窮度に大きな違いがあること、子がいなければ自立や再婚も比較的容易であること、を挙げている」（堀480頁）と説明されている。

2 ▶ 逸失利益の有無

①死亡による受給権の消滅

　被害者が死亡すると障害年金が支給されなくなるから（厚年63条1号、国年40条1号）、死亡による損害として、その逸失利益を請求することが検討の対象とはなる。

　厚生年金保険法63条は、1項で「遺族厚生年金の受給権は、受給権者が次の各号のいずれかに該当するに至ったときは、消滅する」として、(1)死亡したとき、(2)婚姻（届出をしていないが、事実上婚姻関係と同様の事情にある場合を含む。）をしたとき、(3)直系血族及び直系姻族以外の者の養子（届出をしていないが、事実上養子縁組関係と同様の事情にある者を含む。）となったとき、(4)離縁によって、死亡した被保険者又は被保険者であった者との親族関係が終了したとき、(5)次のイ又はロに掲げる区分に応じ、当該イ又はロに定める日から起算して5年を経過したとき。イ：遺族厚生年金の受給権を取得した当時30歳未満である妻が当該遺族厚生年金と同一の支給事由に基づく国民年金法による遺族基礎年金の受給権を取得しないとき：当該遺族厚生年金の受給権を取得した日、ロ：遺族厚生年金と当該遺族厚生年金と同一の支給事由に基づく国民年金法による遺族基礎年金の受給権を有する妻が30歳に到達する日前に当該遺族基礎年金の受給権が消滅したとき：当該遺族基礎年金の受給権が消滅した日を列挙し、2項で「子又は孫の有する遺族厚生年金の受給権は、次の各号のいずれかに該当するに至つたときは、消滅する」として、(1)子又は孫について、18歳に達した日以後の最初の3月31日が終了したとき。ただし、子又は孫が障害等級の1級又は2級に該当する障害の状態にあるときを除く、(2)障害等級の1級又は2級に該当する障害の状態にある子又は孫について、その事情がやんだとき。ただし、子又は孫が18歳に達する日以後の最初の3月31日までの間にあるときを除く、(3)子又は孫が、20歳に達したとき、を列挙し、3項で「父母、孫又は祖父母の有する遺族厚生年金の受給権は、被保険者又は被保険者であった者の死亡の当時胎児であった子が出生したときは、消滅する」と規定している。

　国民年金法40条は、1項で「遺族基礎年金の受給権は、受給権者が次の各号のいずれかに該当するに至ったときは、消滅する」として、(1)死亡したとき、

(2)婚姻をしたとき、(3)養子となったとき（直系血族又は直系姻族の養子となったときを除く。）、を列挙し、2項で「配偶者の有する遺族基礎年金の受給権は、前項の規定によって消滅するほか、39条1項に規定する子が1人であるときはその子が、同項に規定する子が2人以上であるときは同時に又は時を異にしてその全ての子が、同条3項各号のいずれかに該当するに至ったときは、消滅する」、3項で「子の有する遺族基礎年金の受給権は、1項の規定によって消滅するほか、子が次の各号のいずれかに該当するに至つたときは、消滅する」として、(1)離縁によって、死亡した被保険者又は被保険者であった者の子でなくなったとき、(2)18歳に達した日以後の最初の3月31日が終了したとき。ただし、障害等級に該当する障害の状態にあるときを除く、(3)障害等級に該当する障害の状態にある子について、その事情がやんだとき。ただし、その子が18歳に達する日以後の最初の3月31日までの間にあるときを除く、(4)20歳に達したとき、を列挙している。

②逸 失 利 益 性

判例（最判平成12・11・14民集54巻9号2683頁）は、遺族厚生年金について、逸失利益性を否定している。

その理由は、①「受給権者自身が保険料を拠出しておらず、給付と保険料とのけん連性が間接的であるところからして、社会保障的性格の強い給付ということができる」こと、及び②遺族厚生「年金は、受給権者の婚姻、養子縁組など本人の意思により決定し得る事由により受給権が消滅するとされていて、その存続が必ずしも確実なものということもできない」ことにかんがみると、③「遺族厚生年金は、受給権者自身の生存中その生活を安定させる必要を考慮して支給するものである」という点にある。

CASE 70　労災保険の遺族年金を受給していた被害者が、交通事故で死亡した場合

1▶ 年金給付の内容

業務災害に関する遺族補償給付は、遺族補償年金及び遺族補償一時金からな

る（労災16条）。遺族補償年金を受給権者は、民法上の相続人と一致するとは限らない。 ⊙ CASE52 参照

　通勤災害に関する遺族給付は、使用者の補償責任に基づく給付とは性格を異にするため「補償」の文言は付されていないものの、基本的には業務災害に関する給付と共通した内容である。 ⊙ CASE53 参照

2 ▶ 逸失利益の有無

①死亡による受給権の消滅

　被害者が死亡すると遺族（補償）年金が支給されなくなるから（労災16条の4第1項1号、22条の4第2項）、死亡による損害として、その逸失利益を請求することが検討の対象とはなる。

　労働者災害補償保険法16条の4は、1項で「遺族補償年金を受ける権利は、その権利を有する遺族が次の各号の一に該当するに至つたときは、消滅する。この場合において、同順位者がなくて後順位者があるときは、次順位者に遺族補償年金を支給する」として、(1)死亡したとき、(2)婚姻（届出をしていないが、事実上婚姻関係と同様の事情にある場合を含む。）をしたとき、(3)直系血族又は直系姻族以外の者の養子（届出をしていないが、事実上養子縁組関係と同様の事情にある者を含む。）となったとき、(4)離縁によって、死亡した労働者との親族関係が終了したとき、(5)子、孫又は兄弟姉妹については、18歳に達した日以後の最初の3月31日が終了したとき（労働者の死亡の時から引き続き16条の2第1項4号の厚生労働省令で定める障害の状態にあるときを除く。）、(6)16条の2第1項4号の厚生労働省令で定める障害の状態にある夫、子、父母、孫、祖父母又は兄弟姉妹については、その事情がなくなつたとき（夫、父母又は祖父母については、労働者の死亡の当時60歳以上であつたとき、子又は孫については、18歳に達する日以後の最初の3月31日までの間にあるとき、兄弟姉妹については、18歳に達する日以後の最初の3月31日までの間にあるか又は労働者の死亡の当時60歳以上であつたときを除く。）を列挙し、2項で「遺族補償年金を受けることができる遺族が前項各号の一に該当するに至ったときは、その者は、遺族補償年金を受けることができる遺族でなくなる」と規定している。

②逸 失 利 益 性

　遺族（補償）年金受給者が死亡した場合に関する裁判例は見当たらない。この点については、遺族厚生年金について判例（最判平成12・11・14民集54巻9号2683頁）が逸失利益性を否定していることが参考になる。 **⊃CASE69参照**

　「遺族補償年金受給者の死亡では、最判平成12年11月14日が挙げる理由から見ると、受給権喪失による逸失利益性は否定される。逸失利益性を認めない以上、公平の見地から、被害者に死亡逸失利益（稼働分）が認められても、転給（遺族補償年金には切替給付はないが転給制度がある）にかかる遺族補償年金は、被害者の死亡逸失利益（稼働分）の当該受給権者の相続分から控除すべきではないし、失権差額一時金は、転給資格者がない場合の遺族補償給付であるが、既給付の失権差額一時金も、被害者の死亡逸失利益（稼働分）から控除すべきではない」（今泉548～549頁）という指摘もある。

書式等と記入のポイント

交通事故、自損事故、第三者（他人）等の行為による傷病（事故）届

届出者	被保険者証 記号番号	----------------------	被保険者 氏　名		印	職種	
	事業所名 （勤め先）		所在地 （勤め先）	〒		Tel（　　）	

被害者 （受診者）	氏名		男 女　才	続柄		住所	〒 Tel（　　）
	事故内容	自動車事故・バイク事故・自転車事故・歩行中・殴打・刺傷・その他（　　　　）					
	警察への届出有無	有：人身事故・物損事故　※注1（　　　　　警察署）無：（理由　　　　）					

加害者 （第三者）	氏名		男 女　才	住所	〒 Tel（　　）
	勤務先 又は職業		所在地	〒 Tel（　　）	

加害者が不明の理由	

事故発生	年　　月　　日　前後　　時　　分	発生場所	市　　町 　　郡　　村

過失の度合	（自分） 被害者	1・2・3・4・5・6・7・8・9・10	（相手） 加害者	1・2・3・4・5・6・7・8・9・10

事故の相手の自動車保険加入状況

傷病が交通事故によるとき	自賠責保険	保険会社名		取扱店 所在地	〒 Tel（　　）		
		保険契約者名 （名義人）		住所 （所在地）		関係	保有者との 加害者との
		自動車の種別	府県名	登録番号		車台番号	
		自賠責証明書番号		保険期間	自　　　　年　　月　　日 至　　　　年　　月　　日		
		自動車の保有者名		住所 （所在地）		加害者 との関係	
	任意保険	保険会社名	火災海上（株） 農協	取扱店 所在地	〒 担当者名　　　　Tel（　　）		
		保険契約者名		住所 （所在地）	〒		
		契約証書番号		保険期間	自　　　　年　　月　　日 至　　　　年　　月　　日		
		保険契約期間	年　　月　　日～　　年　　月　　日	任意一括について　※注2 有・無			

※注1

物損事故で処理した場合　別途「人身事故証明入手不能届」の提出を求める場合があります。

※注2

任意一括とは、自賠責保険だけの対応ではなく、任意保険が対応している場合です。

受付日付印

治療状況 (治療順)		名称		入院	年 月 日から 年 月 日まで	自費・加害者負担・自賠責・社会保険
	①	所在地		通院	年 月 日から 年 月 日まで	自費・加害者負担・自賠責・社会保険
	②	名称		入院	年 月 日から 年 月 日まで	自費・加害者負担・自賠責・社会保険
		所在地		通院	年 月 日から 年 月 日まで	自費・加害者負担・自賠責・社会保険
	③	名称		入院	年 月 日から 年 月 日まで	自費・加害者負担・自賠責・社会保険
		所在地		通院	年 月 日から 年 月 日まで	自費・加害者負担・自賠責・社会保険

治療見込み (治療終了日)	年 月頃 (年 月 日終了)	(注)治療費の支払区分を医療機関に確認して〇で囲んでください。 治療が終了しているときは、最終受診日をご記入ください。

休業補償	休業(治療)中の休業補償の方法(記号に〇をつける) ア 加害者が負担　　イ 職場から支給　　ウ 自賠責へ請求 エ 社会保険へ傷病手当金 オ その他　(被害者加入の人身傷害保険へ請求など) の請求予定

損害賠償の支払状況示談	示談又は和解(該当に〇をつける)　　※示談している場合は、示談書の写しを添付すること した ・ 交渉中 ・ しない(理由)_____ 加害者や損害保険会社からの仮渡金・治療費・付添料などもらった場合や示談・話合いの 状況を具体的に記入すること。 【受領日・金額】　　　　　　　　　　　【受領したものの名目】 　　月　　日　　　　　円　(　　　　　　　　　　　　　　　　　) 　　月　　日　　　　　円　(　　　　　　　　　　　　　　　　　) 　　月　　日　　　　　円　(　　　　　　　　　　　　　　　　　)

<u>交通事故以外</u>の被害行為(飼犬等の咬傷を含む)の場合は、事故発生状況を下欄に具体
的に記入して下さい。　※交通事故の場合はこの欄に記入せず、事故発生状況報告書に記入して下さい。

_____

(事故発生状況)

全国健康保険協会

※　全国健康保険協会ホームページ（https://www.kyoukaikenpo.or.jp/）内ダウンロード用書式「28　第三者行為による傷病届」（https://www.kyoukaikenpo.or.jp/~/media/Files/honbu/g2/dai3shakoui/jikoigaishinseisho_2.pdf）より転載（2020年3月9日に利用）。

「第三者行為による事故届」記入のポイント

①健康保険と損害賠償を調整するために

　交通事故において健康保険を使うためには「交通事故、自損事故、第三者（他人）等の行為による傷病（事故）届」等を提出する必要がある。そして、交通事故の被害者が健康保険を使って治療するか否かを検討する際には、自賠責保険の書式による診断書作成に医療機関側が応じない可能性があることに注意する必要性が高い。→ POINT **36** 参照

　第三者とは、健康保険の当事者以外の者である。このことは、「社会保険各法にいう『第三者』とは、社会保険の当事者たる保険者と被保険者（共済組合の組合員、健康保険等の被扶養者を含む）以外の者をいう。直接の加害者がこれに当たることはいうまでもないが、それ以外に、被用者の行為につき責任を負うべき使用者（民法715条）…自動車損害賠償保障法（自賠法）に基づく運行供用者（自賠3条）およびその責任を負う保険会社（昭和31・10・26保文発8811号）も第三者に含まれる」（西村外27頁）と説明されている。

　「交通事故、自損事故、第三者（他人）等の行為による傷病（事故）届」の提出には、健康保険と損害賠償請求権との調整のために基礎的情報を提供する意義がある。交通事故の被害者（及び被害者死亡事案における遺族）は、「第三者」に対して損害賠償請求権を有している。この場合、同一の事由について健康保険からも損害の填補を受けることになり、実際の損害額より多くが被害者の手許に残るという事態を回避するために調整が必要になる。そして、被害者に生じた損害の填補は、最終的には、健康保険の保険者ではなく、加害行為等に基づき損害賠償責任を負う「第三者」が負担することが適切である。このため、健康保険法57条は、第三者行為災害に関する労災保険給付と損害賠償請求との調整として、①第三者求償と②給付免責を定めている。→ POINT **47** 参照

②当事者等に関する情報

　届出者・被害者（受診者）の欄は、被害者の知識により記入できることが多い。注意を要するのは、「警察への届出有無」に関する注1における「物損事故で処理した場合、別途『人身事故証明入手不能届』の提出を求める場合があ

ります」という記載である。これは、健康保険の給付は人身被害の一部（治療費等）に対応しており、物損には対応しないため、人身事故であることを確認する趣旨である。事故直後には負傷していることに気づかなかった場合等、警察への届出は「物損事故」となっている事案においても、加害者側の任意保険会社等（以下「任意社」という）は負傷との因果関係を確認して示談代行することが少なくない。

　加害者（第三者）の氏名及び自賠責保険の加入状況については事故証明書を参考にして記入する。任意保険の加入状況については事故証明書に記載がないため、加害者に情報提供を求める。任意社が示談代行をするときは積極的に連絡があり、治療費を病院に直接支払う等の対応をすることが多い。この場合は「任意一括について」欄の「有」を選択する。

③交通事故に関する情報

　発生日時・場所については、事故証明書を参考にして記入する。

　過失の度合は、「（自分）被害者」と「（相手）加害者」の過失相殺率を意味するため、合計が10になるように記入する。例えば、「（自分）被害者」の過失が3であれば、「（相手）加害者」の過失は7になる。自分に過失がないときは、「（相手）加害者」の10を選択する。

　なお、「事故発生状況」欄に「交通事故の場合はこの欄に記入せず、事故発生状況報告書に記入して下さい」とあるのは、交通事故においては過失相殺率等の判断のために具体的情報が必要なためである。**→ FORMAT 3 参照**

④治療経過等に関する情報

　治療状況のうち、名称・所在地・入院期間・通院期間・治療見込み（治療終了日）等については、治療を受けている病院等の診断書等に基づいて記入する。任意社が治療費を病院に直接支払うなどの対応をしているときは、被害者が病院から入手せず、診断書等（写し）の送付を任意社に求めることが多い。この場合には、「加害者負担」を選択する。

　実務では、任意社が示談代行をし、自賠責保険分も含めて一括払対応をすることが多い。任意社が一括払対応をしないのは、事故状況について見解が大きく対立しているため損害賠償責任の有無が判断できないときや、被害者に過失

が極めて大きいときである。このような場合でなければ、任意社が被害者（または医療機関等）に対して治療費・休業損害等を支払うこと（以下「内払い」という）が行われている。ただし、内払いは法的に強制できるものではないため、任意社が払いすぎになると考えた場合や、必要な治療が終わっていると考えた場合等には、その判断で一方的に止めることもある。このような状況において、被害者が治療費等を支払ったときは、「自費」を選択する。また、自賠責保険に被害者請求をしたときは、「自賠責」を選択する。

　交通事故において健康保険を使う必要があるのは、任意社が一括払対応をしない場合である。健康保険を利用することによって診療単価が低くなり、治療費の総額を抑えることができるので、自賠責保険の限度額（傷害について120万円）内で受けられる治療回数が多くなる。また、症状固定の有無の判断は必ずしも容易ではないため、加害者側の任意保険会社から治療の中止（打ち切り）の意向を示されたときに、被害者としては治療の継続が必要であると考えるときには、健康保険を使うことになる ➡ POINT36 参照 。既に健康保険を使って治療をしたことがある場合には、「社会保険」を選択する。

⑤損害賠償に関する情報

　休業補償については、任意社が休業損害として被害者に支払うなどの対応をしているときは、「加害者が負担」を選択する。「職場から支給」という選択肢もあるが、「ノーワーク・ノーペイの原則 ➡ FORMAT 6 参照 」があるため、休業分を被害者勤務先が支給することは少ない。自賠責保険に被害者請求をしたときには「自賠責へ請求」を選択する。健康保険によるときは「社会保険へ傷病手当金」を選択する。ここでは休業補償を受けた場合に限らず、請求中のときは「…の請求予定」を選択する。

　示談は、紛争の当事者で解決の内容を決めて紛争を終わらせる合意であり、和解契約（民695条）に該当することが多い。交通事故については、損害賠償義務者（加害者本人等）が被害者に対して一定の損害賠償金を支払うことを約束し、被害者が合意金額を受領したときはそれ以上の請求をしないことを約束するのが一般的である。示談が成立したときは、合意に基づく支払いを受けて紛争は終了する。示談解決のためには、自分で交渉するだけでなく、ADR（裁判外紛争処理機関）を利用することもできる。

示談は契約（合意）であるから、その内容を確認する「示談書」に被害者と損害賠償義務者の双方が署名押印するのが原則である。ただし、実務上、任意社が示談代行をしている場合は、「損害賠償額の支払いを受けた場合には、その余の請求を放棄して、今後一切損害賠償請求権の行使をしない」旨の記載がある損害賠償義務者及び任意社宛の書面（免責証書等）に被害者のみが署名押印して（差入型の書面として）完成させ、示談成立とすることが多い。任意保険の約款において、被害者がこのような加害者の法的責任の範囲を確定させる書面を作成することによって、被害者が任意社に対する直接請求権を行使できるからである。

　示談の状況では、「交渉中」を選ぶことが多い。健康保険の給付は、治療費や休業損害に対応するものであり、その段階では合意に至っていないため「した」に該当せず、加害者（第三者）に対する損害賠償請求権があるのに「しない」理由はないのが通常だからである。

　なお、示談をした場合には、健康保険からの給付が受けられなくなる可能性が高い。その理由は、判例（最判昭和38・6・4民集17巻5号716頁）は、労災保険について「被災労働者ら自らが、第三者の自己に対する損害賠償請求権の全部又は一部を免除し、その限度において損害賠償請求権を喪失した場合においても、政府は、その限度において保険給付を免れる」と判示している●FORMAT 8 参照ところ、「この考え方は健康保険についても採用されている…（厚生省保険局保険課編、2003、『健康保険法の解釈と適用（第11版）』法研、409頁）」（西村外31頁）ためである。

　損害賠償の支払状況【受領日・金額】【受領したものの名目】には、例えば、任意社から受領した日と金額、休業損害等を記入する。

負 傷 原 因 報 告 書

被保険者記号番号		被保険者 氏　名	
事業所名		所在地	
職種		就業時間	時　　分から　　　時　　分まで
被扶養者が負傷したとき	氏名	被保険者 との続柄	

<table>
<tr><td rowspan="20">負
傷
の
原
因

（
詳
細
に
記
述
す
る
こ
と
）</td><td>

○いつ（　　　年　　月　　日（　曜）　午前　　　　時　　　　分頃）
　　　　　　　　　　　　　　　　午後

○その日は　　勤務日　　公休日　　会社の休日　　私用で休み
○どこで（場所）

○なにをしているときですか　※具体的にご記入ください。
　（なにをしに行くときですか）

○パート・バイト中の場合　　※被扶養者が勤務しているときはご記入ください。
　　勤務先名称
　　勤務先住所　　　　　　　　　　　　　　　　　　（℡　　　－　　　－　　　　）

○出勤又は退社して帰宅中の負傷の場合は、会社から帰宅までを裏面に図示し
　通勤経路及び負傷場所を記入してください。

○次の欄は該当するものの番号を○印で囲んでください。
　1. 職務中に生じた　　　2. パート・バイト中に生じた　　　3. 私用中に生じた
　4. 事業所内で生じた　　5. 事業所内で休憩中に生じた　　　6. 出勤の途中
　7. 退社して帰宅中　　　8. 自宅において　　　9. 会社主催の体育祭等において

○他人の行為によって負傷させられたときは、その相手の
　住所
　氏名　　　　　　　　　　　　　　　　　　　　　　（℡　　　－　　　－　　　　）

</td></tr>
</table>

上記のとおり相違ありません 　　　　　年　　　月　　　日 　　　　　被保険者の住所 　　　　　　　　　氏名　　　　　　　　　　　　　　　　㊞

※　全国健康保険協会ホームページ（https://www.kyoukaikenpo.or.jp/）内ダウンロード用書式「28　第三者行為による傷病届」（https://www.kyoukaikenpo.or.jp/~/media/Files/honbu/g2/dai3shakoui/jikoigaishinseisho_2.pdf）より転載（2020年3月9日に利用）。

238

「負傷原因報告書」記入のポイント

①当事者等

被保険者記号番号、被保険者氏名、事業所名、所在地、職種、就業時間、被扶養者が負傷したときの氏名・被保険者との続柄は、被害者の知識により記入する。

ここで「被扶養者が負傷したとき」の欄があるのは、健康保険では被扶養者についても保険給付を行うためである（健保1条）。「被扶養者」に該当するのは、被保険者の直系尊属、配偶者、子、孫及び兄弟姉妹であって、主としてその被保険者により生計を維持するもの等である。 **➡ CASE 7 参照**

②負傷の原因

ここでは、「いつ（　　年　月　日… 時　分頃）」、「なにをしているときですか（なにをしに行くときですか）」等と具体的質問があり、それに対する回答を記入することが想定されている。

「その日は」という質問の選択肢（①勤務日、②公休日、③会社の休日、④私用で休み）、及び「次の欄は該当するものの番号を○印で囲んでください」という質問の選択肢（①職務中に生じた、②パート・バイト中に生じた、③私用中に生じた、④事業所内で生じた、⑤事業所内で休憩中に生じた、⑥出勤の途中、⑦退社して帰宅中、⑧自宅において、⑨会社主催の体育祭等において）については、労災保険が適用される事案であるか否かを意識して記入する必要がある。

健康保険と労災保険の調整は、労災保険の対象となる業務災害・通勤災害については、健康保険の対象としないことによって行われる。健康保険法1条は「業務災害（労働者災害補償保険法7条1項1号に規定する業務災害をいう。）以外の…負傷若しくは死亡に関する保険給付を行うと規定しているから、業務災害については健康保険の給付対象ではない。また、通勤災害も労働者災害補償保険法の保険事故とされるため（労災7条1項2号）、健康保険法55条1項により、同一の疾病・負傷・死亡について保険給付を行われない」としている。 **➡ POINT41 参照**

事 故 発 生 状 況 報 告 書

<table>
<tr><td rowspan="2">事故証明書
番　号</td><td>第　　　　　号</td><td rowspan="2">当事者</td><td>甲
(相手・第三者)</td><td>氏名
　　　　　　　(電話)</td><td rowspan="2"></td></tr>
<tr><td>自動車の番号</td><td>乙
(受診者)</td><td>氏名
　　　　　(電話)</td></tr>
</table>

天候	晴・曇・雨・雪・霧	交通状況	混雑・普通・閑散	明暗	昼間・夜間・明け方・夕方

<table>
<tr><td rowspan="2">道路状況</td><td>舗装　してある
　　　してない　・歩道(両・片)　ある・直線・カーブ
　　　　　　　　　　　　　　　　　ない</td></tr>
<tr><td>平坦・坂・見通し　良い　・積雪路・凍結路
　　　　　　　　　悪い</td></tr>
</table>

信号又は標識	信号　ある 　　　ない	自車側信号(青・赤・　) 相手側信号(青・赤・　)	駐停車禁止　されている 　　　　　　されていない	その他の標識

速度	甲車両　　km/h(制限速度　　km/h)・乙車両　　km/h(制限速度　　km/h)

事故発生状況略図（道路幅をmで記入してください。）

（左側：事故現場における自動車と被害者との状況を図示してください。）

右側凡例：
- 自車
- 相手車
- 進行方向
- 信号
- 一時停止
- 人
- 自転車
- バイク

（下部：上記図の説明を書いてください。）

別紙交通事故証明に補足して上記のとおりご報告申し上げます。

　　　年　　　月　　　日

　　　　　報告者　　甲との関係(　　)
　　　　　　　　　　乙との関係(　　)　氏名＿＿＿＿＿＿＿　㊞

「事故発生状況報告書」記入のポイント

①基礎的な情報

事故証明書番号、自動車の番号、当事者（甲・乙）については、事故証明書を参考として記入する。

天候・交通状況・明暗、道路状況、信号又は標識、速度（走行速度・制限速度）については、被害者の知識に基づいて記入する。場合によっては、あらためて事故発生現場に行って写真を撮影することも検討に値する。

②事故現場における自動車と被害者との状況

「交通事故、自損事故、第三者（他人）等の行為による傷病（事故）届」において、交通事故の場合は「事故発生状況」欄に記入せず、「事故発生状況報告書に記入して下さい」と指示されている。これは、交通事故については、過失相殺率等の判断のため、具体的情報が必要なためである。⯁ FORMAT **1** 参照

したがって、事故発生状況報告書における「事故発生状況略図」とその説明は、具体的に記入することが望ましい。事故の状況を具体的に説明することは、過失相殺率の判断の基礎となるため、極めて重要である。

「事故発生状況略図」には、被害者（自車）・加害者（相手車）の行動、災害発生原因と状況等、事故現場における自動車と被害者との状況を図とし、記入する。必要に応じて、道路方向の地名（至○○方面）、道路幅（mで記入する）、信号、横断歩道、区画線、道路標識、接触点等を記入する。表示符号は、事故発生状況略図の右に記載されているものを用いることによって、誤解を避けることができる。事故現場の地図を用意し、そこに加筆することによって記憶を整理することが有意義である。場合によっては、あらためて事故発生現場に行って写真を撮影したり、警察の実況見分調書等を入手することも検討に値する。

そして、「上記図の説明を書いてください」とある欄には、双方の動き等の図だけでは伝えるのが難しい事情を記入する。

国及び全国健康保険協会　　　支部　御中

同　意　書

　私が加害者（　　　　　　　　　）に対して有する損害賠償請求権は、法令（※）により、保険者が保険給付の限度において取得することになります。

　つきましては、保険者が損害賠償額の支払の請求を加害者又は加害者の加入する損害保険会社等に行う際、請求書一式に当該保険給付に係る診療報酬明細書等の写しを添付することに同意します。

　なお、私が損害保険会社等へ請求し、保険金等を受領したときは、金額並びにその内訳等の各種情報について照会を行い、損害保険会社等からその照会内容について情報提供を受けること、保険者が保険医療機関等に対して事故による診療に関する内容の照会を行い、保険医療機関等から情報提供を受けることに同意します。

　さらに、私が70歳代前半の被保険者に係る一部負担金等の軽減特例措置の支給を受けていた場合、当該軽減特例措置によって支給された一部負担金等の一部に相当する額について、国が加害者または加害者の加入する損害保険会社等に請求を行うこと、国が保険者に損害賠償額の支払の請求及び受領を委任すること並びに国から委任を受けた保険者が当該金額についての請求事務及び受領代行を外部機関に委託することについても同意します。

　その上で、保険者が損害保険会社等から受領した金銭と被保険者が返還すべき額を相殺することに同意します。

　また、保険者が保険給付又は損害賠償請求に必要と認める場合、官公庁、損害保険会社、他の保険者等の各機関に照会を行い、その照会内容について情報を提供し、また受けること、保険給付後の傷病の原因が給付制限に該当すると判明した場合、当該制限に係る給付費を速やかに保険者に返還することに同意します。

　あわせて、次の事項を守ることを誓約します。
1　加害者（保険会社・共済団体）と示談を行おうとする場合は、必ず事前にその内容を申し出ること。
2　加害者（保険会社・共済団体）に白紙委任状を渡さないこと。
3　加害者（保険会社・共済団体）から金品を受けたときは、受領日、内容、金額をもれなく、速やかに届出ること。
4　治療が完了した場合には、治療完了日を報告すること。

<u>　　　　　　　　年　　　　　月　　　　　日　　　</u>

　　　　　　　　　受診者（未成年の場合は親権者等）
　　　　　　　　　<u>住所　　　　　　　　　　　　　　　　　　　　　　</u>
　　　　　　　　　<u>氏名　　　　　　　　　　　　　　　　　　（印）</u>

（※）各保険における根拠法令は次のとおりです。
　健康保険：健康保険法第57条、船員保険：船員保険法第45条、国民健康保険：国民健康保険法第64条1項、後期高齢者医療：高齢者の医療の確保に関する法律第58条1項

「同意書」記入のポイント

①同意の対象

　「私が加害者（　　　　　　　）に対して有する損害賠償請求権は、法令…により、保険者が保険給付の限度において取得することになります」とあり、この空欄に、加害者（交通事故の相手方）の氏名を記入する。

　ここに「法令…により、保険者が保険給付の限度において取得する」とあるのは、健康保険については、被害者が健康保険の給付を先に受けた場合、保険者は、その給付の価額の限度で、受給権者が第三者に対して有する損害賠償請求権を取得するという法律（健保57条1項）による「第三者求償」を意味する。実務的には、被害者の加害者に対する損害賠償請求において、健康保険から療養の給付等を受けた金額については損害計算過程から控除し、療養の給付に伴う一部負担金のように被害者自身が支出した金額のみを計算に加える例が多い。損害賠償との重複の調整は「同一の事由」による場合に限ることが適切であるから、療養の給付に伴う一部負担金等は積極損害（治療費等）と調整し、傷病手当金は消極損害（休業損害）と調整すべきである。 **➡ POINT47 参照**

　末尾の「受診者」欄に署名・押印することによって印刷事項すべてに同意したことになるので、その前に内容を理解しておくことが望ましい。

②誓約の対象

　「同意書」の後段には、「あわせて、次の事項を守ることを誓約します」とあり、①「加害者（保険会社・共済団体）と示談を行おうとする場合は、必ず事前にその内容を申し出ること」、②「加害者（保険会社・共済団体）に白紙委任状を渡さないこと」、③「加害者（保険会社・共済団体）から金品を受けたときは、受領日、内容、金額をもれなく、速やかに届出ること」、④「治療が完了した場合には、治療完了日を報告すること」が記載されている。

　これは、単なる同意ではなく、「誓約」によって義務を課す趣旨であるから的確に対応する必要がある。なお、示談について事前に申し出ることは、示談によって生じる不利益 **➡ FORMAT 1 参照** を避ける意義がある。

損害賠償金納付確約書・念書

(受診者氏名)

　　年　　月　　日＿＿＿＿＿＿＿＿＿＿＿＿＿＿＿に傷害を負わ

せましたが、この傷害に係る損害賠償請求権を保険給付価格の限度において、

全国健康保険協会　　　　支部が代位取得し、全国健康保険協会　　　支部

から損害賠償金（保険給付）の請求を受けたときは、私の過失割合の範囲にお

いて納付することを確約しますので、保険給付してください。

　　また、自動車賠償責任保険から支払われる損害賠償金額が不足した場合で、

全国健康保険協会　　　　支部が私に請求したときは、損害賠償に応じること

をあわせて確約します。

　　年　　月　　日

　　　　　　　　　　　　　損害賠償支払義務者（未成年の場合は親権者）

　　　　　　　　　　　　　住所

　　　　　　　　　　　　　氏名　　　　　　　　㊞

　　　　　　　　　　　　　℡（　　　　　　　）

全国健康保険協会　　　　支部長　殿

【本件についてのご意見】　※ご意見があればご記入ください。

....

....

....

※　全国健康保険協会ホームページ（https://www.kyoukaikenpo.or.jp/）内ダウンロード用書式「28　第三者行為による傷病届」(https://www.kyoukaikenpo.or.jp/~/media/Files/honbu/g2/dai3shakoui/jikoigaishinseisho_2.pdf)より転載（2020年3月9日に利用）。

「損害賠償金納付確約書・念書」 記入のポイント

①加害者（任意保険会社）に記入を依頼

　「損害賠償金納付確約書・念書」は、加害者（交通事故の相手方）に記入してもらう書類である。このことは、「…に傷害を負わせましたが、この傷害に係る損害賠償請求権を保険給付価額の限度において、全国健康保険協会…の請求を受けたときは、私の過失割合の範囲において納付することを確約しますので、保険給付してください」という記載等に示されている。

　なお、加害者の加入していた任意保険会社等が対応するときは、その担当者に依頼することも可能である。

②記入を拒否された場合

　加害者（相手方）側から署名がもらえなかった場合は、その理由を被害者（被保険者）が記入する。例えば、加害者が自らの過失を否定（被害者の一方的過失によると主張）して署名を拒否した場合等である。

　健康保険は、被害者が加入している社会保険であるから、被害者の一方的過失による事案でも使うことができる。したがって、「損害賠償金納付確約書・念書」に加害者（相手方）側の署名がない場合でも、健康保険を使うことはできる。過失相殺率の判断が難しい事案は少なくないから、加害者が自らの過失を否定（被害者の一方的過失によると主張）していても、被害者として納得していないときは、第三者行為であるとして「損害賠償金納付確約書・念書」を提出することが適切である。

　健康保険の保険者が第三者求償によって損害賠償請求権を代位取得した場合には、その対象となる額を、被害者の損害賠償請求から控除することが必要である。このことは、健康保険について代位規定（健保57条）があることに基づいている。健康保険における控除と過失相殺の先後について、健康保険の給付額を控除した後に過失相殺する裁判例が多い **➡ POINT 47 参照**。被害者に対する健康保険の給付額については、健康保険の保険者から加害者等に請求することになるものの、健康保険の保険者と加害者等との協議内容が被害者に影響することはない。

健康保険 傷病手当金 支給申請書（第　回）

  被保険者記入用 傷

記入方法および添付書類等については、「健康保険 傷病手当金 支給申請書 記入の手引き」をご確認ください。

申請書は、楷書で枠内に丁寧にご記入ください。　記入見本 `0 1 2 3 4 5 6 7 8 9 ア イ ウ`

被保険者情報

被保険者証の（左づめ）	記号	番号	生年月日 年 月 日
			1.昭和 2.平成 3.令和

氏名・印
（フリガナ）
印　　自署の場合は押印を省略できます。

住所　〒　　　　　　　　　　　都 道 府 県

電話番号（日中の連絡先）※ハイフン除く　TEL

振込先指定口座

金融機関名称　銀行 金庫 信組 農協 漁協 その他（　　）　本店 支店 代理店 出張所 本店営業部 本所 支所

預金種別　1. 普通　3. 別段　2. 当座　4. 通知　**口座番号**　左づめでご記入ください。

口座名義　▼カタカナ（姓と名の間は1マス空けてご記入ください。濁点（゛）、半濁点（゜）は1字としてご記入ください。）

口座名義の区分　1. 被保険者　2. 代理人

「2」の場合は必ず記入・押印ください。(押印省略不可)

受取代理人の欄

被保険者
本申請に基づく給付金に関する受領を下記の代理人に委任します。
氏名・印　　印
1.平成 2.令和　年 月 日
住所　「被保険者情報」の住所と同じ

代理人（口座名義人）
〒　　　TEL（ハイフン除く）
住所
（フリガナ）
氏名・印　　印

被保険者との関係

「被保険者記入用」は2ページに続きます。 >>>

被保険者のマイナンバー記載欄
（被保険者証の記号番号を記入した場合は記入不要です）
マイナンバーを記入した場合は、必ず本人確認書類を添付してください。 ▶

(2019.5)

受付日付印

社会保険労務士の提出代行者名記載欄　　印

様式番号　`6 0 1 1 6 0`　　`1`　　協会使用欄

 全国健康保険協会
協会けんぽ

1/4

健康保険 傷病手当金 支給申請書

被保険者記入用

被保険者氏名

申請内容

① 傷病名
1つの記入欄に複数の傷病名を記入しないでください。

1)

2)

3)

② 初診日

	1.平成 2.令和	年 月 日
	1.平成 2.令和	
	1.平成 2.令和	

③ 該当の傷病は病気(疾病)ですか、ケガ(負傷)ですか。

1. 病気 （発病時の状況）

2. ケガ ➡ 負傷原因届を併せてご提出ください。

④ 療養のため休んだ期間(申請期間)

| 1.平成 2.令和 | 年 月 日から |
| 1.平成 2.令和 | 年 月 日まで |

日数　　　　日間

⑤ あなたの仕事の内容(具体的に)
(退職後の申請の場合は退職前の仕事の内容)

確認事項

① 上記の療養のため休んだ期間(申請期間)に報酬を受けましたか。または今後受けられますか。

1. はい
2. いいえ

①-① 「はい」と答えた場合、その報酬の額と、その報酬支払の対象となった(なる)期間をご記入ください。

| 1.平成 2.令和 | 年 月 日 | から |
| 1.平成 2.令和 | | まで |

報酬額　　　　　円

② 「障害厚生年金」または「障害手当金」を受給していますか。受給している場合、どちらを受給していますか。

1. はい
2. 請求中
3. いいえ

1. 障害厚生年金
2. 障害手当金

「はい」の場合 ➡

②-① 「はい」または「請求中」と答えた場合、受給の要因となった(なる)傷病名及び基礎年金番号等をご記入ください。
「請求中」と答えた場合は、(傷病名・基礎年金番号をご記入ください)

傷病名

基礎年金番号

年金コード

支給開始年月日

| 1.昭和 2.平成 3.令和 | 年 月 日 |

年金額　　　　　円

③ (健康保険の資格を喪失した方はご記入ください。)老齢または退職を事由とする公的年金を受給していますか。

1. はい
2. 請求中
3. いいえ

「はい」の場合 ➡

③-① 「はい」または「請求中」と答えた場合、基礎年金番号等をご記入ください。
「請求中」と答えた場合は、基礎年金番号のみをご記入ください。

基礎年金番号

年金コード

支給開始年月日

| 1.昭和 2.平成 3.令和 | 年 月 日 |

年金額　　　　　円

④ 労災保険から休業補償給付を受けていますか。(又は過去に受けたことがありますか。)

1. はい
2. 労災請求中
3. いいえ

「はい」の場合 ➡

④-① 「はい」または「労災請求中」と答えた場合、支給元(請求先)の労働基準監督署をご記入ください。

労働基準監督署

様式番号

6 0 1 2 6 9

「事業主記入用」は3ページに続きます。≫≫≫

「健康保険傷病手当金支給申請書記入の手引き」の「添付書類をご用意ください。」および「支給期間と支給額 ③ 」をご確認ください。

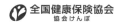
全国健康保険協会
協会けんぽ

(2/4)

健康保険 傷病手当金 支給申請書

事業主記入用

労務に服することができなかった期間を含む賃金計算期間の勤務状況および賃金支払状況等をご記入ください。

事業主が証明するところ

被保険者氏名		

勤務状況 【出勤は○】で、【有給は△】で、【公休は公】で、【欠勤は／】でそれぞれ表示してください。

																					出勤	有給
1.平成 2.令和　年　月	1 2 3 4 5 6 7 8 9 10 11 12 13 14 15														計		日		日				
	16 17 18 19 20 21 22 23 24 25 26 27 28 29 30 31																						
	1 2 3 4 5 6 7 8 9 10 11 12 13 14 15														計		日		日				
	16 17 18 19 20 21 22 23 24 25 26 27 28 29 30 31																						
	1 2 3 4 5 6 7 8 9 10 11 12 13 14 15														計		日		日				
	16 17 18 19 20 21 22 23 24 25 26 27 28 29 30 31																						

上記の期間に対して、賃金を支給しました（します）か？	□ はい □ いいえ	給与の種類	□ 月給　□ 時間給 □ 日給　□ 歩合給 □ 日給月給　□ その他	賃金計算	締 日		日
					支払日	1.当月 2.翌月	日

上記の期間を含む賃金計算期間の賃金支払状況をご記入ください。

期間 区分	単価	月　日～ 月　日分	月　日～ 月　日分	月　日～ 月　日分
		支給額	支給額	支給額
基本給				
支給した（する）賃金内訳　通勤手当				
手当				
手当				
手当				
現物給与				
計				

賃金計算方法（欠勤控除計算方法等）についてご記入ください。

	担当者氏名	

上記のとおり相違ないことを証明します。

事業所所在地

事業所名称

事業主氏名　　　　　　　　　　印

		年　　月　　日
1.平成 2.令和		

電話番号
※ハイフン除く

様式番号

6	0	1	3	6	8

「療養担当者記入用」は4ページに続きます。 »»»

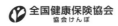
全国健康保険協会
協会けんぽ

(3 / 4)

<table>
<tr><td rowspan="100">療養担当者が意見を記入するところ</td></tr>
</table>

患者氏名

傷病名	(1)		初診日 （療養の給付 開始年月日）	(1)	□ 1.平成 □ 2.令和	年　　月　　日
	(2)			(2)	□ 1.平成 □ 2.令和	
	(3)			(3)	□ 1.平成 □ 2.令和	

発病または 負傷の年月日	□ 1.平成 □ 2.令和	年　月　日	□ 発病 □ 負傷	
労務不能と 認めた期間	□ 1.平成 □ 2.令和	年　月　日	から	発病または 負傷の原因
	□ 1.平成 □ 2.令和		まで　　日間	

| うち入院期間 | □ 1.平成
□ 2.令和 | 年　月　日 | から | 療養費用の別 | □ 健保　□ 公費（　　　）
□ 自費　□ その他 |
| | □ 1.平成
□ 2.令和 | | まで　　日間入院 | 転帰 | □ 治癒　□ 中止
□ 繰越　□ 転医 |

診療 実日数 （入院期間 を含む）	日	診療日及び入 院していた日 を○で囲んで ください。	月	1　2　3　4　5　6　7　8　9　10　11　12　13　14　15 16　17　18　19　20　21　22　23　24　25　26　27　28　29　30　31
			月	1　2　3　4　5　6　7　8　9　10　11　12　13　14　15 16　17　18　19　20　21　22　23　24　25　26　27　28　29　30　31
			月	1　2　3　4　5　6　7　8　9　10　11　12　13　14　15 16　17　18　19　20　21　22　23　24　25　26　27　28　29　30　31

上記の期間中における「主たる症状および経過」「治療内容、検査結果、療養指導」等（詳しく）

| | 手術年月日 | □ 1.平成
□ 2.令和 | 年　月　日 |
| | 退院年月日 | □ 1.平成
□ 2.令和 | |

症状経過からみて従来の職種について労務不能と認められた医学的な所見

| 人工透析を実施
または人工臓器
を装着したとき | 人工透析の実施または人工臓器を装着した日
□ 1.昭和
□ 2.平成
□ 3.令和　　年　月　日 | 人工臓器等
の種類 | □ 人工肛門　□ 人工関節
□ 人工骨頭　□ 心臓ペースメーカー
□ 人工透析　□ その他（　　　　） |

上記のとおり相違ありません。

| 医療機関の所在地 | | □ 1.平成
□ 2.令和 | 年　月　日 |
| 医療機関の名称
医師の氏名 | 印 | 電話番号
※ハイフン除く | |

様式番号

| 6 | 0 | 1 | 4 | 6 | 7 |

全国健康保険協会
協会けんぽ

(4 / 4)

※ 全国健康保険協会ホームページ（https://www.kyoukaikenpo.or.jp/）内ダウンロード用書式「8　健康保険傷病手当金支給申請書」（https://www.kyoukaikenpo.or.jp/~/media/Files/honbu/g2/cat230/190531/k_shoute.pdf）より転載（2020年3月9日に利用）。

①被保険者記入用（1・2枚目）

　判例（最判昭和63・3・15民集42巻3号170頁）は「賃金請求権は、労務の給付と対価的関係に立ち、一般的には、労働者において現実に就労することによって初めて発生する後払的性格を有する」と判示しており、これを「ノーワーク・ノーペイの原則」（水町586頁）という。この原則によると「労働者が、負傷、疾病により労務に服することができない場合、その期間については、使用者に賃金支払義務が生じないことから、健保法は、傷病手当金を支給することにより、被保険者である労働者の所得を保障している」（西村外62頁）。

　傷病手当金は、労災ではない交通事故において被害者が療養のため労務に服することができない場合に支給される。労務に服することができないという「判断については、保険者が必ずしも医学的基準によらず、その被保護者の従事する業務の種別を考え、その本来の業務に堪えうるか否かを標準として社会通念に基づき認定するとの考え方が示されている（昭和31・1・19保文発第340号）」（西村外63頁）。「傷病手当金は一部でも働いてしまうと休業日ではないと考えるため、その日はまったく支給されません」、「完全休業日に賃金が払われたときは…健康保険は支給額と賃金の差額が支給されます」（池田247頁）と指摘されている。

　傷病手当金は、被保険者等が療養のため労務に服することができなくなった日から起算して「3日を経過した日」（健保99条1項）から労務に服することができない期間に支給する。その額は、1日につき、「傷病手当金の支給を始める日の属する月以前の直近の継続した12月間の各月の標準報酬月額…を平均した額の30分の1に相当する額」（標準報酬日額）の「3分の2に相当する金額」（健保99条2項本文）である。健康保険法99条4項は「傷病手当金の支給期間は、同一の疾病又は負傷及びこれにより発した疾病に関しては、その支給を始めた日から起算して1年6月を超えないものとする」と規定している。これは、1年6ヵ月を超えた場合の所得保障については、障害年金による趣旨である。●CASE 11 参照

　被保険者情報、振込先指定口座、申請内容（①傷病名、②初診日、③該当の傷病は病気〈疾病〉ですか、ケガ〈負傷〉ですか、④療養のため休んだ期間〈申

請期間〉、⑤あなたの仕事の内容）のうち③は「ケガ（負傷）です」と回答し、それ以外については被害者の知識により記入する。

　確認事項のうち「①上記の療養のため休んだ期間（申請期間）に報酬を受けましたか。または今後受けられますか。」については、「休業中の報酬には、精算されなかった通勤定期代なども含まれるため注意」（池田257頁）と指摘されている。

　確認事項のうち、「②『障害厚生年金』または『障害手当金』を受給していますか。受給している場合、どちらを受給していますか、③老齢または退職を事由とする公的年金を受給していますか、④労災保険から休業補償給付を受けていますか。（又は、過去に受けたことがありますか。）」については、「障害厚生年金または傷病手当金を受領しているか請求中の場合に記入…資格喪失後の請求の場合に記入…資格喪失後、老齢または退職を事由とする公的年金を受給している場合に記入…この申請期間に業務災害・通勤災害により休業（補償）給付を受けているかどうか、受けている場合は労基署名を記入」（池田257頁）と説明されている。

②事業主記入用（3枚目）

　被害者の勤務先（事業主）に依頼し、勤務状況（出勤・有給・公休・欠勤）、賃金支払状況等（給与の種類、締日・支払日、賃金内訳、賃金計算方法・欠勤控除計算方法等）の証明を求める。

③療養担当者記入用（4枚目）

　被害者が治療を受けた病院等（療養担当者）に依頼し、傷病名、初診日（療養の給付開始年月日）、負傷の年月日、負傷の原因（交通事故）、労務不能と認めた期間、労務不能と認めた期間のうち入院期間）、診療実日数（入院期間を含む）、主たる症状および経過（治療内容・検査結果・療養指導等）、症状経過からみて従来の職種について労務不能と認められた医学的な所見等の証明を求める。

健康保険 被保険者 家族 **埋葬料（費）支給申請書**

1 2 ページ

被保険者記入用 埋

記入方法および添付書類等については、「健康保険 被保険者 家族 埋葬料（費）支給申請書 記入の手引き」をご確認ください。

申請書は、楷書で枠内に丁寧にご記入ください。　記入見本 0 1 2 3 4 5 6 7 8 9 ア イ ウ

被保険者情報 ※

被保険者証の（左づめ）	記号	番号	生年月日　　年　　月　　日
			1.昭和 2.平成 3.令和

氏名・印	（フリガナ）　　　　　　　　　　　　　　　印	自署の場合は押印を省略できます。

住所	〒	都道府県
電話番号（日中の連絡先）※ハイフン除く	TEL	

振込先指定口座 ※

金融機関名称	銀行　金庫　信組　農協　漁協　その他（　　　）	本店　支店　代理店　出張所　本店営業所　本所　支所

預金種別	1.普通　3.別段 2.当座　4.通知	口座番号		左づめでご記入ください。

口座名義	▼カタカナ（姓と名の間は1マス空けてご記入ください。濁点（"）、半濁点（°）は1字としてご記入ください。）	口座名義の区分	1.被保険者（申請者） 2.代理人

「2」の場合は必ず記入・押印ください。（押印省略不可）

受取代理人の欄

本申請に基づく給付金に関する受領を下記の代理人に委任します。

被保険者（申請者）	氏名・印　　　　　　　　　　　印	1.平成 2.令和　　年　　月　　日
		住所 「被保険者情報」の住所と同じ

代理人（口座名義人）	〒　　　　　　　TEL（ハイフン除く）	被保険者（申請者）との関係
	住所	
	（フリガナ）　　　　　　　　　　　印	
	氏名・印	

「被保険者・事業主記入用」は2ページに続きます。≫≫

※ご注意ください

被保険者が亡くなられての申請の場合、「被保険者証の記号・番号」と「生年月日」は被保険者の情報をご記入ください。「氏名・印」、「住所」「電話番号」「振込先指定口座」は実際に申請される方の情報をご記入ください。

被保険者のマイナンバー記載欄
（被保険者証の記号番号を記入した場合は記入不要です）
マイナンバーを記入した場合は、必ず本人確認書類を添付してください。　▶

社会保険労務士の提出代行者名記載欄	印

(2019.5)

受付日付印

様式番号

6 3 1 1 6 7

協会使用欄

1

全国健康保険協会
協会けんぽ

1 / 2

健康保険 被保険者 家　　族 埋葬料（費）支給申請書

被保険者氏名

申請内容

死亡した方の	死亡年月日	死亡原因	第三者の行為によるものですか
	1.平成　2.令和　　　年　　月　　日		□ はい　　□ いいえ「はい」の場合は「第三者行為による傷病届」を提出してください。

●家族（被扶養者）が死亡したための申請であるとき

ご家族の氏名		生年月日	1.昭和　2.平成　3.令和　　　年　　月　　日	被保険者との続柄	

亡くなられた家族は、退職などにより健康組合などが運営する健康保険の資格喪失後に被扶養者の認定を受けた方であって、次のいずれかに当てはまる方ですか。
①資格喪失後、3か月以内に亡くなられたとき
②資格喪失後、傷病手当金や出産手当金を引き続き受給中に亡くなられたとき
③資格喪失後、②の受給終了後、3か月以内に亡くなられたとき
　　1. はい
　　2. いいえ

「はい」の場合、家族が被扶養者認定前に加入していた健康保険の保険者名と記号・番号をご記入ください。

保険者名	
記号・番号	

●被保険者が死亡したための申請であるとき

被保険者の氏名	被保険者からみた申請者との身分関係	埋葬した年月日	1.平成　2.令和　　　年　　月　　日
埋葬に要した費用の額	円	法第3条第2項被保険者として支給を受けた時はその金額（調整減額）	円

亡くなられた方は、退職などによる協会けんぽの被保険者資格の喪失後、家族の被扶養者となった方であって、次のいずれかに当てはまる方ですか。
①資格喪失後、3か月以内に亡くなられたとき
②資格喪失後、傷病手当金や出産手当金を引き続き受給中に亡くなられたとき
③資格喪失後、②の受給終了後、3か月以内に亡くなられたとき
　　1. はい
　　2. いいえ

「はい」の場合、資格喪失後に家族の被扶養者として加入していた健康保険の保険者名と記号・番号をご記入ください。

保険者名	
記号・番号	

事業主証明欄

死亡した方の	氏名	被保険者・被扶養者の別	死亡年月日	
		被保険者 ： 被扶養者	1.平成　2.令和　　　年　　月　　日	死亡

上記のとおり相違ないことを証明します

			年　　月　　日
事業所所在地			1.平成　2.令和
事業所名称			
事業主氏名	印	TEL　※ハイフン除く	

様式番号

6	3	1	2	6	6

全国健康保険協会 協会けんぽ

（2/2）

「埋葬料支給申請書記入」のポイント

①被保険者記入用（１枚目）

死亡事故の被害者の葬儀関係費用（葬式費用、墓碑建立費、仏壇・仏具購入費なども含む）は、損害賠償においては基準額を定額で認めるのが実務の一般的な運用である。

健康保険においては、被保険者が死亡したときに、その者により生計を維持していた者であって、埋葬を行うものに対し、埋葬料が支給される。埋葬料の額は、５万円である（健保令35条）。埋葬料の支給を受けるべき者がない場合、埋葬を行った者に対し、健康保険法100条１項（埋葬料）の金額の範囲内において、その埋葬に要した費用に相当する額が支給される。 **→ CASE 41 参照**

埋葬料（費）支給申請書は、被保険者が死亡した場合と、家族が死亡した場合の共通の用紙である。いずれの場合であっても「被保険者情報」のうち、被保険者証の記号・番号欄には被保険者証記載を参照して左づめに記入し、生年月日欄には被保険者のものを記入する。このことは「被保険者が亡くなられての申請の場合、『被保険者証の記号・番号』と『生年月日』は被保険者の情報をご記入ください」と注記されている。

家族（被扶養者）が死亡して被保険者が請求する場合には、氏名・印、住所、電話番号、振込先指定口座は、被保険者のものを記入する。これは、健康保険では、被保険者の被扶養者についても、疾病、負傷もしくは死亡または出産に関して保険給付を行っているためである（健保１条）。被扶養者は、健康保険法３条７項において定義されている。 **→ CASE 7 参照**

これに対して、被保険者が死亡した場合については、氏名・印、住所、電話番号、振込先指定口座」は申請者（家族等）のものを記入する。このことは「被保険者が亡くなられての申請の場合…『氏名・印』、『住所』『電話番号』『振込先指定口座』は実際に申請される方の情報をご記入ください」と注記されている。口座名義の区分に「１．被保険者（申請者）」と「２．代理人」の選択肢があるところ、「被保険者の死亡による申請のときは申請者の振込口座であれば『１』を記入」（池田267頁）と指摘されている。この場合の家族等は、被保険者ではないものの「申請者」に該当するためである。

被保険者（申請者）ではない者の口座を指定する場合には、口座名義の区分

において「２．代理人」を選択し、「受取代理人の欄」に必要事項を記入し、被保険者（申請者）と代理人が押印する。

②被保険者・事業主記入用（２枚目）

　被保険者氏名と申請内容の共通事項（「死亡した方の死亡年月日」、「死亡原因」、「第三者の行為によるものですか」）のうち、「第三者の行為によるものですか」では「はい」を選択する。その場合、「第三者行為による傷病届」を提出する必要があることが注記されている。

　「家族（被扶養者）が死亡したための申請であるとき」に関する申請内容のうち「ご家族の氏名」、「生年月日」、「被保険者との続柄」は申請者の知識により記入する。「亡くなられた家族は、退職などにより健保組合などが運営する健康保険の資格喪失後に被扶養者の認定を受けた方であって、次のいずれかに当てはまる方ですか。①資格喪失後、３か月以内に亡くなられたとき、②資格喪失後、傷病手当金や出産手当金を引き続き受給中に亡くなられたとき、③資格喪失後、②の受給終了後、３か月以内に亡くなられたとき」という質問に「はい」と答えたときは、家族が被扶養者認定前に加入していた健康保険の保険者名と記号・番号を記入する。

　「被保険者が死亡したための申請であるとき」に関する申請内容のうち「埋葬した年月日」、「埋葬に要した費用の額」は、埋葬に関する領収書等を参照して記入する。この点については「埋葬費（生計を維持されていた人がいないため実際に埋葬を行って費用を負担した人が請求）の場合に記入。被保険者により生計を維持されていた家族等が請求する場合は埋葬年月日の欄と埋葬に要した費用の欄は記入不要」（池田268頁）と指摘されている。「法３条２項被保険者として支給を受けた時はその金額」を記入するのは「調整減額」のためである。

　事業主証明欄における「死亡した方の氏名」、「被保険者・被扶養者の別」、「死亡年月日」については、被害者の勤務先（事業主）に証明を求める。「事業主が証明することで死亡を証明する書類の添付は省略可能」（池田268頁）と指摘されている。

第三者行為災害届（業務災害・通勤災害）
（交通事故・交通事故以外）

令和　　　年　　　月　　　日

労働者災害補償保険法施行規則第22条の規定により届け出ます。

保険給付請求権者

（署受付日付）

住所

郵便番号（　　　－　　　）

フリガナ
氏　名　　　　　　　　　　　　　　　　㊞

＿＿＿＿＿＿＿＿労働基準監督署長　殿

電話（自宅）　　　　－　　　　－
　　（携帯）　　　　－　　　　－

1　第一当事者（被災者）

フリガナ
氏　名　　　　　　　　　　　　　　（男・女）　　生年月日　　　年　　　月　　　日（　　歳）

住　所

職　種

2　第一当事者（被災者）の所属事業場

労働保険番号

府 県	所 掌	管 轄	基 幹 番 号	枝 番 号

名称　　　　　　　　　　　　　　　　　　電話　　　　－　　　　－

所在地　　　　　　　　　　　　　　　　　　　　　　郵便番号　　　　－

代表者　（役職）　　　　　　　　　　　担当者　（所属部課名）

　　　　（氏名）　　　　　　　　　　　　　　　（氏名）

3　災害発生日

日時　　　　　年　　　月　　　日　　午前・午後　　　時　　　分頃

場所

4　第二当事者　（相手方）

氏名　　　　　　　　　　（　　歳）　　電　話（自宅）　　　－　　　－
　　　　　　　　　　　　　　　　　　　　　　（携帯）　　　－　　　－

住所　　　　　　　　　　　　　　　　　　　　　　郵便番号　　　　－

第二当事者（相手方）が業務中であった場合

所属事業場名称　　　　　　　　　　　　　電話　　　　－　　　　－

所在地　　　　　　　　　　　　　　　　　　　　　　郵便番号　　　　－

代表者（役職）　　　　　　　　　　　　（氏名）

5　災害調査を行った警察署又は派出所の名称

＿＿＿＿＿＿＿＿＿警察署　　　　　　係（派出所）

6　災害発生の事実の現認者（5の災害調査を行った警察署又は派出所がない場合に記入してください）

氏名　　　　　　　　　　（　　歳）　　電　話（自宅）　　　－　　　－
　　　　　　　　　　　　　　　　　　　　　　（携帯）　　　－　　　－

住所　　　　　　　　　　　　　　　　　　　　　　郵便番号　　　　－

7　あなたの運転していた車両（あなたが運転者の場合にのみ記入してください）

車種	大・中・普・特・自二・軽自・原付自		登録番号（車両番号）			
運転者の免許	有	免許の種類	免許証番号	資格取得	有効期限	免許の条件
	無			年　月　日	年　月　日まで	

8　**事故現場の状況**

天　　候　　晴・曇・小雨・雨・小雪・雪・暴風雨・霧・濃霧
見　透　し　　良い・悪い（障害物　　　　　　　　　　　　　　　があった。）
道路の状況　（あなた（被災者）が運転者であった場合に記入してください。）
　　　　　　　道路の幅　（　　　　　m）、舗装・非舗装、坂（上り・下り・緩・急）
　　　　　　　でこぼこ・砂利道・道路欠損・工事中・凍結・その他　（　　　　　　　　　　　　　　）
　　　　　　（あなた（被災者）が歩行者であった場合に記入してください。）
　　　　　　　歩車道の区別が（ある・ない）道路、車の交通頻繁な道路、住宅地・商店街の道路
　　　　　　　歩行者用道路（車の通行　許・否）、その他の道路（　　　　　　　　　　　）
標　　識　　速度制限　（　　　　km/h）・追い越し禁止・一方通行・歩行者横断禁止
　　　　　　　一時停止（有・無）・停止線（有・無）
信　号　機　　無・有（　　　　色で交差点に入った。）、信号機時間外（黄点滅・赤点滅）
　　　　　　　横断歩道上の信号機（有・無）
交　通　量　　多い・少ない・中位

9　**事故当時の行為、心身の状況及び車両の状況**

心身の状況　　正常・いねむり・疲労・わき見・病気（　　　　　　　　　　　）・飲酒
あなたの行為　（あなた（被災者）が運転者であった場合に記入してください。）
　　　　　　　直前に警笛を（鳴らした・鳴らさない）相手を発見したのは（　　　　　）m手前
　　　　　　　ブレーキを（かけた（スリップ　　　m）・かけない）、方向指示灯（だした・ださない）
　　　　　　　停止線で一時停止（した・しない）、速度は約（　　　）km/h　相手は約（　　　）km/h
　　　　　　（あなた（被災者）が歩行者であった場合に記入してください。）
　　　　　　　横断中の場合　横断場所（　　　　　　　　）、信号機（　　　　　）色で横断歩道に入った。
　　　　　　　　　　　　　　左右の安全確認（した・しない）、車の直前・直後を横断（した・しない）
　　　　　　　通行中の場合　通行場所（歩道・車道・歩車道の区別がない道路）
　　　　　　　　　　　　　　通行のしかた（車と同方向・対面方向）

10　**第二当事者（相手方）の自賠責保険（共済）及び任意の対人賠償保険（共済）に関すること**

（1）自賠責保険（共済）について
証明書番号　第　　　　　　　　　号
保険（共済）契約者　　（氏名）　　　　　　　　　第二当事者（相手方）と契約者との関係
　　　　　　　　　　　（住所）

保険会社の管轄店名　　　　　　　　　　　　　　　電話　　　　－　　　　－
管轄店所在地　　　　　　　　　　　　　　　　　　　　　郵便番号　　　－

（2）任意の対人賠償保険（共済）について
証券番号　第　　　　　　　　　号　　　　保険金額　対人　　　　　　　　万円
保険（共済）契約者　　（氏名）　　　　　　　　　第二当事者（相手方）と契約者との関係
　　　　　　　　　　　（住所）

保険会社の管轄店名　　　　　　　　　　　　　　　電話　　　　－　　　　－
管轄店所在地　　　　　　　　　　　　　　　　　　　　　郵便番号　　　－

（3）保険金（損害賠償額）請求の有無　　　有・無
　　　有の場合の請求方法　　イ　自賠責保険（共済）単独
　　　　　　　　　　　　　　ロ　自賠責保険（共済）と任意の対人賠償保険（共済）との一括
　　　保険金（損害賠償額）の支払を受けている場合は、受けた者の氏名、金額及びその年月日
　　　氏名　　　　　　　　金額　　　　　　　　円　　受領年月日　　　年　　　月　　　日

11　**運行供用者が第二当事者（相手方）以外の場合の運行供用者**

名称（氏名）　　　　　　　　　　　　　　　　　　電話
所在地（住所）　　　　　　　　　　　　　　　　　　　　郵便番号　　　－

12　**あなた（被災者）の人身傷害補償保険に関すること**

人身障害補償保険に（加入している・していない）
証券番号　第　　　　　　　号　　保険金額　　　　　　万円
保険（共済）契約者　　（氏名）　　　　　　　　　あなた（被災者）と契約者との関係
　　　　　　　　　　　（住所）

保険会社の管轄店名　　　　　　　　　　　　　　　電話　　　　－　　　　－
管轄店所在地　　　　　　　　　　　　　　　　　　　　　郵便番号　　　－

人身傷害補償保険金の請求の有無　　　有・無
人身傷害補償保険の支払を受けている場合は、受けた者の氏名、金額及びその年月日
　　　氏名　　　　　　　　金額　　　　　　　　円　　受領年月日　　　年　　　月　　　日

13 災害発生状況

第一当事者（被災者）・第二当事者（相手方）の行動、災害発生原因と状況をわかりやすく記入してください。

14 現場見取図

道路方向の地名（至○○方面）、道路幅、信号、横断歩道、区画線、道路標識、接触点等くわしく記入してください。

表示符号			
自　車	横断禁止	信　号（赤、黄、青の表示）	横断歩道
相　手　車	人　間	自　転　車	接触点
進行方向	オートバイ	一時停止	

15 過失割合

私の過失割合は　　　　　　　％、相手の過失割合は　　　　　　　％だと思います。

理由

16 示談について

イ　示談が成立した。（　　年　　月　　日）　　ロ　交渉中

ハ　示談はしない。　　　　　　　　　　　　　ニ　示談をする予定（　　年　　月　　日頃予定）

ホ　裁判の見込み（　　年　　月　　日頃提訴予定）

17 身体損傷及び診療機関

	私（被災者）側	相手側（わかっていることだけ記入してください。）
部位・傷病名		
程　　　度		
診療機関名称		
所　在　地		

18 損害賠償金の受領

受領年月日	支払者	金額・品目	名目	受領年月日	支払者	金額・品目	名目

事業主の証明	1欄の者については、2欄から6欄、13欄及び14欄に記載したとおりであることを証明します。
	令和　　年　　月　　日
	事業場の名称
	事業主の氏名　　　　　　　　　㊞
	（法人の場合は代表者の役職・氏名）

第三者行為災害届を記載するに当たっての留意事項

1　災害発生後、すみやかに提出してください。
　　なお、不明な事項がある場合には、空欄とし、提出時に申し出てください。
2　業務災害・通勤災害及び交通事故・交通事故以外のいずれか該当するものに〇をしてください。
　　なお、例えば構内における移動式クレーンによる事故のような場合には交通事故に含まれます。
3　通勤災害の場合には、事業主の証明は必要ありません。
4　第一当事者（被災者）とは、労災保険給付を受ける原因となった業務災害又は通勤災害を被った者をいいます。
5　災害発生の場所は、〇〇町〇丁目〇〇番地〇〇ストア前歩道のように具体的に記入してください。
6　第二当事者（相手方）が業務中であった場合には、「届その１」の４欄に記入してください。
7　第二当事者（相手方）側と示談を行う場合には、あらかじめ所轄労働基準監督署に必ず御相談ください。
　　示談の内容によっては、保険給付を受けられない場合があります。
8　交通事故以外の災害の場合には「届その２」を提出する必要はありません。
9　運行供用者とは、自己のために自動車の運行をさせる者をいいますが、一般的には自動車の所有者及び使用者等がこれに当たります。
10　「現場見取図」について、作業場における事故等で欄が不足し書ききれない場合にはこの用紙の下記記載欄を使用し、この「届その４」もあわせて提出してください。
11　損害賠償金を受領した場合には、第二当事者（相手方）又は保険会社等からを問わずすべて記入してください。
12　この届用紙に書ききれない場合には、適宜別紙に記載してあわせて提出してください。
13　この用紙は感圧紙（２部複写）になっていますので、２部とも提出してください。
　　なお、この上でメモ等しますと下に写りますので注意してください。
14　「保険給付請求権者の氏名」の欄及び「事業主の氏名」の欄は、記名押印することに代えて、自筆による署名をすることができます。

現 場 見 取 図

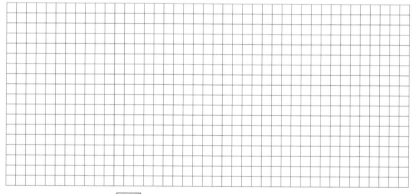

※１　厚生労働省ホームページ「第三者行為災害届（届その１～届その４）」（https://www.mhlw.go.jp/bunya/roudoukijun/rousaihoken06/dl/daisan-01.pdf）より転載（2020年３月９日に利用）。
※２　本書式を利用する場合、厚生労働省によるOCR書式の利用についての注意事項（https://www.mhlw.go.jp/bunya/roudoukijun/rousaihoken06/02.html）を必ず確認してください。正しい方法で利用しない場合、読み取りができない可能性があります。

「第三者行為災害届」記入のポイント

①労災保険と損害賠償を調整するために

　交通事故において労災保険を使うためには、「第三者行為災害届」等を提出する必要がある。労災保険を使うことによって被害者が不利になることはないため、交通事故が業務災害又は通勤災害である事案においては、事故直後から労災保険について検討することが適切である。労災保険においては後遺障害認定の手続きも異なるため、自賠責保険における事前認定の結果に納得できない事案等においては、労災保険を使うことを積極的に検討することが重要である。 ➡ POINT39参照

　第三者とは、労災保険の当事者以外の者である ➡ FORMAT 1 参照 。この点については、「社会保険各法にいう『第三者』とは、社会保険の当事者たる保険者と被保険者（共済組合の組合員、健康保険等の被扶養者を含む）以外の者をいう。…ただし、労災保険においては、いわゆる使用者行為災害（被災した労働者と労災保険関係にある使用者が損害賠償責任を負うべき災害）に関しては、当該使用者（事業主）およびその被用者は第三者に含まれない。これは、労災保険が責任保険的な性質をも有していることから、被害者に労災保険の給付が行われても、求償権の行使が差し控えられるからである」（西村外27頁）と説明されている。

　「第三者行為災害届」の提出には、労災保険と損害賠償請求権との調整に関する基礎的情報を提供する意義がある。第三者行為災害とは、労災保険給付の原因である災害が「第三者」の行為等によって生じたものであり、労災保険の受給権者である被災労働者（及び被災労働者死亡事案における遺族）が「第三者」に対して損害賠償請求権を有している。この場合、同一の事由について労災保険からも損害の塡補を受けることになると、実際の損害額より多くが被害者の手許に残るという事態を回避するために調整が必要になる。そして、被害者に生じた損害の塡補は、最終的には、労災保険の保険者ではなく、加害行為等に基づき損害賠償責任を負う「第三者」が負担することが適切である。このため、労働者災害補償保険法12条の4は、第三者行為災害に関する労災保険給付と損害賠償請求との調整として、①第三者求償と②給付免責を定めている。

ただし、労災保険からの支給であっても、社会復帰等促進事業に基づく特別支給金等は、損害賠償との調整規定や代位規定がなく、損害を填補する性質を有するものではないため、損害からの控除が否定されている ➡ **POINT 50** 参照 。例えば、休業損害との関係では、労災保険を使うことによって、給付基礎日額の60％に相当する休業（補償）給付金に加えて、給付基礎日額の20％に相当する休業特別支給金を受け取ることができる。ここで重要なのは、休業特別支給金は、被災労働者の福祉を増進させるためのものであるため、損害賠償との重複が調整されないことである（業務災害 ➡ **CASE 12** 参照 、通勤災害 ➡ **CASE 13** 参照 ）。

②当事者等に関する情報

　第一当事者（被災者）、その所属事業場、及び「あなた（被災者）の人身傷害補償保険に関すること」の欄は、被害者の知識により記入できる。

　第二当事者（相手方）、その自賠責保険（共済）については、事故証明書を参考にして記入する。任意保険及び「運行供用者が第二当事者（相手方）以外の場合の運行供用者」については加害者（第三者）から情報提供を受けられるのが通常である。

③交通事故に関する情報

　災害発生日、災害調査を行った警察署又は派出所の名称、災害発生の事実の現認者、あなたの運転していた車両、事故現場の状況、あなたの行為、心身の状況及び車両の状況は、事故証明書を参考にし、被害者の知識を加えて記入する。

　「災害発生状況」には、第一当事者（被災者）・第二当事者（相手方）の行動、災害発生原因と状況等を記入する。「現場見取図」には、道路方向の地名（至○○方面）、道路幅、信号、横断歩道、区画線、道路標識、接触点等を記入する。表示符号は、現場見取図欄の下に記載されているものを用いることによって、誤解を避けることができる。事故の状況を具体的に説明することは、過失割合（過失相殺率）の判断の基礎となるため、極めて重要である。事故現場の地図を用意し、そこに加筆することによって記憶を整理することが有意義である。場合によっては、あらためて事故発生現場に行って写真を撮影したり、警

察の実況見分調書等を入手することも検討に値する。

　「過失割合」欄には、「私」と「相手」の過失相殺率として、その％を記入する（合計は100％になる）。例えば、「私」の過失が30％であれば、「相手」の過失は70％になる。

　労災保険の保険者が第三者求償によって損害賠償請求権を代位取得した場合には、その対象となる額を、被害者の損害賠償請求から控除することが必要である。このことは、労災保険について代位規定（労災12条の4）があることに基づいている。労災保険における控除と過失相殺の先後について、判例（最判平成元・4・11判時1312号97頁）は労災保険の給付を過失相殺後の損害賠償額から控除したが、これを批判する見解も有力である　→ POINT50 参照。被害者に対する労災保険の給付額については、労災保険の保険者から加害者等に請求することになるものの、労災保険の保険者と加害者等との協議内容が被害者に影響することはない。

④治療経過等に関する情報

　身体損傷及び診療機関については、治療を受けている病院等の診断書等に基づいて記入する。任意社が治療費を病院に直接支払うなどの対応をしているときは、被害者が病院から入手せず、診断書等（写し）の送付を任意社に求めることが多い。　→ FORMAT 1 参照

　労災保険を使うときは、「労災指定医療機関であれば窓口での負担なしに医療サービスを受けることができ」るという意味で、「健康保険は7割、労災保険は10割の現物給付」（池田222頁）である。労災指定医療機関以外の受診でのデメリットについて「保険診療ではなく自由診療となるため、保険制度で決められた医療費と同額とはかぎらず、もっと高く請求されることもあります。労災では決められた診療報酬点数による金額までしか支払われないため、差額は労働者負担となってしまいます。それだけではなく、医療機関によっては労災の請求に必要な証明も拒否するところがあります」（池田230頁）という指摘に注意する必要がある。

⑤損害賠償に関する情報

　示談は、紛争の当事者で解決の内容を決めて紛争を終わらせる合意であり、

和解契約（民695条）に該当することが多い。交通事故については、損害賠償義務者（加害者本人等）が被害者に対して一定の損害賠償金を支払うことを約束し、被害者が合意金額を受領したときはそれ以上の請求をしないことを約束するのが一般的である。実務上、任意社が示談代行している場合は、「損害賠償額の支払いを受けた場合には、その余の請求を放棄して、今後一切損害賠償請求権の行使をしない」旨の記載がある損害賠償義務者、及び任意社宛の書面（免責証書等）に被害者のみが署名押印して（差入型の書面として）完成させ、示談成立とすることが多い。 ➡ FORMAT 1 参照

　示談については、「交渉中」を選ぶことが多い。労災保険の給付は、治療費や休業損害を含む多くの項目に対応するものであり、その請求段階では損害賠償請求については合意していないため「示談が成立した」に該当しないことが多く、加害者（第三者）に対する損害賠償請求権があるのに「示談はしない」を選択する理由はないのが通常だからである。

　なお、示談した場合には、労災保険からの給付が受けられなくなる可能性が高い。判例（最判昭和38・6・4民集17巻5号716頁）が、「労災保険制度は、もともと、被災労働者らのこうむった損害を補償することを目的とするものであることにかんがみれば、被災労働者自らが、第三者の自己に対する損害賠償債務の全部又は一部を免除し、その限度において損害賠償請求権を喪失した場合においても、政府は、その限度において保険給付をする義務を免れるべきことは、規定をまつまでもない当然のこと」と判示しているからである。この判例については、「この結論に従えば、不用意に示談をした者は保険給付を受ける権利を失うという大きな不利益をこうむることになる（なお、昭38・6・17基発687号参照）。…しかし行政上の取扱いにおいては、不用意な示談による苛酷な結果は一部緩和されている。すなわち…障害補償年金、遺族補償年金についてはその支給停止を最大限災害発生後3年にとどめ、3年経過後は、債務免除がなかったと同様に前述の年金を支給することにしている（昭41・6・17基発610号参照）」（西村外31頁）と指摘されている。

　損害賠償金の受領欄の「受領年月日」「支払者」「金額・品目」「名目」には、例えば、任意社から受領した年月日、任意社の名称、金額、休業損害等と記入する。

念 書 （ 兼 同 意 書 ）

災害発生年月日	年　月　日	災害発生場所	
第一当事者（被災者）氏名		第二当事者（相手方）氏名	

1　上記災害に関して、労災保険給付を請求するに当たり以下の事項を遵守することを誓約します。
　（1）相手方と示談や和解（裁判上・外の両方を含む。以下同じ。）を行おうとする場合は必ず前もって貴職に連絡します。
　（2）相手方に白紙委任状を渡しません。
　（3）相手方から金品を受けたときは、受領の年月日、内容、金額（評価額）を漏れなく、かつ遅滞なく貴職に連絡します。

2　上記災害に関して、私が相手方と行った示談や和解の内容によっては、労災保険給付を受けられない場合や、受領した労災保険給付の返納を求められる場合があることについては承知しました。

3　上記災害に関して、私が労災保険給付を受けた場合には、私の有する損害賠償請求権及び保険会社等（相手方もしくは私が損害賠償請求できる者が加入する自動車保険・自賠責保険会社（共済）等をいう。以下同じ。）に対する被害者請求権を、政府が労災保険給付の価額の限度で取得し、損害賠償金を受領することについては承知しました。

4　上記災害に関して、相手方、又は相手方が加入している保険会社等から、労災保険に先立ち、労災保険と同一の事由に基づく損害賠償金の支払を受けている場合、労災保険が給付すべき額から、私が受領した損害賠償金の額を差し引いて、更に労災保険より給付すべき額がある場合のみ、労災保険が給付されることについて、承知しました。

5　上記災害に関して、私が労災保険の請求と相手方が加入している自賠責保険又は自賠責共済（以下「自賠責保険等」という。）に対する被害者請求の両方を行い、かつ、労災保険に先行して労災保険と同一の事由の損害項目について、自賠責保険等からの支払を希望する旨の意思表示を行った場合の取扱いにつき、以下の事項に同意します。
　（1）労災保険と同一の事由の損害項目について、自賠責保険等からの支払が完了するまでの間は、労災保険の支給が行われないこと。
　（2）自賠責保険等からの支払に時間を要する等の事情が生じたことから、自賠責保険等からの支払に先行して労災保険の給付を希望する場合には、必ず貴職及び自賠責保険等の担当者に対してその旨の連絡を行うこと。

6　上記災害に関して、私の個人情報及びこの念書（兼同意書）の取扱いにつき、以下の事項に同意します。
　（1）貴職が、私の労災保険の請求、決定及び給付（その見込みを含む。）の状況等について、私が保険金請求権を有する人身傷害補償保険取扱会社に対して提供すること。
　（2）貴職が、私の労災保険の給付及び上記3の業務に関して必要な事項（保険会社等から受けた金品の有無及びその金額・内訳（その見込みを含む。）等）について、保険会社等から提供を受けること。
　（3）貴職が、私の労災保険の給付及び上記3の業務に関して必要な事項（保険給付額の算出基礎となる資料等）について、保険会社等に対して提供すること。
　（4）この念書（兼同意書）をもって（2）に掲げる事項に対応する保険会社等への同意を含むこと。
　（5）この念書（兼同意書）を保険会社等へ提示すること。

令和　　年　　月　　日

労働基準監督署長 殿

　　　　請求権者の住所 _____

　　　　　　　　　　氏名 _____ 印

（※請求権者の氏名は請求権者が自署してください。）

※1　厚生労働省ホームページ「念書（兼同意書）」（https://www.mhlw.go.jp/bunya/roudoukijun/rousaihoken06/xls/daisan-02.xlsx）より転載（2020年3月9日に利用）。
※2　本書式を利用する場合、厚生労働省によるOCR書式の利用についての注意事項（https://www.mhlw.go.jp/bunya/roudoukijun/rousaihoken06/02.html）を必ず確認してください。正しい方法で利用しない場合、読み取りができない可能性があります。

「念書兼同意書」記入のポイント

①誓約の対象

　「念書（兼同意書）」1には、「上記災害に関して、労災保険給付を請求するに当たり以下の事項を遵守することを誓約します」とあり、①「相手方と示談や和解（裁判上・外の両方を含む。以下同じ。）を行おうとする場合は必ず前もって貴職に連絡します」、②「相手方に白紙委任状を渡しません」、③「相手方から金品を受けたときは、受領の年月日、内容、金額（評価額）を漏れなく、かつ遅滞なく貴職に連絡します」と記載されている。これは、単なる同意ではなく、「誓約」によって義務を課す趣旨であるから的確に対応する必要がある。

　示談について事前に申し出ることは、示談によって生じる不利益を避ける意義がある ➡ FORMAT 8 参照 。「念書（兼同意書）」2に「示談や和解の内容によっては、労災保険給付を受けられない場合や、受領した労災保険給付の返納を求められる場合があることについては承知しました」とあるのは、この点について注意喚起をするものである。

②同意等の対象

　「念書（兼同意書）」3に「私の有する損害賠償請求権及び保険会社等…に対する被害者請求権を、政府が労災保険給付の価額の限度で取得し、損害賠償金を受領することについては承知しました」とある。これは、被害者が労災保険の給付を先に受けた場合、保険者は、その給付の価額の限度で、受給権者が第三者に対して有する損害賠償請求権を取得するという法律（労災12条の4第1項）に基づく「第三者求償」を意味する。損害賠償との重複の調整は「同一の事由」による場合に限ることが適切であるから、療養給付と治療費、葬祭料と葬祭費用、休業給付・障害給付・遺族給付・傷病年金と休業損害、逸失利益と調整し、積極損害・消極損害・慰謝料と大別した損害費目と対応させている。

➡ POINT 50 参照

　末尾の「請求権者」欄に署名・押印することによって印刷事項すべてに同意したことになるので、その内容を理解しておくことが望ましい。

労働者災害補償保険
介護補償給付 / 介護給付 支給請求書

標準字体	ア	カ	サ	タ	ナ	ハ	マ	ヤ	ラ	ワ
	0	1	2	3	4	イ	キ	シ	チ	ニ	ヒ	ミ	リ	ン
	5	6	7	8	9	ウ	ク	ス	ツ	ヌ	フ	ム	ユ	ル
	エ	ケ	セ	テ	ネ	ヘ	メ	レ	゜例
	オ	コ	ソ	ト	ノ	ホ	モ	ヨ	ロ	ー	ガ゛	パ゜

○濁点、半濁点は一文字として書いてください。

| 帳票種別 | ※ 3 5 2 9 0 | ① 管轄局署 | ② 受付年月日 年 月 日 | ③特別介護の区分 | ④ 1有 3無 |

（注意）

※印の欄は記入しないでください。（職員が記入します。）

⑤ 年金証書番号：管轄局 種別 西暦年 番号

（ロ）受給している労災年金の種類
□ 障害（補償）年金 級
□ 傷病（補償）年金 級

（ハ）障害の部位及び状態並びに当該障害を有することに伴う日常生活の状態については別紙診断書のとおり。

（ニ）⑥ 氏名（カタカナ）：姓と名の間は1文字あけて左ヅメで記入してください。

労働者の 氏名 / 住所

生年月日 年 月 日

	⑦（ホ）請求対象年月	⑧（ヘ）費用を支出して介護を受けた日数	⑨（ト）介護に関する費用として支出した費用の額	介護に従事した者 ⑩ 親族	⑪ 友人・知人	⑫ 看護師・家政婦又は看護補助者	⑬ 施設職員
	⑭（ホ）請求対象年月	⑮（ヘ）費用を支出して介護を受けた日数	⑯（ト）介護に関する費用として支出した費用の額	⑰ 親族	⑱ 友人・知人	⑲ 看護師・家政婦又は看護補助者	⑳ 施設職員
	㉑（ホ）請求対象年月	㉒（ヘ）費用を支出して介護を受けた日数	㉓（ト）介護に関する費用として支出した費用の額	㉔ 親族	㉕ 友人・知人	㉖ 看護師・家政婦又は看護補助者	㉗ 施設職員

1～9月は右に 1～9月は右に 1～9月は右に

振込を希望する金融機関の名称 / 口座名義人
銀行・本店 出張所 支店・支所
銀行 金庫 農協 漁協 信組
新規 変更

㉘※金融機関コード 金融機関 店舗

㉙預（貯）金の種類 ㉚ 新規 変更 ㉛口座番号（左詰め。ゆうちょ銀行の場合は、記号（5桁）は右詰めで記入し、空欄には「0」を記入）
1:普通 3:当座

㉙※郵便局コード

㉜ 口座名義人（カタカナ）：姓と名の間は1文字あけて左ヅメで記入してください。

㉝（続き）口座名義人（カタカナ）

（リ）介護を受けた場所 イ 住居 ロ 施設等（ただし、病院、診療所、介護老人保健施設、介護医療院、特別養護老人ホーム及び原子爆弾被爆者特別養護ホームは除く。）

所在地 / 名称 / 電話（ ）

（ヌ）	氏 名	生年月日	続柄	介護期間・日数	区分
介護に従事した者		年 月 日		月 日から 月 日まで 日間	イ 親族 ロ 友人・知人 ハ 看護師・家政婦又は看護補助者 ニ 施設職員
		年 月 日		月 日から 月 日まで 日間	イ 親族 ロ 友人・知人 ハ 看護師・家政婦又は看護補助者 ニ 施設職員
		年 月 日		月 日から 月 日まで 日間	イ 親族 ロ 友人・知人 ハ 看護師・家政婦又は看護補助者 ニ 施設職員

（ル）添付する書類 イ 診断書 ロ 介護に要した費用の額の証明書（ 通）

上記により 介護補償給付 / 介護給付 の支給を請求します。

年 月 日

〒 － 電話（ ）

請求人の 住所 （ 方）

氏名 印

労働基準監督署長 殿

［介護の事実に関する申立て］
私は、上記（リ）及び（ヌ）のとおり介護に従事したことを申し立てます。

| 住所 | | 氏名 | 印 | 電話番号 | |

〔注意〕

1　初めて介護(補償)給付を請求する場合は、(ハ)の障害の部位及び状態並びに当該障害を有することに伴う日常生活の状態に関する医師又は歯科医師の診断書を添えてください。

2　(イ)及び(ロ)について、障害(補償)給付支給請求書を同時に提出する場合にあっては、記入する必要はありません。

3　障害(補償)年金又は傷病(補償)年金を現に受給している者は、(ロ)に当該受給している年金に☑を付すとともに、その等級を記入してください。

4　(ホ)の「請求対象年月」は、請求する月について必ず記入してください。
　　その月に費用を支出して介護を受けた日がある場合には、(ヘ)及び(ト)に日数及び金額をすべて記入し当該支出した費用の額を証する書類を添えてください。
　　その月に費用を支出して介護を受けた日がない場合には、(ヘ)及び(ト)は記入する必要はありません。

5　(ヌ)の「介護に従事した者」の欄には、介護期間((ホ)の「請求対象年月」に相当する期間)において介護に従事したすべての者について記入してください。

6　(ヌ)の「介護に従事した者」の欄の「氏名」、「生年月日」及び「続柄」の欄は、親族又は友人・知人による介護を受けた場合に記入してください。

7　「請求人の氏名」の欄は、記名押印することに代えて、自筆による署名をすることができます。

8　親族又は友人・知人による介護を受けた日がある月分の介護(補償)給付の支給を請求する場合には、〔介護の事実に関する申立て〕の欄に、介護に従事した者の記名押印又は自筆による署名が必要です。

| 表面の記入枠を訂正したときの訂正印欄 | 削　　字 | 印 |
| | 加　　字 | |

| 社会保険労務士記載欄 | 作成年月日・提出代行者・事務代理者の表示 | 氏　　　名 | 電話番号 |
| | | 印 | |

※1　厚生労働省ホームページ「(OCR様式)介護補償給付・介護給付支給請求書(様式第16号の2の2)」(https://www.mhlw.go.jp/bunya/roudoukijun/rousaihoken06/dl/yoshiki16-2-2.pdf)より転載(2020年3月9日に利用)。

※2　本書式を利用する場合、厚生労働省によるOCR書式の利用についての注意事項(https://www.mhlw.go.jp/bunya/roudoukijun/rousaihoken06/02.html)を必ず確認してください。正しい方法で利用しない場合、読み取りができない可能性があります。

①基礎的な情報

業務中の交通事故のときは「介護補償給付」、通勤中の交通事故のときは「介護給付」である。通勤災害による給付には、使用者の補償責任に基づく給付とは性格を異にするため「補償」の文言がない。 **→ CASE 23** 参照

この区別に従い、「上記により…の支給を請求します」という文章における「介護補償給付」、「介護給付」のいずれかを選択し、請求人の氏名・住所・電話番号等を記載する。この欄については、「記名押印することに代えて、自筆による署名をすることができます」（注意7）と指摘されている。

年金証書番号（イ）と受給している労災年金の種類（ロ）については、「障害（補償）給付支給請求書を同時に提出する場合」（注意2）は記入不要であり、「障害（補償）年金又は傷病（補償）年金を現に受給している者は、（ロ）に当該受給している年金に☑を付すとともに、その等級を記入」（注意3）と指摘されている。

②介護の必要性

損害賠償実務では、将来の積極損害である「将来介護費」も一時金として支払うのが通常である。そのため、将来にわたり発生するであろう損害を現在受け取ったことによる利得を被害者に生じさせないために、公平の観点から、当該損害が発生するであろう時点までの期間について中間利息を控除している。 **→ CASE 21** 参照

これに対して、労災保険の介護（補償）給付は年金として支給される。これは、障害（補償）年金又は傷病（補償）年金を受ける権利を有する労働者が、その受ける権利を有する障害（補償）年金又は傷病（補償）年金の支給事由となる障害であって厚生労働省令で定める程度のものにより、常時又は随時介護を要する状態にあり、かつ常時又は随時介護を受けているときに、当該介護を受けている間、当該労働者の請求に基づいて行われる（労災12条の8第4項）。「介護補償給付は、月を単位として支給するものとし、その月額は、常時又は随時介護を受ける場合に通常要する費用を考慮して厚生労働大臣が定める額とする」（労災19条の2）と規定されている。 **→ CASE 22** 参照

常時又は随時介護を要する状態にあるか否かを判断するためには診断書が必要であるところ、支給請求書に「（ハ）障害の部位及び状態並びに当該障害を有することに伴う日常生活の状態については別紙診断書のとおり」と印刷されている。そして、「初めて介護（補償）給付を請求する場合は、（ハ）の障害の部位及び状態並びに当該障害を有することに伴う日常生活の状態に関する医師又は歯科医師の診断書を添えてください」（注意1）と指摘されている。

請求対象年月（ホ）については「請求する月について必ず記入」することとされ、その月に費用を支出して介護を受けた日がある場合には、費用を支出して介護を受けた日数（ヘ）及び介護に要する費用（ト）に「日数及び金額をすべて記入し当該支出した費用の額を証する書類を添えてください。その月に費用を支出して介護を受けた日がない場合には、（ヘ）及び（ト）は記入する必要はありません」（注意4）と指摘されている。

③介護を受けた事実

介護を受けた事実について、介護を受けた場所等（リ）では、「イ　住居」、「ロ　施設等」を選択する。ここでは、「ただし、病院、診療所、介護老人保健施設、介護医療院、特別養護老人ホーム及び原子爆弾被爆者特別養護ホームは除く」と印刷されていることに注意を要する。これは、介護（補償）給付が「病院・診療所に入院している間および一定の障害者施設等に入所している間は支給されない（労災12条の8第4項）」（西村外210頁）ためである。

介護に従事した者（ヌ）欄については、請求対象年月（ホ）に相当する期間（介護期間）において「介護に従事したすべての者」（注意5）を記入するものの、氏名・生年月日・続柄は「親族又は友人・知人による介護を受けた場合に記入」（注意6）すれば足りる。「親族又は友人・知人による介護を受けた日がある月分の介護（補償）給付の支給を請求する場合には、［介護の事実に関する申立て］の欄に、介護に従事した者の記名押印又は自筆による署名が必要です」（注意8）と指摘されている。

様式第10号 （表面）

労働者災害補償保険

業務災害用

障害補償給付支給請求書
障害特別支給金
障害特別年金 支給申請書
障害特別一時金

① 労 働 保 険 番 号					③ フリガナ 氏 名		(男・女)	④ 負傷又は発病年月日	
府県	所掌	管轄	基幹番号	枝番号				年 月 日	
					労 働 者 の	生年月日 年 月 日 (歳)		午前 時 分頃 午後	
② 年 金 証 書 の 番 号					フリガナ 住 所			⑤ 傷病の治癒した年月日	
管轄局	種別	西暦年	番 号		職 種			年 月 日	
					所属事業場 名称・所在地			⑦ 平 均 賃 金	

⑥ 災害の原因及び発生状況	(あ)どのような場所で(い)どのような作業をしているときに(う)どのような物又は環境に(え)どのような不安全な又は有害な状態があって(お)どのような災害が発生したかを簡明に記載すること

円 銭

⑧ 特別給与の総額（年額）

円

⑨ 厚生年金保険等の受給関係	㋑	厚年等の年金証書の基礎年金番号・年金コード			㋺	被保険者資格の取得年月日	年 月 日
		年 金 の 種 類				厚生年金保険法の イ、障害年金 ロ、障害厚生年金 国民年金法の イ、障害年金 ロ、障害基礎年金 船員保険法の障害年金	
		障 害 等 級					級
	㋩	当該傷病に関して支給される年金の種類等	支給される年金の額				円
			支給されることとなった年月日			年 月 日	
			厚年等の年金証書の基礎年金番号・年金コード				
			所轄年金事務所等				

③の者については、④、⑥から⑧まで並びに⑨の㋑及び㋺に記載したとおりであることを証明します。

	事 業 の 名 称	電話 （ ）
年 月 日	事 業 場 の 所 在 地	〒 －
	事 業 主 の 氏 名	㊞

（法人その他の団体であるときは、その名称及び代表者の氏名）

［注意］⑨の㋑及び㋺については、③の者が厚生年金保険の被保険者である場合に限り証明すること。

⑩ 障 害 の 部 位 及 び 状 態	（診断書のとおり）	⑪ 既存障害がある場合にはその部位及び状態	
⑫ 添 付 す る 書 類 その 他 の 資 料 名			

⑬ 年金の払渡しを受けることを希望する金融機関又は郵便局	（郵便貯金銀行の支店等を除く。） 金融機関	名 称	※ 金融機関店舗コード 銀行・金庫 農協・漁協・信組	本店・本所 出張所 支店・支所
		預金通帳の記号番号	普通・当座 第 号	
	郵便貯金銀行の支店等又は郵便局	※ 郵 便 局 コ ー ド		
		フリガナ 名 称		
		所 在 地	都道 府県 市郡 区	
		預金通帳の記号番号	第 号	

上記により
障 害 補 償 給 付 の支給を請求します。
障 害 特 別 支 給 金
障 害 特 別 年 金 の支給を申請します。
障 害 特 別 一 時 金

年 月 日

労働基準監督署長 殿

請求人 の
申請人

〒 －

電話 （ ） －

住所

氏名 ㊞

□本件手続を裏面に記載の社会保険労務士に委託します。

個人番号

振 込 を 希 望 す る 金 融 機 関 の 名 称		預 金 の 種 類 及 び 口 座 番 号	
銀行・金庫 農協・漁協・信組	本店・本所 出張所 支店・支所	普通・当座 第 口座名義人	号

270

様式第10号（裏面）

〔注意〕

1 ※印欄には記載しないこと。

2 事項を選択する場合には該当する事項を○で囲むこと。

3 ③の労働者の「所属事業場名称・所在地」欄には、労働者の直接所属する事業場が一括適用の取扱いを受けている場合に、労働者が直接所属する支店、工事現場等を記載すること。

4 ⑦には、平均賃金の算定基礎期間中に業務外の傷病の療養のため休業した期間が含まれている場合に、当該平均賃金に相当する額がその期間の日数及びその期間中の賃金を業務上の傷病の療養のため休業した期間の日数及びその期間中の賃金とみなして算定した平均賃金に相当する額に満たないときは、当該みなして算定した平均賃金に相当する額を記載すること（様式第8号の別紙1に内訳を記載し添付すること。ただし、既に提出されている場合を除く。）。

5 ⑧には、負傷又は発病の日以前1年間（雇入後1年に満たない者については、雇入後の期間）に支払われた労働基準法第12条第4項の3箇月を超える期間ごとに支払われる賃金の総額を記載すること（様式第8号の別紙1に内訳を記載し添付すること。ただし、既に提出されている場合を除く。）。

6 請求人（申請人）が傷病補償年金を受けていた者であるときは、
(1) ①、④及び⑥には記載する必要がないこと。
(2) ②には、傷病補償年金に係る年金証書の番号を記載すること。
(3) 事業主の証明を受ける必要がないこと。

7 請求人（申請人）が特別加入者であるときは、
(1) ⑦には、その者の給付基礎日額を記載すること。
(2) ⑧は記載する必要がないこと。
(3) ④及び⑥の事項を証明することができる書類その他の資料を添えること。
(4) 事業主の証明を受ける必要がないこと。

8 ⑬については、障害補償年金又は障害特別年金の支給を受けることとなる場合において、障害補償年金又は障害特別年金の払渡しを金融機関（郵便貯金銀行の支店等を除く。）から受けることを希望する者にあっては「金融機関（郵便貯金銀行の支店等を除く。）」欄に、障害補償年金又は障害特別年金の払渡しを郵便貯金銀行の支店等又は郵便局から受けることを希望する者にあっては「郵便貯金銀行の支店等又は郵便局」欄に、それぞれ記載すること。
なお、郵便貯金銀行の支店等又は郵便局から払渡しを受けることを希望する場合であつて振込によらないときは、「預金通帳の記号番号」の欄は記載する必要はないこと。

9 「事業主の氏名」の欄及び「請求人（申請人）の氏名」の欄は、記名押印することに代えて、自筆による署名をすることができること。

10 「個人番号」の欄については、請求人（申請人）の個人番号を記載すること。

11 本件手続を社会保険労務士に委託する場合は、「請求人（申請人）の氏名」欄の下の□にレ点を記入すること。

社会保険労務士記載欄	作成年月日・提出代行者・事務代理者の表示	氏　　名	電話番号
		㊞	（　　　）　　－

①基礎的な情報

　後遺障害逸失利益は、事故による受傷を治療したものの症状固定時に障害が残り、それにより将来にわたって得ることができたはずの収入（利益）を得ることができなくなったという損害である。逸失利益の算定においては、原則として事故前の現実収入を基礎とする。後遺障害には程度があるため、死亡逸失利益と異なり、労働能力喪失率という数値を使う必要がある。労働能力喪失期間は、症状固定日から67歳までが原則とされている ➡ CASE 31 参照 。逸失利益は、将来長期間にわたって取得するはずであった利益を現在の一時金で支給するため、中間利息を控除して算定する。その利率については、債権法改正の影響に注意する必要がある。 ➡ POINT 22 参照

　労働基準法77条は、使用者の責任について、「労働者が業務上負傷し、又は疾病にかかり、治った場合において、その身体に障害が存するときは、使用者は、その障害の程度に応じて、平均賃金に別表第2に定める日数を乗じて得た金額の障害補償を行わなければならない」と規定している。労働者災害補償保険法は、使用者の上記責任に対応する保険給付について、「障害補償給付は、厚生労働省令で定める障害等級に応じ、障害補償年金又は障害補償一時金とする」（労災15条1項）、「障害補償年金又は障害補償一時金の額は、それぞれ、別表第1又は別表第2に規定する額とする」（労災15条2項）と規定している。障害補償給付は「治った場合」（労基77条）に、厚生労働省令で定める障害等級に応じ支給される（労災15条1項）。「ここにいう『治ったとき（治癒）』とは、医学的に従前の状態に回復することを意味せず、症状が固定し改善の余地がない状況に至ることをいう」（菊池248頁）と説明されている。 ➡ CASE 32 参照

　労災保険においては後遺障害認定の手続きも異なるため、自賠責保険の事前認定について納得ができない事案においては、労災保険を使うことを積極的に検討することが重要である。 ➡ POINT 39 参照

　障害補償給付支給請求書の「①労働保険番号」、②「年金証書の番号」記載方法は、葬祭料請求書と同じである ➡ FORMAT 12 参照 。「③労働者の氏名・生年月日・住所・職種・所属事業場の名称・所在地」、「④負傷又は発病年月」、「⑤傷病の治癒した年月日」は、交通事故証明書や診断書等に基づいて記入する。

②障害補償年金の給付額等

障害補償給付支給請求書の「⑥災害の原因及び発生状況」、「⑦平均賃金」、「⑧特別給与の総額（年額）」、「⑨厚生年金保険等の受給関係」のうち「㋑厚年等の年金証書の基礎年金番号・年金コード」と「㋺被保険者資格の取得年月日」は、被害者の勤務先（使用者）に確認して記入する。障害補償給付支給請求書には「③の者については、④、⑥から⑧まで並びに⑨の㋑及び㋺に記載したとおりであること」を事業主が証明する欄があり、「⑨の㋑及び㋺については、③の者が厚生年金保険の被保険者である場合に限り証明すること」と注記されている。平均賃金については、葬祭料請求書と同じである。 **➡ FORMAT 12 参照**

障害補償給付支給請求書の「⑩障害の部位及び状態」欄には「（診断書のとおり）」と印刷されており、診断書を添付することが予定されている。

障害補償給付は、障害の程度に応じ、障害等級1級から7級までは障害補償年金、8級から14級までは障害補償一時金が支給される（労災15条1項）。この点について、「障害等級に対応する労働能力喪失率は、7級で56％、8級で45％…である（労働基準局長通牒昭和32・7・2基発551号）。7級と8級で比較すると、労働能力喪失率は11％の差であるのに対し、7級の給付は年金（傷害補償給付は、給付基礎日額の131日分）、8級のそれは一時金（同、503日分）である。このことから、労働能力喪失率と給付との均衡に問題があるように思われる」（西村外209頁）という指摘がある。

③障害特別支給金等

社会復帰促進等事業による障害特別支給金等については、「障害等級に応じた障害特別支給金（支給則4条）による上乗せ給付を行うほか、給付基礎日額には賞与等3ヵ月を超える期間の賃金が算入されないため、これらの特別給与分は上乗せする趣旨で障害特別年金（同7条）及び障害特別一時金（同8条）も支給される」（菊池248頁）と説明されている。 **➡ CASE 32 参照**

業務災害用

労働者災害補償保険
葬 祭 料 請 求 書

① 労 働 保 険 番 号					③ 請 求 人 の	フリガナ 氏 名	
府県	所掌	管轄	基幹番号	枝番号		住 所	
② 年 金 証 書 の 番 号						死亡労働者 との 関 係	
管轄局	種別	西暦年	番	号			

④ 死 亡 労 働 者 の	フリガナ 氏 名	（男・女）	⑤ 負 傷 又 は 発 病 年 月 日
	生 年 月 日	年 月 日（ 歳）	年 月 日 午前 午後 時 分頃
	職 種		⑦ 死 亡 年 月 日
	所属事業場 名称所在地		年 月 日

⑥ 災害の原因及び発生状況	(あ)どのような場所で(い)どのような作業をしているときに(う)どのような物又は環境に(え)どのような不安全な又は有害な状態があって(お)どのような災害が発生したかを簡明に記載すること	⑧ 平 均 賃 金
		円 銭

④の者については、⑤、⑥及び⑧に記載したとおりであることを証明します。

電話（　）-

事 業 の 名 称 _____

年 月 日

〒 　-

事業場の所在地 _____

事 業 主 の 氏 名 _____ ㊞

（法人その他の団体であるときはその名称及び代表者の氏名）

⑨ 添付する書類その他の資料名	

上記により葬祭料の支給を請求します。

年 月 日

〒 　-　　　電話（　）-

請求人の 住 所 _____

労働基準監督署長 殿　　　　氏 名 _____ ㊞

振込を希望する金融機関の名称		預金の種類及び口座番号	
銀行・金庫 農協・漁協・信組	本店・本所 出張所 支店・支所	普通・当座 第 号 口座名義人	

〔注意〕

1. 事項を選択する場合には該当する事項を○で囲むこと。

2. ②には、死亡労働者の傷病補償年金に係る年金証書の番号を記載すること。

3. ③の死亡労働者の所属事業場名称・所在地欄には、死亡労働者が直接所属していた事業場が一括適用の取扱いを受けている場合に、死亡労働者が直接所属していた支店、工事現場等を記載すること。

4. 平均賃金の算定基礎期間中に業務外の傷病の療養のため休業した期間が含まれている場合に、当該平均賃金に相当する額がその期間の日数及びその期間中の賃金とみなして算定した平均賃金に満たないときは、当該みなして算定した平均賃金に相当する額を⑧に記載すること。（様式第8号の別紙1に内訳を記載し添付すること。ただし、既に提出されている場合を除く。）

5. 死亡労働者に関し遺族補償給付が支給されていた場合又は死亡労働者が傷病補償年金を受けていた場合には、①、⑤及び⑥は記載する必要がないこと。事業主の証明は受ける必要がないこと。

6. 死亡労働者が特別加入者であった場合には、⑧にはその者の給付基礎日額を記載すること。

7. この請求書には、労働者の死亡に関して市町村長に提出した死亡診断書、死体検案書若しくは検視調書に記載してある事項についての市町村長の証明書又はこれに代わるべき書類を添えること。

8. 死亡労働者が特別加入者であった場合には、⑤及び⑥の事項を証明することができる書類を添付すること。

9. 遺族補償給付の支給の請求書が提出されている場合には、7及び8による書類の提出は必要でないこと。

10. 「事業主の氏名」の欄及び「請求人の氏名」の欄は、記名押印することに代えて、自筆による署名をすることができること。

社会保険労務士記載欄	作成年月日・提出代行者・事務代理者の表示	氏　　名	電　話　番　号
		㊞	（　　）　－

※1　厚生労働省ホームページ「葬祭料請求書　業務災害用（様式第16号）」（https://www.mhlw.go.jp/bunya/roudoukijun/rousaihoken06/dl/yoshiki16.pdf）より転載（2020年3月9日に利用）。

※2　本書式を利用する場合、厚生労働省によるOCR書式の利用についての注意事項（https://www.mhlw.go.jp/bunya/roudoukijun/rousaihoken06/02.html）を必ず確認してください。正しい方法で利用しない場合、読み取りができない可能性があります。

FORMAT 12 「葬祭料請求書」記入のポイント

①基礎的な情報

死亡事故の被害者の葬儀関係費用（葬式費用、墓碑建立費、仏壇・仏具購入費なども含む）は、損害賠償においては基準額を定額で認めるのが実務の一般的な運用である。

労働基準法80条は、使用者の責任について、「労働者が業務上死亡した場合においては、使用者は、葬祭を行う者に対して、平均賃金の60日分の葬祭料を支払わなければならない」と規定している。労働者災害補償保険法は、使用者の上記責任に対応する保険給付について、「葬祭料は、通常葬祭に要する費用を考慮して厚生労働大臣が定める金額とする」（労災17条）と規定している。

●CASE 42 参照

葬祭料請求書の「①労働保険番号」については「被災労働者の所属事業場が継続事業の一括の許可を受けていう被一括事業（支店・営業所など）の場合は、指定事業（本社など）の労働保険番号を記載。建設業工事での災害であれば、その工事の元請の番号」と、「②年金証書の番号」については「傷病補償年金を受けていた場合はその年金証書の番号を記入」と、「③請求人の氏名・住所・死亡労働者との関係」については「請求人は葬祭を行った人」と指摘されている（池田264頁）。

葬祭料請求書の「④死亡労働者の氏名・生年月日・職種・所属事業場名称・所在地」、「⑤負傷又は発病年月日」、「⑦死亡年月日」は、交通事故証明書や死亡診断書等に基づいて記入する。

葬祭料請求書の「⑨添付する書類その他の資料名」については、「死亡診断書、死体検案書等を添付。遺族補償給付の請求書に添付されている場合は添付不要。添付を省略する際は『遺族補償年金請求書に添付』等わかるように記載」（池田264頁）と指摘されている。

②給付基礎日額（平均賃金）

労災保険は、業務災害または通勤災害による稼得能力の損失を補填するために現金給付を行っている。「現金給付は、稼得能力の損失補填を目的としているため、災害発生直前の賃金額を基礎として行うことになる。この基準となる

ものが『給付基礎日額』であり、現物給付を除くすべての保険給付額の基礎になる」（西村外204頁）。

　労働者災害補償保険法8条は、1項で「給付基礎日額は、労働基準法12条の平均賃金に相当する額とする。この場合において、同条1項の平均賃金を算定すべき事由の発生した日は、前条1項1号（筆者注：業務災害）及び2号（筆者注：通勤災害）に規定する負傷若しくは死亡の原因である事故が発生した日又は診断によって同項1号及び2号に規定する疾病の発生が確定した日…とする）」、2項で「労働基準法12条の平均賃金に相当する額を給付基礎日額とすることが適当でないと認められるときは、前項の規定にかかわらず、厚生労働省令で定めるところによって政府が算定する額を給付基礎日額とする」と規定している。そして、労働基準法12条1項本文は、「平均賃金とは、これを算定すべき事由の発生した日以前3箇月間にその労働者に対し支払われた賃金の総額を、その期間の総日数で除した金額をいう」という原則を規定している。

　葬祭料は、労働者が業務上死亡した場合に、その遺族又は葬祭を行う者に対して、その請求に基づいて支給される（労災12条の8第2項）。ここにいう「『葬祭を行う者』とは、必ずしも実際に葬祭を行った者であることを必要とせず、葬祭を行うと認められれば良いとされている。したがって、通常は遺族に支給されるが、葬祭を行う遺族がいないために社葬として会社が葬祭を行った場合には、会社に支給されることもある（昭和23・11・29基災収2965号）。支給額は、31万5000円に給付基礎日額を加えた額である。この額が給付基礎日額の60日分に満たない場合は、給付基礎日額の60日分が支給される（労災則17条）」（西村外212頁）と指摘されている。

様式第12号（表面）

業務災害用　　労働者災害補償保険

遺族補償年金支給請求書
遺族特別支給金支給申請書
遺族特別年金

［年金新規報告書提出］

①	労 働 保 険 番 号					
府県	所掌	管轄	基幹番号	枝番号		

②	年 金 証 書 の 番 号			
管轄局	種別	西暦年	番号	枝番号

③ 死亡労働者の
フリガナ
氏　名　　　　　　　　　　（男・女）
生年月日　　　年　月　日（　歳）
個人番号
職種
所属事業場
名称・所在地

④ 負傷又は発病年月日
年　月　日
午前・午後　時　分頃

⑤ 死 亡 年 月 日
年　月　日

⑦ 平 均 賃 金
円　　銭

⑧ 特別給与の総額（年額）
円

⑥ 災害の原因及び発生状況　（あ）どのような場所で（い）どのような作業をしているときに（う）どのような物又は環境に（え）どのような不安全な又は有害な状態があって（お）どのような災害が発生したかを簡明に記載すること

⑨ 厚生年金等の受給保険関係	㋑ 死亡労働者の厚生年金等の年金証書の基礎年金番号・年金コード		㋺ 死亡労働者の被保険者資格の取得年月日　年　月　日

㋩ 当該死亡に関して支給される年金の種類

厚生年金保険法の　イ 遺族年金　　　国民年金法の　イ母子年金　ロ準母子年金　ハ遺児年金　　　船員保険法の 遺族年金
　　　　　　　　　ロ 遺族厚生年金　　　　　　　　　ニ寡婦年金　ホ遺族基礎年金

支給される年金の額　　支給されることとなった年月日　　厚生年金等の年金証書の基礎年金番号・年金コード（複数のコードがある場合は下欄に記載すること。）　　所轄年金事務所等

　　　円　　　年　月　日

受けていない場合は、次のいずれかを○で囲む。・裁定請求中・不支給裁定・未加入・請求していない・老齢年金等選択

③の者については、④、⑥から⑧まで並びに⑨の㋑及び㋺に記載したとおりであることを証明します。

　　　年　月　日　　事業の名称　　　　　電話（　）　　－
　　　　　　　　　　　　　　　　　　　　〒
　　　　　　　　　　事業場の所在地

〔注意〕⑨の㋑及び㋺については、③の者が厚生年金保険の被保険者である場合に限り証明すること。

事業主の氏名　　　　　　　　　　　　　㊞
（法人その他の団体であるときはその名称及び代表者の氏名）

⑩ 請求人申請人	氏 フリガナ 名	生 年 月 日	住 フリガナ 所	死亡労働者との関係	障害の有無	請求人（申請人）の代表者を選任しないときは、その理由
		・・			ある・ない	
		・・			ある・ない	
		・・			ある・ない	
		・・			ある・ない	

⑪	氏 フリガナ 名	生 年 月 日	住 フリガナ 所	死亡労働者との関係	障害の有無	請求人（申請人）と生計を同じくしている
		・・			ある・ない	いる・いない
		・・			ある・ない	いる・いない
		・・			ある・ない	いる・いない
		・・			ある・ない	いる・いない

⑫ 添付する書類その他の資料名

⑬ 年金の払渡しを受けることを希望する金融機関又は郵便局		名 称	※ 金融機関店舗コード		
				銀 行・金 庫　　農協・漁協・信組	本店・本所 出張所 本店・支所
		預金通帳の記号番号	普通・当座　第　　　号		
		フリガナ 名 称	※ 郵便局コード		
		所 在 地	都道府県　　　市郡区		
		預金通帳の記号番号	第　　　号		

上記により　遺族補償年金　の支給を請求します。
　　　　　　遺族特別支給金　の支給を申請します。
　　　　　　遺族特別年金
　　　年　月　日

労働基準監督署長　殿

請求人申請人（代表者）の　住所
　　　　　　　　　　　　氏名　　　　　　㊞
　　　　　　　　　　　　〒　－　　電話（　）　－

□本件手続を裏面に記載の社会保険労務士に委託します。

個人番号

特別支給金について振込を希望する金融機関の名称		預金の種類及び口座番号
銀行・金庫　農協・漁協・信組	本店・本所 出張所 支店・支所	普通・当座　第　　　号　　口座名義人

278

様式第 12 号（裏面）

〔注意〕

1　※印欄には記載しないこと。

2　事項を選択する場合には該当する事項を○で囲むこと。

3　③の死亡労働者の「所属事業場名称・所在地」欄には、死亡労働者が直接所属していた事業場が一括適用の取扱いを受けている場合に、死亡労働者が直接所属していた支店、工事現場等を記載すること。

4　⑦には、平均賃金の算定基礎期間中に業務外の傷病の療養のため休業した期間が含まれている場合に、当該平均賃金に相当する額がその期間の日数及びその期間中の賃金を業務上の傷病の療養のため休業した期間の日数及びその期間中の賃金とみなして算定した平均賃金に相当する額に満たないときは、当該みなして算定した平均賃金に相当する額を記載すること（様式第 8 号の別紙 1 に内訳を記載し添付すること。ただし、既に提出されている場合を除く。）。

5　負傷又は発病の日以前 1 年間（雇入後 1 年に満たない者については、雇入後の期間）に支払われた労働基準法第 12 条第 4 項の 3 箇月を超える期間ごとに支払われる賃金の総額を記載すること（様式第 8 号の別紙 1 に内訳を記載し添付すること。ただし、既に提出されている場合を除く。）。

6　死亡労働者が傷病補償年金を受けていた場合には、

　(1)　①、④及び⑥には記載する必要がないこと。

　(2)　②には、傷病補償年金に係る年金証書の番号を記載すること。

　(3)　事業主の証明を受ける必要がないこと。

7　死亡労働者が特別加入者であった場合には、

　(1)　⑦には、その者の給付基礎日額を記載すること。

　(2)　⑧は記載する必要がないこと。

　(3)　④及び⑥の事項を証明することができる書類その他の資料を添えること。

　(4)　事業主の証明を受ける必要がないこと。

8　⑨から⑫までに記載することができない場合には、別紙を付して所要の事項を記載すること。

9　この請求書（申請書）には、次の書類その他の資料を添えること。ただし、個人番号が未提出の場合を除き、(2)、(3)及び(5)の書類として住民票の写しを添える必要はないこと。

　(1)　労働者の死亡に関して市町村長に提出した死亡診断書、死体検案書若しくは検視調書に記載してある事項についての市町村長の証明書又はこれに代わるべき書類

　(2)　請求人（申請人）及び請求人（申請人）以外の遺族補償年金を受けることができる遺族と死亡労働者との身分関係を証明することができる戸籍の謄本又は抄本（請求人（申請人）又は請求人（申請人）以外の遺族補償年金を受けることができる遺族が死亡労働者との婚姻の届出をしていないが事実上婚姻関係と同様の事情にあった者であるときは、その事実を証明することができる書類）

　(3)　請求人（申請人）及び請求人（申請人）以外の遺族補償年金を受けることができる遺族（労働者の死亡当時胎児であった子を除く。）が死亡労働者の収入によって生計を維持していたことを証明することができる書類

　(4)　請求人（申請人）及び請求人（申請人）以外の遺族補償年金を受けることができる遺族のうち労働者の死亡の時から引き続き障害の状態にある者については、その事実を証明することができる医師又は歯科医師の診断書その他の資料

　(5)　請求人（申請人）以外の遺族補償年金を受けることができる遺族のうち、請求人（申請人）と生計を同じくしている者については、その事実を証明することができる書類

　(6)　障害の状態にある妻にあつては、労働者の死亡の時以後障害の状態にあつたこと及びその障害の状態が生じ、又はその事情がなくなつた時を証明することができる医師又は歯科医師の診断書その他の資料

10　⑬については、次により記載すること。

　(1)　遺族補償年金の支給を受けることとなる場合において、遺族補償年金の払渡しを金融機関（郵便貯金銀行の支店等を除く。）から受けることを希望する者にあつては「金融機関（郵便貯金銀行の支店等を除く。）」欄に、遺族補償年金の払渡しを郵便貯金銀行の支店等又は郵便局から受けることを希望する者にあつては「郵便貯金銀行の支店等又は郵便局」欄に、それぞれ記載すること。

　　　なお、郵便貯金銀行の支店等又は郵便局から払渡しを受けることを希望する場合であつて振込によらないときは、「預金通帳の記号番号」の欄は記載する必要はないこと。

　(2)　請求人（申請人）が 2 人以上ある場合において代表者を選任しないときは、⑩の最初の請求人（申請人）について記載し、その他の請求人（申請人）については別紙を付して所要の事項を記載すること。

11　「事業主の氏名」の欄及び「請求人（申請人）の氏名」の欄は、記名押印することに代えて、自筆による署名をすることができること。

12　「個人番号」の欄については、請求人（申請人）の個人番号を記載すること。

13　本件手続を社会保険労務士に委託する場合は、「請求人（申請人）の氏名」欄の下の□にレ点を記入すること。

社会保険労務士記載欄	作成年月日・提出代行者・事務代理者の表示	氏　　　名	電　話　番　号
		㊞	（　　　）　　　―

※1　厚生労働省ホームページ「遺族補償年金支給請求書　遺族特別支給金支給申請書　遺族特別年金支給申請書　業務災害用（様式第 12 号）」（https://www.mhlw.go.jp/bunya/roudoukijun/rousaihoken06/dl/yoshiki12.pdf）より転載（2020 年 3 月 9 日に利用）。

※2　本書式を利用する場合、厚生労働省による OCR 書式の利用についての注意事項（https://www.mhlw.go.jp/bunya/roudoukijun/rousaihoken06/02.html）を必ず確認してください。正しい方法で利用しない場合、読み取りができない可能性があります。

①基礎的な情報

　死亡逸失利益は、将来得ることができたはずの収入（利益）を、死亡という事実により全面的に失うことによる損害である。死亡による逸失利益については、生活費を控除して逸失利益を算定している。労働能力喪失期間の始期は、死亡日から67歳までが原則とされている ● CASE 51 参照 。逸失利益は、将来長期間にわたって取得するはずであった利益を現在の一時金で支給するため、中間利息を控除して算定する。その利率については、債権法改正の影響に注意する必要がある。 ● POINT 22 参照

　労働基準法79条は、使用者の責任について、「労働者が業務上死亡した場合においては、使用者は、遺族に対して、平均賃金の1000日分の遺族補償を行わなければならない」と規定している。労働者災害補償保険法は、使用者の上記責任に対応する保険給付について、労災保険の「遺族補償給付は、遺族補償年金又は遺族補償一時金とする」（労災16条）と規定している。

　遺族補償年金を受け取ることができる遺族は、労働者の配偶者、子、父母、孫、祖父母及び兄弟姉妹であって、労働者の死亡の当時その収入によって生計を維持していたものである。ただし、妻（事実婚を含む）以外の者については、被災労働者の死亡当時に一定の高齢または年少であるか、あるいは一定の障害の状態にあるなど、一定の要件に該当した場合に限られている（労災16条の2第1項）。遺族補償年金を受け取ることができる遺族は、民法上の相続人になれない「事実婚」の配偶者も含まれ、民法上は考慮されない「死亡の当時その収入によって生計を維持していた」か否かが基準とされたりする。これらの基準は労災保険の趣旨に基づいて決定されたものであるため、「民法上の相続人は一致するとは限らない。この受給資格者のうち、最先順位の者が受給権者になる。…配偶者については、他の社会立法と同様に、遺族保護の見地から、実態に着目して、内縁配偶者も遺族補償年金を受給しうる遺族に含まれている」（西村外211頁）と指摘されている。

　遺族補償給付支給請求書の「①労働保険番号」、②「年金証書の番号」記載方法は、葬祭料請求書と同じである ● FORMAT 12 参照 。「③死亡労働者の氏名・

生年月日・個人番号・職種・所属事業場の名称・所在地」、「④負傷又は発病年月日」、「⑤死亡年月日」は、交通事故証明書や死亡診断書等に基づいて記入する。

②遺族補償年金の給付額等

　遺族補償給付支給請求書の「⑥災害の原因及び発生状況」、「⑦平均賃金」、「⑧特別給与の総額（年額）」、「⑨厚生年金保険等の受給関係」のうち「④厚年等の年金証書の基礎年金番号・年金コード」と「回被保険者資格の取得年月日」は、被害者の勤務先（使用者）に確認して記入する。障害補償給付支給請求書には「③の者については、④、⑥から⑧まで並びに⑨の④及び回に記載したとおりであること」を事業主が証明する欄があり、「⑨の④及び回については、③の者が厚生年金保険の被保険者である場合に限り証明すること」と注記されている。平均賃金については、葬祭料請求書と同じである。 → FORMAT 12 参照

　遺族補償年金の給付額は、受給権者及びその者と生活を同じくする受給権者となりうる者の人数に応じて定まる。労働者災害補償保険法16条の3第1項は、「遺族補償年金の額は、別表第1に規定する額とする」と規定している → CASE 52 参照。そして、別表第1は、次の各号に掲げる遺族補償年金を受ける権利を有する遺族及びその者と生計を同じくしている遺族補償年金を受けることのできる遺族の人数の区分に応じ、当該各号に掲げる額として、①「1人　給付基礎日額の153日分。ただし、55歳以上の妻又は厚生労働省令で定める障害の状態にある妻にあっては、給付基礎日額の175日分とする」、②「2人　給付基礎日額の201日分」、③「3人　給付基礎日額の223日分」、④「4人以上　給付基礎日額の245日分」。

③遺族特別支給金等

　社会復帰促進等事業の一環として、一律の遺族特別支給金（支給則5条）のほか、3ヵ月の期間を超える期間の賃金分を上乗せする趣旨の遺族特別年金（支給則9条）もある。特別支給金（例えば、「遺族障害特別支給金」等）の給付については、損害賠償との重複は調整されない。特別支給金は、被災労働者やその遺族の援護等によりその福祉を増進させるものであり、保険給付とは法的性格が異なるためである。 → CASE 52 参照

労働者災害補償保険

未支給の保険給付支給請求書
未支給の特別支給金支給申請書

① 労 働 保 険 番 号	府 県	所掌	管 轄	基　　幹　　番　　号			枝番号

② 年 金 証 書 の 番 号	管轄局	種	別	西暦年	番	号	枝番号

③ 死亡した受給権者又は特別支給金受給資格者の	フ リ ガ ナ	
	氏　　名	（男・女）
	死　亡年 月 日	年　　　　月　　　　日

④ 請求人の申請人	フ リ ガ ナ	
	氏　　名	
	住　　所	
	死亡した受給権者（労働者）又は特別支給金受給資格者（労働者）との関係	

⑤ 未支給の保険給付又は特別支給金の種類	療養（補償）給付　　　休業（補償）給付　　　障害（補償）給付 遺族（補償）給付　　　傷病（補償）年金　　　介護（補償）給付 葬祭料（葬祭給付） ＿＿＿＿＿＿＿特別支給金　　　＿＿＿＿＿＿特別　一時金／年金

⑥ 添 付 す る 書 類その 他 の 資 料 名	

　　　　　　　　　未支給の保険給付の支給を請求
上記により　　　　　　　　　　　　　　　　　　　します。
　　　　　　　　　未支給の特別支給金の支給を申請

＿＿＿＿年＿＿＿月＿＿＿日

　　　　　　　　　〒　　　＿　　　　　　　電話（　　　　）　　　＿

請求人の申請人　　住所＿＿＿＿＿＿＿＿＿＿＿＿＿＿＿＿＿＿＿＿＿＿＿＿＿＿＿

　　　　　　　　　氏名＿＿＿＿＿＿＿＿＿＿＿＿＿＿＿＿＿＿＿＿＿＿＿　㊞

＿＿＿＿＿＿労働基準監督署長　殿

振込を希望する金融機関の名称		預金の種類及び口座番号	
銀行・金庫	本店・本所出張所	普通・当座　第　　　　　　　号	
農協・漁協・信組	支店・支所	口座名義人＿＿＿＿＿＿＿＿	

〔注意〕

1　事項を選択する場合には該当する事項を○で囲むこと。

2　死亡した受給権者又は特別支給金受給資格者 (以下「受給資格者」という。) が傷病補償年金又は傷病年金を受けていた場合には、①は記載する必要がないこと。

3　この請求書 (申請書) には、次の書類その他の資料を添えること。ただし、死亡した受給権者又は受給資格者の個人番号が未提出の場合を除き、(1)及び(2)の書類として住民票の写しを添える必要はないこと。

　(1)　死亡した受給権者又は受給資格者の死亡の事実及び死亡の年月日を証明することができる書類

　(2)　遺族補償年金及び遺族年金以外の未支給の保険給付の支給を請求し、又は遺族補償年金若しくは遺族年金を受ける権利を有する者に対して支給する遺族特別支給金及び遺族特別年金以外の未支給の特別支給金の支給を申請する場合には、次の書類

　　イ　請求人 (申請人) と死亡した受給権者又は受給資格者との身分関係を証明することができる戸籍の謄本又は抄本 (請求人 (申請人) が死亡した受給権者又は受給資格者と事実上婚姻関係と同様の事情にあつた者であるときは、その事実を証明することができる書類)

　　ロ　請求人が死亡した受給権者と生計を同じくしていたこと又は申請人が死亡した受給資格者と生計を同じくしていたことを証明することができる書類

　(3)　未支給の遺族補償年金又は遺族年金の支給を請求する場合には、次の書類その他の資料

　　イ　請求人と死亡した労働者との身分関係を証明することができる戸籍の謄本又は抄本

　　ロ　請求人が障害の状態にあることにより遺族補償年金を受けることができる遺族であるときは、請求人が労働者の死亡の時から引き続き障害の状態にあることを証明することができる医師又は歯科医師の診断書その他の資料

　(4)　遺族補償年金又は遺族年金を受ける権利を有する者に対して支給する未支給の遺族特別支給金又は遺族特別年金の支給の申請を行う場合には、次の書類その他の資料 (同一の事由について未支給の遺族補償年金又は遺族年金を請求することができる場合を除く。)

　　イ　申請人と死亡した労働者との身分関係を証明することができる戸籍の謄本又は抄本

　　ロ　申請人が労働者の死亡の時から引き続き障害の状態にあつた者であるときは、その事実を証明することができる医師又は歯科医師の診断書その他の資料

　(5)　死亡した受給権者又は受給資格者が死亡前に保険給付の支給を請求していなかつたとき又は特別支給金の支給を申請していなかつたときは、(1)から(4)までの書類その他の資料のほか、その受給権者又は受給資格者がその保険給付の支給を請求し、又は特別支給金の支給を申請するときに提出しなければならなかつた書類その他の資料

4　未支給の保険給付の支給の請求のみを行う場合には、未支給の特別支給金の申請に係る事項は全て抹消し、未支給の特別支給金の支給の申請のみを行う場合には、未支給の保険給付の請求に係る事項は全て抹消すること。

5　「請求人 (申請人) の氏名」の欄は、記名押印することに代えて、自筆による署名をすることができること。

社会保険 労 務 士 記 載 欄	作成年月日・提出代行者・事務代理者の表示	氏　　　名	電 話 番 号
		㊞	(　　　　　) ―

※1　厚生労働省ホームページ「未支給の保険給付支給請求書　未支給の特別支給金給付支給請求書 (様式第4号)」(https://www.mhlw.go.jp/bunya/roudoukijun/rousaihoken06/dl/yoshiki04.pdf) より転載 (2020年3月9日に利用)。

※2　本書式を利用する場合、厚生労働省による OCR 書式の利用についての注意事項 (https://www.mhlw.go.jp/bunya/roudoukijun/rousaihoken06/02.html) を必ず確認してください。正しい方法で利用しない場合、読み取りができない可能性があります。

「未支給の保険給付支給請求書」
記入のポイント

①死亡による受給権の消滅

　労災保険による給付の請求権は、受給権者の死亡によって消滅する。このこととは、「社会保障受給権は、基本的には受給権者の死亡によって消滅する。社会保障給付には、受給権に相続財産性が認められないという意味で、一身専属性がある」（菊池84頁）、「社会保険の受給権は、民法896条ただし書にいう受給権者本人の一身専属的権利であり、その死亡によって消滅する。したがって、受給権が被相続人の相続財産に含まれることはない」（西村外22頁）と説明されている。

②未支給の保険給付

　受給権者の死亡によって労災保険による給付の請求権が消滅した場合に、そのままでは結論が不当と思われる場合がある。それに備えて、労災保険では、「相続とは異なった仕組みとして、受給権者が死亡した場合、その死亡した者に支給すべき給付でまだその者に支給しなかったものがあるときは、未支給の給付として法定の親族の請求に基づき支給される」（菊池84頁）。このことは、「年金保険、労災保険、公務災害補償、雇用保険の分野では、①保険事故が発生したがまだ請求が行われていない場合、②請求が行われたが、まだ支給・不支給の決定がなされていない場合、③支給決定がなされたが、給付の履行期がまだ到来していない場合のようなケースで、受給権者が死亡すると、支給されない給付が生じることになる。このような受給権者が死亡した場合に、受給権者が支給を受けることができたはずの給付で支給されないままになっている給付については、いわゆる未支給の給付として、一定の親族に支給する形で処理を行っている」（西村外22頁）と説明されている。**→CASE 61** 参照

　労働者災害補償保険法11条1項は、「この法律に基づく保険給付を受ける権利を有する者が死亡した場合において、その死亡した者に支給すべき保険給付でまだその者に支給しなかつたものがあるときは、その者の配偶者（婚姻の届出をしていないが、事実上婚姻関係と同様の事情にあった者を含む。以下同じ。）、子、父母、孫、祖父母又は兄弟姉妹であって、その者の死亡の当時その

者と生計を同じくしていたもの（遺族補償年金については当該遺族補償年金を受けることができる他の遺族、遺族年金については当該遺族年金を受けることができる他の遺族）は、自己の名で、その未支給の保険給付の支給を請求することができる」と規定している ➡ CASE 61 参照 。「自己の名で」とあることも、相続とは別個の論理に基づくためと理解できる。未支給の保険給付の支給請求権者については、「①受給権者の配偶者（事実上の配偶者を含む）、子、父母、孫、祖父母または兄弟姉妹であって、受給権者の死亡当時その者と生計を同じくしていたものは、自己の名で、未支給の給付を請求でき、②未支給の給付を請求できる遺族の順位は、法が定める遺族の順位による。同順位者が複数いる場合には、その者の間で等分することになる」（西村外22頁）と説明されている。

　未支給の保険給付支給請求書の「①労働保険番号」、②「年金証書の番号」の記載方法は、葬祭料請求書と同じである ➡ FORMAT 12 参照 。「③死亡した受給権者又は特別支給金受給資格者の氏名・死亡年月日」、「④請求人・申請人の氏名・住所・死亡した受給権者（労働者）又は特別支給金受給資格者（労働者）との関係」は、交通事故証明書や死亡診断書等に基づいて記入する。

　未支給の保険給付支給請求書の「⑤未支給の保険給付又は特別支給金の種類」では、「療養（補償）給付」、「休業（補償）給付」、「障害（補償）給付」、「遺族（補償）給付」、「傷病（補償）年金」、「介護（補償）給付」、「葬祭料（葬祭給付）」のうちから該当するものを「○で囲む」（注意1）。「特別支給金」、「特別一時金・年金」については、空欄部分に適宜名称を加筆することが予定されている。

　未支給の保険給付支給請求書の「⑥添付する書類その他の資料名」については、「死亡した受給権者又は受給資格者の死亡の事実及び死亡の年月日を証明することができる書類」等が指摘されている（注意3）。

《事項索引》

◆著者紹介

中込　一洋（なかごみ　かずひろ）
弁護士（司綜合法律事務所）

●略歴
昭和 63 年　法政大学法学部卒業
平成 6 年　　弁護士登録（東京弁護士会所属）
日本弁護士連合会司法制度調査会委員、同編集委員会委員
東京弁護士会法制委員会委員
（公財）交通事故紛争処理センター嘱託
（公財）自動車製造物責任センター審査委員
国土交通省交通事故相談ハンドブック編集委員

●主な著書・論文
・「告知義務違反解除と詐欺・錯誤」『遠藤光男元最高裁判所判事喜寿記念文集
　第 1 編』（遠藤光男元最高裁判所判事喜寿記念文集編集委員会、平成 19 年 9 月）
・「重過失とは何か」『下森定先生傘寿記念論文集　債権法の近未来像』（酒井書店、
　平成 22 年 12 月）
・『逆転の交渉術』（幻冬舎メディアコンサルティング、平成 25 年 9 月）
・『論点体系　保険法 2』（第一法規、共著、平成 26 年 6 月）
・「補助的医療」『（公財）交通事故紛争処理センター創立 40 周年記念論文集
　交通事故紛争処理の法理』（ぎょうせい、平成 26 年 10 月）
・『駐車場事故の法律実務』（学陽書房、共著、平成 29 年 4 月）
・『実務解説　改正相続法』（弘文堂、令和元年 5 月）
・『相続・贈与と生命保険をめぐるトラブル予防・対応の手引』（新日本法規、共
　著、令和元年 10 月）
・『最新 債権管理・回収の手引』（新日本法規、共編著、令和 2 年 1 月）
・『実務解説　改正債権法（第 2 版）』（弘文堂、日本弁護士会編・共著、令和 2
　年 3 月）
・『実務解説　改正債権法附則』（弘文堂、令和 2 年 3 月）

職業・年齢別ケースでわかる！
交通事故事件　社会保険の実務

2020年4月10日　初版発行
2020年4月13日　2刷発行

著　者　　中込　一洋
　　　　　なかごみ　かずひろ
発行者　　佐久間重嘉
発行所　　学　陽　書　房

〒102-0072　東京都千代田区飯田橋1-9-3
営業　電話　03-3261-1111　FAX　03-5211-3300
編集　電話　03-3261-1112
振替　00170-4-84240
http://www.gakuyo.co.jp/

ブックデザイン／スタジオダンク
DTP制作／ニシ工芸　　印刷・製本／三省堂印刷

尋問は、
「慣れる」より「習え」！

上達が難しい民事尋問について、著者の経験値を言語化！　具体例を豊富に取り上げながら、うまくいかない尋問の原因と対策を明らかに。

若手法律家のための
民事尋問戦略

中村 真 ［著］
A5 判並製／定価＝本体 3,200 円＋税

業界騒然のタッグによる対談本！

中村真弁護士が岡口基一裁判官へインタビュー!?　書面、証拠提出、尋問、和解、判決……。裁判官が考える訴訟戦略のポイントを惜しみなく紹介！

裁判官！　当職そこが知りたかったのです。
─民事訴訟がはかどる本─

岡口基一・中村 真［著］
A5 判並製／定価＝本体 2,600 円＋税

契約書「審査」の
目線を身に付ける！

2020年4月1日施行の新民法対応！　契約書の審査について、問題になりやすい点にしぼり解説。考え方のプロセスからモデル条項までを示す！

実践!!　契約書審査の実務〈改訂版〉

出澤総合法律事務所 ［編］

A5判並製／定価＝本体 3,300 円＋税